Anne Grießer(Hrsg.)
Badische Grabschäufele

W0039894

Wellhöfer Verlag
Ulrich Wellhöfer
Weinbergstraße 26
68259 Mannheim
Tel. 0621/7188167
info@wellhoefer-verlag.de
www.wellhoefer-verlag.de

Titelgestaltung: Uwe Schnieders, Fa. Pixelhall, Mühlhausen
Satz: FFW Verlagsdienstleistungen
    www.ffw-verlagsdienstleistungen.de

ISBN 978-3-95428-171-8

Anne Grießer (Hrsg.)

BADISCHE GRABSCHÄUFELE

wellhöfer VERLAG

Inhalt

GITTA EDELMANN

Isabellas Wintertraum

»Winterurlaub?« Isabellas Mund verzog sich skeptisch.
»Ich habs nicht so mit Kälte und Skifahren kann ich auch
nicht.«

»Skifahren brauchst du nicht. Und du wirst staunen,
wie gemütlich es in der Hütte ist, wenn es draußen friert
und drinnen der Holzofen bullert.«

Hütte. Isabellas Bild von einem luxuriösen Alpenhotel
zerbarst. Vorsichtig fragte sie: »Woran genau hast du gedacht?«

»Na, wir schließen uns einfach Jürgen und den anderen an und fahren mit auf die Tannkopf-Hütte. Gleich am
25. und dann bleiben wir bis Neujahr. Du wirst begeistert
sein. Der Schwarzwald hat im Winter seinen ganz eigenen
Reiz und die Hütte liegt total einsam. Wenn es dann noch
schneit, ist man richtig in einer anderen Welt. Ein Wintertraum.«

»Und wenn es nicht schneit …?«, versuchte Isabella
Gerds Euphorie zu bremsen.

»Ach, dann kann man wunderbar wandern. Maike
und Elli brutzeln sicher was Schönes und abends können
wir Karten spielen.«

Isabella schwieg. Wandern, Karten spielen, Maikes
vegane Öko-Bratlinge … . Sie reizte das kein bisschen.
Weniger als kein bisschen. Aber Gerd schien so glücklich
über die Aussicht auf Weihnachtsurlaub mit seinen alten
Studienfreunden, dass sie es nicht übers Herz brachte,
nein zu sagen.

Sie bereute es schon bei der Ankunft. Wenn Gerd ihr wenigstens vorher gesagt hätte, dass sie die Autos am Bauernhof stehen lassen und die letzten zwanzig Minuten zu

Fuß gehen mussten! Dann hätte sie sich doch irgendwo einen Rucksack für ihr Gepäck leihen können. Stattdessen stapfte sie in ihren Sneakers, in denen die Füße von Minute zu Minute mehr einfroren, und mit einer unpraktischen Reisetasche bergauf. Immerhin lag kein Schnee, nur an einigen Stellen auf dem Waldweg glänzte Eis.

»Find ich gut, dass Gerd und du endlich mal dabei seid«, sagte Maike, die mit ihren gefütterten Stiefeln und dem großen Rucksack zünftig vorangeschritten war, bis sie auf die Idee kam, sich ein bisschen um Isabella zu kümmern. Isabella hätte gerne darauf verzichtet. Maike war mit Gerd schon zur Schule gegangen und wusste nicht nur alles besser, sondern zeigte das auch deutlich. Wie Jo es mit ihr aushielt, war schwer zu verstehen, aber Jo war einfach ein ganz Lieber.

Dass Maike und Elli so gut miteinander auskamen, war ebenfalls rätselhaft, denn Elli war die Eleganz schlechthin. Außer dass sie Pink liebte. Das gab ihrem Designer-Outfit dann doch eine leicht vulgäre Note. Immerhin, ihrem Stefan gefiel es wohl, denn er konnte kaum die Finger von ihr lassen.

Das Verhältnis zwischen Jürgen und Nora schien dagegen seit dem letzten Treffen deutlich abgekühlt. Nora, die außer ihrem großen Rucksack auch noch eine Tasche mit Lebensmitteln schleppte, wanderte schweigsam und alleine, während Jürgen, Jo und Gerd schwer bepackt, aber beschwingt voraneilten.

Maike und Jo, Elli und Stefan, Nora und Jürgen und Isabella und Gerd. Langweilig würde das nicht unbedingt werden. Aber anstrengend!

Natürlich war die Hütte eiskalt. Jürgen heizte zwar sofort fachmännisch in der Küche den Ofen an, aber beim Blick in die Schlafkammern war keine Wärmequelle zu entdecken.

»Wenn der Ofen richtig heiß ist, kommt die warme Luft auch hierher, wir lassen dann einfach alle Türen auf«, erklärte Maike, die sah, wie Isabella ihre weiße Atemwolke anstarrte, die in Richtung Bett zog.

Na fein. Und wo blieb die Privatsphäre?

»Schreibst du eigentlich immer noch deine komischen Krimigeschichten?«, fragte Maike. »Ich würde mir ja an deiner Stelle ein positiveres Hobby suchen. Ständig diese Verbrechen, das zieht einen doch runter.«

Isabella nickte und schwieg. Es hatte keinen Zweck, mit Maike über das Schreiben oder gar über Krimis zu reden. Überhaupt war dieses Thema auf der Hütte tabu – sie wusste, was Gerds Freunde davon hielten.

»Komm in die Küche, die ist schnell warm. Und sonst hilft noch von innen ein Kirschwasser.«

Tatsächlich war die Temperatur in der Küche mit dem großen Holztisch in der Mitte fühlbar gestiegen und Jürgen hatte bereits die Schnapsgläser gefüllt.

»Auf unsere Hütten-Gaudi«, sagte er und hob sein Glas, um das Kirschwasser hinunterzustürzen. Die anderen taten es ihm nach. Mit Todesverachtung und in drei kleineren Schlucken trank Isabella ihren Schnaps – wenn er beim Aufwärmen half, sollte es ihr recht sein.

Der Abend wurde dann zuerst einmal gar nicht so übel, zu Maikes veganer Erbsensuppe mit frischem Holzofenbrot hatte Jo ein paar deftige Speckwürfel gebraten und mit vollem Magen erschien Isabella die Hütte sogar irgendwie gemütlich. Vielleicht lag das allerdings auch am Glühwein.

Sie hockte in dem alten Ohrensessel neben dem Ofen und blickte immer wieder durch das kleine Fenster hinaus in die Nacht. Draußen fielen dichte Flocken und auf dem Fenstersims bildete sich eine weiße, weiche Decke. Warm war es in der Küche jetzt, so warm, dass Elli sich ausgezogen hatte bis auf ein Trägertop – pink. Unter dem dünnen Stoff drückten sich die Spitzen eines BHs durch. Den Männern fiel es sichtlich schwer, sich auf die Karten zu konzentrieren, und Stefan legte seinen Arm besitzansprucherhebend um Ellis nackte Schultern. Ab und zu hob Elli ihr wohlgeformtes, leggings-bekleidetes Bein und bewunderte ihre pinkfarbenen High Heels.

»Ich hatte mir ja etwas Warmes für die Füße fürs Bett gewünscht«, zwitscherte sie. »Aber Stefan war dann eher für was Heißes!«

Sie kicherte und beugte sich vor, sodass Gerd und Jürgen fast die Augen aus dem Kopf fielen. Nora, der Maike gerade einen Vortrag über gesunde Ernährung im Winter hielt, kniff die Lippen zusammen und warf Isabella einen hilflosen Blick zu. Tu doch was, schien sie zu sagen.

Isabella schloss kurz die Augen. Ja, sie musste etwas tun.

Sie stand auf und ging hinaus, um auf der chemischen Toilette ihre kneifenden Bauchschmerzen von der Erbsensuppe loszuwerden. Wieso hatte Maike darüber eigentlich noch nicht gemeckert? Ein chemiefreies Plumpsklo wäre ihr sicher lieber gewesen!

Einen Moment lang zögerte Isabella, dann trat sie hinaus vor die Hütte. Neben der Eingangstür lagen auf dem aufgestapelten Holz allerhand Werkzeuge. Axt, Hammer, Säge.

Isabella entschied sich für die Säge. Jürgen, Maike, Elli und Stefan schliefen unter dem Dach. Eine angesägte Sprosse in mittlerer Höhe auf der Leiter würde Wunder wirken. Vor allem in Anbetracht von Ellis Schuhen. Falls sie als Erste hochstieg, würde sie ganz nett runterplumpsen.

Gut gesägt ist halb gewonnen – als Schreinerstochter kann mans eben, dachte Isabella, brachte die Säge zurück nach draußen und wischte sie sauber. Dann ging sie in die immer noch kalte Schlafkammer, in der sie mit Gerd die Nacht verbringen sollte.

»Warmarbeiten«, hatte er ihr ins Ohr geflüstert, als sie über die Kälte geklagt hatte. So, wie er sich den ganzen Abend schon benahm und sie vor seinen Freunden wie ein peinliches Mitbringsel ignorierte, war ihr jegliches Begehren vergangen.

Wo waren denn nur …? – Ah, da! Erleichtert zog Isabella ein Döschen Erdnüsse aus ihrer Reisetasche und riss es an der Lasche auf. Mhm, schön salzig! Salz hielt Maike für ungesund. Dementsprechend schmeckte ihr Essen. Gesalzene Erdnüsse waren für Maike sowieso das Allerletzte, weshalb Isabella ihren Vorrat lieber heimlich verspeiste. Das Allerletzte! Nicht nur wegen des Salzes. Maike war auch allergisch gegen Erdnüsse. Wenn sie Erdnüsse aß, würden die wohl tatsächlich das Allerletzte sein …

»Isa, wo bleibssu denn?«

Jürgen stand im Türrahmen und Isabella ließ vor Schreck die Nagelfeile fallen, mit der sie gerade eine Erdnuss zu Staub verarbeitete.

»Denkssu dir hier hübsche Schtorys aus?«, fragte Jürgen. »Hassu es auch schommal mit Ero – äh – rotick probiert? Ich könnte dir beim Reschesche-schieren helfn!«

Isabella starrte den besten Kumpel ihres Freundes an. Er schwankte leicht, fuhr sich mit der Zunge über die Lippen und kam näher.

»Kommmich zeig dir ein bissschen Hütten-Gaudi! Wir könnn auch noch Nora dasssuholn, die macht all-alles für mich.«

Jürgen stand nun direkt neben ihr und sie war dankbar für ihren Rollkragenpullover, der seinen Augen nichts bot.

»Na, kommschonn!«, sagte er und gab ihr einen Schubs, sodass sie rücklings auf das Bett fiel. Schwankend öffnete er den Hosenbund.

»Ich schreie!« Isabella schnappte nach Luft.

Doch Jürgen fiel einfach vorwärts neben sie auf das Bett, einen Arm über sie gelegt, und begann im gleichen Moment laut zu schnarchen.

Isabella zitterte. Das konnte unmöglich wahr sein! Sie nahm Jürgens Arm, schob ihn zur Seite und setzte sich auf. Sein Gesicht war gerötet und er hatte einen gemeinen Zug um den Mund, der ihr bisher nie aufgefallen war. Was für ein Arschloch! Einen Moment saß sie reglos. Dann packte sie das dicke Federkissen und drückte es auf Jürgens halb in der weichen Matratze verschwundenes Gesicht. Er zuckte kurz, dann lag er still.

Isabella griff erneut nach ihrer Nagelfeile. Das kleine Häufchen Erdnusspulver, das entstand, verbarg sie in der linken Hand und ging zurück in die Küche.

Maike erklärte gerade, wie schlecht die vielen Reisen heutzutage für die Umwelt waren. Damit hatte sie nicht unrecht. Aber war sie dieses Jahr nicht gerade selbst noch in Thailand *und* in Südafrika gewesen?

Schweigend nahm Isabella die Glühweintassen vom Tisch und ging hinüber zum Herd, um sie neu aufzufüllen und Maikes roter Tasse ein besonderes Extra beizufügen. Maike grapschte ohne ein Wort des Dankes danach und nahm einen großen Schluck. Sie hustete und griff sich an den Hals.

»Allergie«, krächzte sie. »Elli! Meine Tasche.«

Sofort sprang Elli auf. Ach ja, für den Notfall hatte Maike ja stets Medikamente dabei und Elli kannte sich damit aus. Uups! Daran hatte Isabella nicht gedacht!

Mit großen Schritten stakste Elli hinaus und auf die Leiter zu, die zu den oberen Kammern führte. Einen Moment später ertönte ein Splittern, ein Krachen und ein Schrei. Dann war Ruhe im Flur. Maike in der Küche röchelte nur noch schwach. Jo hielt sie in den Armen, sah aber irgendwie gar nicht unglücklich aus.

Stefan und Gerd rannten aus der Küche.

»Nein – Elli!«, hörte Isabella Stefans verzweifelte Stimme.

Sie ging zur Tür der Hütte, schlüpfte in Maikes warme Stiefel, die diese nun nicht mehr brauchte, zog ihren Anorak an, die Mütze und wickelte ihren Schal um den Hals. Dann trat sie vor die Tür. Im Vollmond war die frisch verschneite Landschaft erstaunlich hell und friedlich. Ein Wintertraum.

»Was hast du getan?«, grollte Gerd plötzlich hinter ihr.

Sie fuhr herum. Mit ausgestreckten Armen kam er auf sie zu, bereit, seine Hände um ihren Hals zu legen. Doch ehe er zudrücken konnte, zog Isabella die Axt vom Holzstapel und schlug zu. Mit einem Seufzer sank Gerd zu Boden.

Isabella zog den Reißverschluss ihres Anoraks höher und vergewisserte sich, dass der Autoschlüssel in ihrer Jackentasche war. An der Hüttenwand lehnte ein Kinderschlitten. Isabella lächelte. Als Kind war sie furchtbar gerne Schlitten gefahren. Ob man das verlernte? Oder war es wie mit dem Radfahren? Auf jeden Fall wäre sie rodelnd im Nu am Bauernhof, am Auto, an einer richtigen Straße und damit in Freiheit! Sie griff nach dem Schlitten, setzte sich drauf und stieß sich mit den Füßen ab. Langsam glitt sie durch den Schnee und beschleunigte von Meter zu Meter. Es war ganz einfach, nur der kalte Wind ließ sie einen Moment die Augen schließen. Ein Fehler! Unsanft landete ihr Po auf dem harten Boden.

»Na, ausgeschlafen?« Maike kicherte.

»Ein Bild für die Götter, wie du vom Sessel gerutscht bist!«, prustete Jürgen heraus.

Alle starrten Isabella an, die auf dem Boden vor dem Ohrensessel saß und blinzelte. Maike? Jürgen? Elli war auch da? Was …?

Gerd lachte. »Meine Süße war im Geiste sicher ganz woanders. Wer weiß, was für Gedanken und Träume sie mal wieder hatte!«

Isabella sah von einem zum anderen. Maikes abfälliger Blick, Ellis aufreizende Pose, Jürgens verächtlicher Mund, Nora und Jo, die sich aus allem raushielten, Stefan, der nur Augen für Elli hatte, und Gerd, der zu ihnen gehörte. Zu seinen Freunden. Nicht zu ihr. Auf einen Schlag wurde ihr klar, dass sie hier verschwinden musste. Oder diese Tage würden enden wie in ihrem Traum – mörderisch!

Isabella verließ schweigend die Küche, ging zur Tür der Hütte, schlüpfte in Maikes warme Stiefel, selbst wenn diese sie morgen brauchen würde, zog ihren Anorak an, die Mütze und wickelte ihren Schal um den Hals. Dann trat sie vor die Tür. Im Vollmond war die frisch verschneite Landschaft erstaunlich hell und friedlich. Ein Wintertraum.

Sie zog den Reißverschluss ihres Anoraks höher und vergewisserte sich, dass der Autoschlüssel in ihrer Jackentasche war. An der Hüttenwand lehnte tatsächlich ein Kinderschlitten. Isabella lächelte, griff nach dem Schlitten, setzte sich drauf und stieß sich mit den Füßen ab. Langsam glitt sie durch den Schnee und beschleunigte von Meter zu Meter. Es war ganz einfach. In weniger als zwei Stunden konnte sie in Freiburg sein, in einem zentralgeheizten Hotelzimmer an ihrem Laptop sitzen und einen Krimi schreiben. Einen Titel hatte sie schon: Isabellas Wintertraum.

Erbsensuppe

Zutaten:

75 g Schinken- oder Speckwürfel
(für Veganer werden diese natürlich weggelassen, evtl.
können sie durch Zwiebelwürfel ersetzt werden)
etwas Öl
200 g Schälerbsen
1 l Gemüsebrühe
1 Lorbeerblatt, (je nach Geschmack ein paar Nelken)
1 Bund Suppengrün (Lauch, Sellerie, Gelbe Rübe)
2 mittelgroße, mehlige Kartoffeln
Salz, Pfeffer, nach Geschmack etwas Ingwer

Zubereitung:

Den Schinken oder Speck im Öl anbraten, Brühe, Schäl-
erbsen, Lorbeerblatt und evtl. Nelken hinzugeben und ca.
1 ¼ Std. köcheln lassen.
Suppengrün und Kartoffeln klein schneiden und danach
zu der Suppe geben. Eine weitere ½ Std. weiterkochen
lassen.
Zum Schluss mit Salz, Pfeffer und evtl. etwas Ingwer ab-
schmecken.

RALF KURZ

Metamorphose

Das Salzwasser im Topf brodelte leise vor sich hin. Seit einer halben Stunde köchelten die Kartoffeln und es wurde langsam Zeit, sie vom Herd zu nehmen. Mit einem Kochlöffel fischte Rainer einen der gelben Würfel aus der Flüssigkeit, pustete einmal und steckte sich das Gemüse in den Mund. Der Garzustand war perfekt, ebenso wie der Geschmack. Er hatte nicht nur eine alte, wohlschmeckende Sorte ausgewählt, sondern mit den Kartoffeln auch zwei Blättchen Liebstöckel mitgekocht, die ihr Aroma sanft wie eine Sommerbrise an das Gemüse abgegeben hatten. Die Auswahl der richtigen Zutaten war ein elementarer Bestandteil des Handwerks, das Rainer von der Pike auf gelernt hatte. Als Koch musste er nicht nur den Umgang mit diversen Werkzeugen beherrschen, sondern auch die Qualität der Produkte beurteilen können, die er verarbeitete. Ein krumm gewachsener, ungewaschener Erdapfel vom Bauernhof konnte wesentlich unansehnlicher wirken als die vorgewaschenen Standardkartoffeln industrieller Agrarbetriebe, die tonnenweise über Discounter und auf Großmärkten verkauft wurden, doch erst im Geschmack zeigte sich der wahre Wert eines Gemüses. Eine Gewächshaustomate konnte es niemals mit einer Tomate aus dem eigenen Garten aufnehmen und Erdbeeren, die in den Supermärkten zur Vorweihnachtszeit verkauft wurden, waren nicht einmal der Mühe wert, einen Blick auf das Preisschild zu werfen. Gutes Essen begann mit den bestmöglichen Zutaten und der Kenntnis ihrer richtigen Zubereitung, doch erst die Dosierung, die Abstimmung der einzelnen Komponenten aufeinander, erhob das Handwerk zur Kunst. Eine Messerspitze Zimt, eines der edelsten Gewürze, konnte aus einem einfachen Apfelmus ein wahres Gedicht machen, ein Teelöffel des hellbraunen Pulvers hingegen ruinierte auch das beste Kompott.

Rainer zog den Topf von der Herdplatte und stellte ihn zur Seite. In einer Pfanne erhitze er etwas Öl, gab gewürfelte Zwiebeln hinzu und ließ sie anbräunen. Als sie die gewünschte Farbe hatten, löschte er sie mit Wasser ab und reduzierte die Temperatur. In die Zwiebelbrühe gab er Karotten, die er in kleine Stifte geschnitten hatte. Er rührte etwas Honig unter, legte einen Deckel auf die Pfanne und ließ das gesüßte Gemüse langsam garen. Das Timing war bei diesem Vorgang besonders wichtig. Die Karotten mussten durchgegart sein, aber dennoch Biss haben. Wenn sie zu weich gerieten, verdarben sie die gesamte Komposition. Beim Gedanken an die Parallele zur Musik stahl sich ein Lächeln in Rainers Gesicht. Komponisten und Köche hatte mehr gemein als viele ahnten. Ein Galadinner entsprach einer Oper, ein mehrgängiges Menü einer Sinfonie und selbst eine einfache Suppe war wie ein Lied mit einer ausgewogenen Melodie. Das Geheimnis hinter all dem hieß Harmonie. Wenn man beim Kochen die falschen Zutaten miteinander kombinierte, entstanden Disharmonien, die eine Zunge ebenso malträtierten wie ein Septakkord das Ohr, wenn er in einer falschen Tonart gespielt wurde. Die richtige Kombination hochwertiger Zutaten jedoch verzauberte die Sinne wie eine Melodie von Mozart, die einen, wenn man sie einmal gehört hatte, tagelang begleitete und die man manchmal leise vor sich hin summte, ohne es zu bemerken. Carola hatte das nie verstanden. In ihren Augen war er stets ein Verschwender gewesen, der teure Kartoffeln für eine Suppe verwendete, die man mit billigen Produkten und etwas mehr Gewürz ebenso gut zubereiten, aber das Doppelte daran verdienen konnte. Kunst macht uns nicht reich, hatte sie einmal gesagt und Rainer hatte ihr nicht widersprochen. Letzten Endes hatte sie recht behalten. Sie waren nicht reich geworden, aber er war dennoch zufrieden. Ein Künstler bemaß sein Werk nicht nach dem Preis, sondern nach dem Wert.

Das Salzwasser mit den Kartoffeln war in der Zwischenzeit etwas abgekühlt. Mit einer Gabel fischte Rainer die Liebstöckelblätter aus dem Kochtopf, dann nahm er einen Pürierstab und verarbeitete die Basis für seine Suppe zu einer homogenen Masse, während seine Gedanken bei Carola hängen blieben. Sie war keine Schönheit gewesen, das hätte man wirklich nicht behaupten können, doch er war auch kein Adonis. Sie hatten sich kennengelernt, als er während seiner Gesellenjahre in einem Restaurant angestellt gewesen war, in dem sie bedient hatte. Ein Koch und eine Restaurantfachfrau passten gut zueinander, schon alleine wegen der Arbeitszeiten, die sich erheblich von denen anderer Angestellter und Arbeiter unterschieden. Obwohl Carola aus Bayern stammte, hatte der Schwarzwälder etwas Exotisches in ihr gesehen, das ihn fasziniert hatte, ohne dass er es richtig hätte benennen können. Sie war schlangenhaft gewesen, ohne dabei schlank zu sein. Es war eher das Hypnotisierende ihres Blicks gewesen und das Raubtierhafte ihres Wesens. In all den Jahren ihrer Ehe hatte er sie niemals ängstlich erlebt. Carola hatte allem und jedem die Stirn geboten und für jemanden, der sie herausgefordert hatte, war es besser gewesen, auf der Hut zu sein. Sie hatte sich allein mit Worten wie ein Alligator in ein Opfer verbeißen und es auf den Grund eines Flusses ziehen können, bis es nach einer endlosen Todesrolle erlegt war. Carola hatte keine Gnade gekannt.

»Chef, da ist jemand von der Polizei, ein Kommissar Bremer.« Eva, die seit Jahren im *Bischofskeller* bediente, stand an der Küchentür und sah Rainer fragend an. »Er will mit Ihnen sprechen.«

»Sag ihm, er soll sich ein paar Minuten gedulden und frag ihn, was er essen will.« Rainer nahm einen Bund Petersilie und zerkleinerte das Kraut mit schnellen, routinierten Bewegungen. Eine Minute später kehrte die Bedienung zurück.

»Er nimmt die Saté-Spieße.«

»Uwe!« Rainer nickte dem Beikoch zu, der die Speisen auf den Tellern anrichtete. Saté-Spieße waren keines der üblichen Gerichte, die auf der Karte standen. Im *Bischofskeller* aß man badisch, elsässisch und alemannisch. Die regionale Küche aus dem Dreiländereck Deutschland-Frankreich-Schweiz, hergestellt aus Produkten der Region, hatte das Lokal bekannt gemacht. Im Gegensatz zu früher genügte das jedoch heute nicht mehr, wenn man bestehen und überleben wollte. Die Ansprüche stiegen stetig und die Gäste verlangten Abwechslung. Man musste sich etwas einfallen lassen, um Ausgefallenes bieten zu können, und so hatte Rainer beschlossen, jeweils einmal im Frühling, Sommer, Herbst und Winter eine Woche lang Spezialitäten aus entlegenen Teilen der Welt zu servieren. Je exotischer die Herkunft war, desto besser kamen die Gerichte bei den Gästen an, ohne dass es dafür einen Grund gegeben hätte. In Mexiko wurde nicht schlechter gekocht als in Honduras, aber »mexikanisch« lockte keinen Hund hinter dem Ofen hervor, während »karibisch« das Lokal füllte. In der aktuellen Spezialitätenwoche, deren letzter Tag am Morgen angebrochen war, wurde im *Bischofskeller* indonesisch gekocht.

Die Kartoffelsuppe war für den übernächsten Tag vorgesehen. Sie unterschied sich in einem Punkt wesentlich von nahezu allen anderen Gerichten, die frisch zubereitet sofort serviert wurden. Gemüsesuppen deutscher Art schmeckten am besten, wenn man sie am zweiten oder dritten Tag aufwärmte. Seltsamerweise war dies einer der wenigen Punkte gewesen, bei dem Rainer und Carola einer Meinung gewesen waren. Er hatte sich immer gewundert, warum sie ihn überhaupt geheiratet hatte. Mit fast allem, was er getan oder gelassen hatte, war sie nicht einverstanden gewesen. Sie hatte herumgenörgelt, wenn sie einen guten Tag gehabt hatte. An weniger guten Tagen hatte sich das Nörgeln zum Keifen gesteigert und an schlechten Tagen hatte sie fauchend Gift und Galle gespien. Im Fernsehen hatte er einmal eine Dokumentation über Warane gesehen, jene Reptilien, die urzeitlichen Sauriern am ähnlichsten sahen. Bei einer Großaufnahme des Kopfes hatte er verblüfft festgestellt, wie sehr sich das Gesicht des Warans und das seiner Ehefrau glichen. Im Lauf der Jahre hatte die Frau, in die er sich einst verliebt hatte, eine Metamorphose durchlaufen. Aus der exotisch anmutenden Schlange war ein ausgewachsener Drache geworden.

Die Karotten hatten ihren Punkt erreicht. Rainer wusste es, ohne sie probieren zu müssen. In nahezu vierzig Berufsjahren hatte er sich eine Routine angeeignet, die neben dem Meisterbrief jeden guten Koch auszeichnete. Er schüttete die Honigbrühe mit den Zwiebeln und den Karotten in den großen Topf, in dem die Suppe ihrer Fertigstellung harrte, gab Petersilie hinzu und verfeinerte die Speise mit Sahne. Zum Schluss schmeckte er die Suppe mit etwas frisch geriebenem Muskat, Salz und einer Prise frisch gemahlenem Pfeffer ab. Obwohl er wusste, was ihn erwartete, schloss er genießerisch die Augen, als er die Probe aufs Exempel machte. Mochten manche Gäste noch so sehr von exotischen Speisen schwärmen, so gab es für Rainer kaum etwas Köstlicheres als diese einfache Kartoffelsuppe, deren Rezept er in vielen Jahren bis zur Perfektion verfeinert hatte. Es war die schlichte Eleganz einer von manchen Zeitgenossen als Arme-Leute-Essen verpönten und damit völlig verkannten Speise, deren Wert für ihn jedoch weit über ihrem Preis lag.

Rainer schloss den Topf mit einem Deckel, wusch sich die Hände und verließ die Küche. Im Gastraum erkannte er sofort den Mann, mit dem er eine Woche zuvor bereits gesprochen hatte. Er saß alleine an einem Tisch und ließ sich, wie der Koch hoffte, sein Mittagessen schmecken.

»Guten Tag, Herr Kommissar.« Rainer begrüßte den Gast mit einem Lächeln und setzte sich zu ihm an den Tisch. »Sie wollten mich sprechen?«

»Mmh.« Der Polizeibeamte in Zivil nickte mit vollem Mund. Sein Teller war fast leer und Rainer wartete einige Augenblicke, bevor er seine nächste Frage stellte.

»Haben Sie meine Frau gefunden?«

»Nein.« Kommissar Bremer sah seinem Gegenüber argwöhnisch in die Augen. »Es gibt keine Spur von ihr.«

»Und worüber wollen Sie dann mit mir sprechen?«

»Ihre Schwägerin hat die Vermisstenanzeige erstattet und ich frage mich, warum Sie Ihre Frau nicht als vermisst gemeldet haben.«

Rainer zuckte mit den Achseln. »Weil ich sie nicht vermisse.«

Der Kriminalbeamte zog die Augenbrauen zusammen. Die Antwort hatte ihn offensichtlich überrascht. »Hat sich Ihre Frau in der Zwischenzeit gemeldet?«

»Nein, das wollte ich nicht damit sagen.« Rainer schüttelte den Kopf. »Es ist nur so, dass ich sie nicht vermisse. Von mir aus kann sie bleiben, wo der Pfeffer wächst, solange sie den Pfeffer in Ruhe lässt.«

Der Scherz zeigte keinerlei Wirkung. Noch immer sah der Kommissar den Koch mit argwöhnischem Blick an, während er sich die nächste Gabel in den Mund schob. Rainer hatte die Wahrheit gesagt. Er vermisste Carola wirklich nicht. Seit ihrem Verschwinden war sein Leben leiser und viel weniger anstrengend als zuvor, obwohl im Restaurant eine Arbeitskraft fehlte.

»Wissen Sie, was ich glaube?« Der Kommissar deutete mit seinem Messer auf den Koch. »Sie haben Ihre Frau ermordet und die Leiche verschwinden lassen.«

Er wartete auf eine Reaktion, doch die Provokation verfing ebenso wenig wie der Scherz zuvor und Bremer versuchte es mit der alten Polizeitaktik, der Einschüchterung. »Geben Sie sich keiner Illusion hin. Leichen haben die unangenehme Eigenschaft, immer wieder aufzutauchen. Immer wieder, verstehen Sie, und dann haben wir Sie am Arsch.«

»Ich habe meine Frau nicht nur einmal ermordet, ich habe es hundertmal getan oder tausendmal.« Die Gesichtszüge des Kochs waren völlig entspannt, denn er sagte die reine Wahrheit. »Ich weiß gar nicht, wie oft ich mir vorgenommen habe, ihr den Schädel einzuschlagen, einen Strick um ihren Hals zu binden und sie im Titisee zu versenken.«

Für einen Moment hörte der Kommissar zu kauen auf. Seine Taktik war aufgegangen, denn dem Koch war ein Fehler unterlaufen. Die meisten Verdächtigen wurden unvorsichtig, wenn sie sich allzu sicher fühlten und in vielen Fällen verrieten sie Details, weil sie annahmen, das perfekte Verbrechen begangen zu haben. Dem Ermittler einen Brotkrumen hinzuwerfen in der Überzeugung, unantastbar zu sein, erwuchs aus dem Stolz auf die eigene Überlegenheit, doch die Täter unterschätzten die Polizei. Nicht immer mussten bei den Ermittlungen die fantastischen Möglichkeiten der modernen Forensik zum Einsatz kommen. Manchmal genügte einfach nur ein Taucher, sofern man wusste, in welchem See man suchen musste.

»Sie werden nicht damit durchkommen, glauben Sie mir. Wir werden die Leiche finden und Ihnen den Mord nachweisen.« Bremer sprach und kaute gleichzeitig. »Sie haben Ihre Frau gehasst, das hat uns ihre Schwester bestätigt, und deshalb haben Sie sie umgebracht.«

»Ich soll meine Schwägerin ermordet haben?«

»Nein, nicht Ihre Schwägerin, Ihre Frau natürlich, und ich werde es beweisen. Leichen tauchen immer wieder auf, immer wieder.« Der Kommissar nickte zu seinen eigenen Worten, doch sie hinterließen keinen sichtbaren Eindruck bei dem Verdächtigen. Anscheinend glaubte der Koch immer noch, das perfekte Verbrechen begangen zu haben. In diesem Fall jedoch würde das Auftauchen der Leiche im wahrsten Sinne des Wortes geschehen, denn Bremer wusste nun, wohin er die Taucher schicken musste.

»Sie glauben wirklich, ich wäre ein Ehegattenmörder?« Rainer lehnte sich zurück und verschränkte die Hände im Schoß. Die Meinung des Kommissars teilte er keineswegs. Er war kein Ehegattenmörder, zumindest nicht nach seiner Definition. Am Sonntag zuvor, als sie nach dem letzten Gast die Tür abgeschlossen und mit der Tagesabrechnung begonnen hatten, war wieder einmal ein Streit zwischen ihm und Carola eskaliert. Der Hausdrache hatte nicht nur gefaucht. Er hatte gekeift und herumgeschrien, ihn beschimpft und beleidigt. Als es ihm zu viel geworden war, hatte er sich in die Küche verzogen, doch Carola war ihm nachgelaufen. Ihre Tirade war wie so oft endlos gewesen. Es hatte nichts genützt, ihr um des lieben Friedens willen recht zu geben, denn sie war wieder einmal so sehr in Rage gewesen, dass sie kein Ende hatte finden wollen. Nach der Küche hatte es nur noch eine Rückzugsmöglichkeit gegeben, doch sie war ihm sogar ins Kühlhaus nachgelaufen. Vor ihrer Generalanklage, wonach er an allem Übel der Welt schuld sei, hatte er längst kapituliert. Stumm den Kopf schüttelnd hatte er ihre Beschimpfungen ertragen, doch als er vom Kühlhaus in die Küche hatte zurückgehen wollen, war er plötzlich von etwas Überirdischem berührt worden. Für den Bruchteil einer Sekunde hatte ihn eine Klarheit überfallen wie ein göttliches Licht. Er hatte die strahlend schöne Lösung gesehen, bei der das Ende seines Martyriums lediglich zwei, drei simple Handgriffe erforderte. Wie in Trance hatte er sich umgedreht, die Tür des Kühlhauses geschlossen und selig lächelnd den Schlüssel umgedreht.

Am nächsten Morgen war er in einem Zustand heiterer Gelassenheit aufgewacht. Wie bei den meisten Lokalitäten war der Montag ein Ruhetag und somit der einzige freie Tag der Woche für Rainer und seine Angestellten. Entspannt und ohne Eile hatte er zuerst gefrühstückt, bevor er in die verwaiste Küche gegangen war. Carola hatte die verriegelte Tür des Kühlhauses von innen nicht öffnen können. Der Feuer speiende Drache war deshalb im Lauf der Nacht in seiner Höhle erfroren. Die eisige Leiche zu Füßen eines Regals hatte Rainer das beschwingte Gefühl verliehen, kein Ehegattenmörder zu sein. Er war ein Ritter, dem die Jungfern einstmals ihre Bänder und ihre Gunst geschenkt hätten. Er war ein Drachentöter!

Am späteren Vormittag hatte er einen Teil von Carolas Kleidern, ihren Modeschmuck und einige ihrer Toilettenartikel in einen großen Karton gepackt. Ihren Ausweis, ihren Führerschein und ihre Kreditkarten hatte er in winzige Schnipsel zerschnitten, die sich mühe- und spurlos hatten entsorgen lassen. Den Karton hatte er schließlich mit einem Aufkleber versehen, zur Post gebracht und ihn unter Angabe eines falschen Absenders an eine Phantasieadresse in Namibia geschickt. Er wusste, dass er die Sachen niemals wiedersehen würde.

Kommissar Bremer beendete sein Mittagessen. »Wir sind noch nicht miteinander fertig. Leichen haben die unangenehme Angewohnheit, immer wieder aufzutauchen. Immer wieder, verstehen Sie?«

»Ja, das sagten Sie schon.«

»Sie wird auftauchen, das garantiere ich Ihnen.« Der Kommissar legte das Besteck auf den Teller und wischte sich den Mund ab. »Was bin ich schuldig?«

»Ich schicke Ihnen die Bedienung zum Abkassieren.«
Rainer erhob sich und nickte dem Kommissar zu. »Hat es
Ihnen geschmeckt?«

»Ja, ausgezeichnet, auch wenn es ziemlich scharf war.«

Der Koch hob entschuldigend die Hände. »Ich habe
das Gericht unseren Essgewohnheiten angepasst. In Indo-
nesien isst man die Saté-Spieße allerdings noch wesentlich schärfer.«

Kommissar Bremer nahm sein Bierglas und leerte es
auf einen Zug, um seiner brennenden Zunge Linderung
zu verschaffen. »Diese Fleischspieße muss ich mir merken. Wie gesagt, ziemlich scharf, aber ausgezeichnet. Das
machen wahrscheinlich die exotischen Gewürze.«

»Currypaste.« Rainer spürte ein Lächeln in sich aufsteigen und er musste es unterdrücken, damit es sich nicht
zu einem breiten Grinsen auswuchs. »Man braucht gute
Zutaten, um gut zu kochen.«

»War das Rindfleisch?«

»Nein, Herr Kommissar, das war kein Rind. Das
Fleisch ist selbst eine exotische Zutat. Es stammt vom
Waran.«

Kartoffelsuppe

Zutaten:
1,5 kg Kartoffeln
1,5 bis 2 TL Salz
2 bis 3 Blättchen Liebstöckel
etwas Öl
1 große Zwiebel
2 Karotten
1 EL Honig
1 EL fein gewiegte Petersilie
200 ml Sahne
Pfeffer, Muskat

Zubereitung:
Die Kartoffeln schälen und in Würfel schneiden, in einen
großen Kochtopf geben und so viel Wasser aufgießen, bis
das Gemüse bedeckt ist. 1,5 bis 2 Teelöffel Salz und 2 bis
3 Blättchen Liebstöckel zugeben, das Ganze aufkochen
und so lange garen, bis die Kartoffeln weich sind. Die
Liebstöckelblätter aus dem Wasser entfernen, danach die
Kartoffeln im Salzwasser pürieren, bis eine homogene, sämige Masse entsteht.
Die Zwiebel schälen und in kleine Würfel schneiden, die
Karotten schälen und in kleine Stifte schneiden, Petersilie
fein wiegen.
Etwas Öl in einer Pfanne erhitzen, Zwiebel zugeben und
bräunen. Mit etwas Wasser ablöschen, einen Esslöffel
Honig einrühren und die Karotten zugeben. Bei geschlos-
senem Deckel auf kleiner Flamme garen (die Karotten
sollten durchgegart sein, aber noch Biss haben).
Karotten und Zwiebel samt Honigwasser (sofern es nicht
vollständig verkocht ist) in die Suppe geben, Petersilie
und Sahne unterrühren und mit Pfeffer und Muskat wür-

zen. Die Suppe gegebenenfalls nachsalzen und ein paar Minuten durchziehen lassen.

Die Kartoffelsuppe kann als Vorspeise gereicht werden, eignet sich aber mit Bauernbrot (und Wiener Würstchen) auch als einfaches Mittag- oder Abendessen.

Gudrun Wilhelms

Badische Schneckensuppe

Ihre Unvereinbarkeit war schon vom Schild am Klingelknopf abzulesen:

Josef Schätzle – Svenja Martens

Der Postbote hatte dies intuitiv erfasst, als ihm ihr
Name noch unbekannt war: »Wohnt hier eine Frau Svenja Martens? – Ungewöhnlicher Name, Svenja. Nicht aus
der Gegend, gell?«

Mittlerweile stand ihr Name an der Eingangstür, oben
an der Abschlusstür und auch am Briefkasten, aus dem
Josef Schätzle gerade die Post zog. Nicht nur der Name,
auch die Frau war allgegenwärtig in seinem Leben. Das
war sein Problem.

Ungewöhnlicher Name, Svenja. Die ganze Frau war
ungewöhnlich. Während einer Lesereise durch Norddeutschland, es war vor zwei Jahren im Oktober – Bremen, Hannover, Kiel, Hamburg – war Svenja jedes Mal in
der ersten Reihe gesessen. Groupies gibt es nicht nur bei
Rock- und Popkonzerten. Bei seinen Lesungen waren es
aber meistens Frauen in mittleren Jahren, die ihre Freizeit
mit Ausflügen in die Welt der Kultur möblierten und ihm
begeisterte Briefe über seine Krimis schrieben. Und dann
an jenem Donnerstag im Oktober – diese schöne junge
Frau! Sie saß da mit ihren langen Beinen, dem glänzenden
blonden Haar. Jeder Autor sucht bei seinen Lesungen ein
freundliches Gesicht im Publikum, zu dem er immer wieder zurückkehren kann. Eine Art Rückversicherung, ob
der Abend gut läuft, ob er als Autor sein Publikum auch
erreicht. In Svenjas Fall war es umgekehrt gewesen. Ihre
stahlblauen Augen schlugen ihn sofort in ihren Bann. Danach konnte er sich ihnen nicht mehr entziehen.

In Bremen, bei der anschließenden Signierstunde, war sie als Erste an den Büchertisch getreten, die Wangen gerötet, Erregung in der Stimme: »Sie sehen vor sich eine glühende Verehrerin. Ich kenne alle Ihre Krimis. Ich bin süchtig nach ihnen. Wann kommt Ihr nächster raus?«

Ihrem Signaturwunsch – *Meiner Verehrerin Svenja* – war er nicht nachgekommen. Er hatte, um Distanz bemüht, geschrieben: *Der treuen Leserin Svenja freundlich zugeeignet* – und das Possessivpronomen weggelassen. In Hannover hatten sie sich bei dem Umtrunk nach der Lesung kräftig zugeprostet, in Kiel am Tag nach der Lesung eine Hafenrundfahrt gemacht. Und in Svenjas Heimatstadt war er nach einem gemeinsamen nächtlichen Streifzug durch St. Pauli in ihrem Bett gelandet. Die Abschiedstränen vom Hauptbahnhof waren kaum getrocknet, da stand sie schon mit einem Koffer vor seiner Wohnungstür in Herdern. Unangekündigt.

»Ich hab's nicht mehr ausgehalten vor Sehnsucht. Ich musste dich einfach sehen.« Und sie war geblieben.

Hätte er damals gewusst, dass der Liebesrausch von so kurzer Dauer und die Probleme danach so anhaltend sein würden, er hätte sie gar nicht bei sich aufgenommen, sie in einer Frühstückspension einquartiert. Tja, alle Menschen sind klug – die einen vorher, die anderen nachher.

An den Lieblingsspruch seiner Pfaffenweiler Großmutter, Essen und Trinken hält Leib und Seele zusammen, dachte er jedes Mal, wenn in seiner Küche etwas Gutes vor sich hin brutzelte. Heute waren es saure Nierle mit Brägele. Die Küche war in den letzten zwei Jahren immer häufiger zu seinem Zufluchtsort geworden. Würde er nach dem Essen das Kapitel beenden können, mit dem er sich den ganzen Morgen herumgequält hatte? Das Schreiben ließ sich bei ihm leider nicht per Knopfdruck aktivieren. Er brauchte innere und äußere Ruhe und sein vertrautes, geordnetes Umfeld. Das geordnete Umfeld hatte durch Svenjas Anwesenheit erhebliche Einschnitte erfahren – das Chaos, das sie täglich in der Wohnung hinterließ, war unbeschreiblich – und um seine innere und äußere Ruhe war es auch schlecht bestellt. Es war ein Teufelskreis: In der Nacht quälten ihn Gedanken über seinen unbefriedigenden Alltag, am Tag war er oft nicht in der Lage, sein übliches Schreibpensum zu erfüllen. Schreibblockade! Früher hatte er sie belächelt, heute war sie für ihn traurige Realität geworden.

Dagegen waren ihm Kochen und Essen ein Trost, sie erdeten ihn, führten ihn zurück zu seinen Wurzeln. Da war er wieder ganz bei sich, fühlte sich wohl. Brägele und Sunnewirbelesalat, dachte er zärtlich. Bratkartoffeln und Feldsalat. Sunnewirbele und Brägele ... Es gibt nichts Schöneres als die Muttersprache. Würde Oma Maria noch leben, hätte sie für seine Partnerschaft einen knackigen Spruch parat: »Do häsch de Brägel – jetzt hast du den Salat.« Beim ersten Zusammentreffen mit Svenja hatte sie nur mit den Augen gerollt. Worte waren überflüssig, die Botschaft sonnenklar. Aber was gibt ein verliebter Mann schon auf eine augenrollende Oma?

Seufzend kratzte Josef die restlichen Nierle aus dem Topf. Es hatte keinen Zweck, sie für Svenja aufzuheben. Ihre Kommentare kannte er: »Pfui Teufel. Riecht ja pervers. Das esse ich nicht.«

Was er anfangs gelassen hingenommen hatte, regte ihn jetzt zunehmend auf. In Hamburg hatte sie fetttriefenden panierten Fisch, Bratkartoffeln und dazu eine Portion Remoulade gegessen. Und um die regionale Küche Südbadens machte sie jetzt ein Affentheater.

Er erhob sein Glas mit dem Pfaffenweiler Gutedel. Prost, Onkel Georg. Dein Gutedel ist der beste. Beim letzten Schnecke-Fescht haben wir zusammen einen gehoben.

Und nicht zu knapp. Waren entspannte Stunden. Svenja war nicht dabei, wie üblich. Schnecken mag sie nicht und die Verwandtschaft vermutlich auch nicht. Dabei ist sie ausgehwütig wie eine Pubertierende. Dieser Tage hat sie mich Stubenhocker und Soziopath geschimpft. Soziopath! Das nehme ich ihr aber nicht übel. Sie weiß ja nicht, wovon sie spricht. Viel schlimmer ist: Sie hat rein gar nichts von mir verstanden, nichts von meiner Arbeit. Dabei hab ich's ihr ganz friedlich erklärt: »Um schöpferisch zu arbeiten, braucht es Vereinzelung und Disziplin. Ein Autor kann sich nicht jeden Tag ins Vergnügen stürzen, sich volldröhnen und erwarten, danach noch etwas Sinnvolles zu Papier zu bringen.«

»Du mit deinen Allüren und deinem überhöhten Gequatsche«, hat sie daraufhin gesagt. »Du gehst mir total auf die Nerven. Glaubst wohl, du bist der Nabel der Welt, nur weil du mit deinen Büchern Erfolg hast.«

Und diese Frau hab ich mal angesungen. Aber da war die Liebe noch frisch:

You are the sunshine of my life
That's why I'll always be around,
You are the apple of my eye,
Forever you'll stay in my heart ...

Für immer in meinem Herzen? Nein. Aus dem Sonnenschein ist längst eine Gewitterhexe geworden. Trotzdem hab ich versucht, ihre Gemeinheiten nicht an mich herankommen zu lassen. Nachgehakt hab ich aber immer: »Du bist mir nachgereist, wohnst schon zwei Jahre hier und findest mich unerträglich? Wie passt das zusammen?«

»Das frag ich mich auch«, war ihre Antwort. »Am Anfang war es wahrscheinlich dein Promibonus. Ich mag keine Nobodys. Vielleicht war's auch dein Aussehen. Dunkelhaarige Männer gehören in mein Beuteschema. Es war eine sportliche Herausforderung für mich, dich rumzukriegen. Ist mir ja auch in einer Rekordzeit gelungen. Aber dann, hier in Freiburg, da war ich nur noch enttäuscht. Du hast ausschließlich deine Arbeit gesehen, hast mich vernachlässigt. Ich bin jung, ich will unter Leute, ich will Spaß! Wundere dich nicht, wenn ich jetzt immer öfter mit Kollegen ausgehe. Das sind nicht so trübe Tassen wie du.«

Mit geschlossenen Augen trank er das Glas aus, nahm die Badische Zeitung vom Tisch und legte sich auf das grüne Sofa im Arbeitszimmer, in seinem Blickfeld alle seine Bücher. Zwanzig Jahre Produktion. Jedes Jahr mindestens ein Buch. Da steckte viel Arbeit drin und auch Stolz.

Es war die Entscheidung seines Lebens gewesen, den akademischen Beruf an den Nagel zu hängen. Als er vor einer Klasse stand, war ihm sofort klar gewesen, dass er als Lehrer auf keinen grünen Zweig kommen würde. Die Verwandtschaft stand Kopf. Das teure Geschichts- und Germanistikstudium – alles für die Katz! Die schöne Beamtenstelle, die gute Versorgung – er war wohl nicht bei Trost! Aus Verzweiflung schrieb er seinen ersten Regionalkrimi, der ein Riesenerfolg wurde. Und der Erfolg hatte ihn bis zum heutigen Tag nicht verlassen.

Auch bei den längst abgehakten Themen ließ Svenja keine Gelegenheit aus, ihn zu demütigen. In höhnischem Ton hatte sie ihm neulich eine Passage aus der Beurteilung eines Unterrichtsbesuchs vorgelesen. Sie musste wieder in seinen Unterlagen gewühlt haben, für ihn ein Einbruch in seine Intimsphäre.

»Der junge Kollege war bemüht, einen geordneten Unterricht durchzuführen. Dies gelang ihm leider nicht hinreichend. Auch war es nicht immer ersichtlich, ob die von ihm gesetzten jeweiligen Lernziele am Unterrichtsende in allen Punkten befriedigend gesichert werden konnten.«

»Schüler mögen keine Schlaffis als Lehrer, und du bist eben einer«, sagte sie. »Sie brauchen eine straffe Hand und eine klare Ansage. Ein Lehrer muss stille Autorität haben, sonst kann er einpacken.«

Diese halbe Stunde auf dem Sofa – ein Privileg. Ich bin überhaupt ein privilegierter Mensch. Meine Arbeit macht mir Spaß, ich kann bestens von ihr leben. Und ich kann schalten und walten, wie ich will – könnte schalten und walten, wie ich will, wenn sie nicht wäre ...

Er stieß einen Seufzer aus und blätterte die Zeitung durch. Unter Veranstaltungen/Lesungen fand er:

Der Freiburger Erfolgsautor Joe Schatz liest aus »Erstarrtes Blut«, dem letzten Band seiner Krimi-Trilogie
Freitag, 09. Oktober 2015, 20:00 Uhr, Paulussaal
Die Verfilmungen von Band 1: »Abgrund des Schreckens« und Band 2: »Das Lachen des Mörders« werden anlässlich der Freiburger Krimitage im November 2015 im Kandelhof gezeigt.

Das Pseudonym Joe Schatz hatte ihm sein Verleger aufgedrückt. »Josef Schätzle? Vergessen Sie's! Das klingt einfach zu lieb, zu putzig. Unter diesem Namen könnte man zur Not Heimat- oder Liebesromane veröffentlichen, aber keine knallharten Krimis.«

Josef Schätzle wälzte sich von seinem grünen Sofa. Zeit für einen Espresso und dann eine Runde auf dem Alten Friedhof. Vielleicht würde dieser wunderbare Ort mit den alten Bäumen und den verwitterten Grabsteinen sein inneres Gleichgewicht wiederherstellen. Mehr als einmal war es schon geschehen. Das Bewusstsein der Endlichkeit ließ ihn immer dankbar an seinen Schreibtisch zurückkehren. Er war gesund, er lebte! Probleme, die in ihm wühlten, konnten aus der Welt geschafft werden, wenn er nur wollte. Am Grab von Caroline Christine Walter betrachtete er die frischen Rosen, die man ihr in den Arm gelegt hat. Der Bildhauer hat ihr ein aufgeschlagenes Buch in die Hand gelegt und einen friedlich-entrückten Ausdruck auf ihr Antlitz.

Svenjas Gesicht war weder entrückt noch friedlich, wenn sie spätabends nach Hause kam. Ihre Augen flackerten, ihre Gesten waren ausladend. Schon im Flur schleuderte sie ihre hochhackigen Schuhe von den Füßen und warf ihre Klamotten auf den Boden, wo sie gerade ging. Meistens hatte sie einen getankt. Dies hielt sie aber nicht davon ab, sich in der Küche noch ein Glas einzuschenken.

»Geschäftsessen können manchmal ganz lustig sein und auch sehr lukrativ. Die besten Abschlüsse macht man auf jeden Fall bei einem Essen in einem Spitzenrestaurant. Die Investition lohnt sich immer. Dieses Mal haben wir eine 4-Millionen-Villa verkauft. Ich bekomme einen Sonderbonus, weil ich das so genial hinbekommen habe, sagt mein Chef. Ich bin sicher, mein norddeutsches Mundwerk hilft mir bei den Verhandlungen. Ich kann Kunden in Grund und Boden reden. Auch sonst bin ich ja sehr flexibel – hahaha.«

Es hat funktioniert: Nach dem Spaziergang auf dem Alten Friedhof fließt der Text nur so aus ihm heraus. Seine niedergedrückte Stimmung hat sich in Euphorie verwandelt. Als er abschließend die Seiten halblaut liest, stellt er fest, dass sie quasi druckreif sind. Nichts holpert in den Dialogen, das Timing im Handlungsverlauf ist perfekt, hier und da blitzt Ironie auf – all das schätzen seine Leser an seinen Geschichten.

Beschwingt geht er in die Küche und schenkt sich ein Glas Gutedel ein. Noch das letzte Kapitel, und »Der Mörder mit dem heißen Herz« ist fertig. Das blutige Ende hat er bereits in allen Details vorskizziert. Auch der Schlusssatz steht fest, ein Knaller, wie in allen seinen Büchern. Er legt »Tales of Mystery and Imagination« auf, wie immer, wenn er besonders produktiv gearbeitet hat. Fast überhört er deswegen das Telefon.

»Ich bin's. Komme gleich nach Hause, um mich umzuziehen. Martin hat mich heute Abend zum Essen eingeladen. In die Zirbelstube.«

»Wer ist Martin?«

»Herr Müller, mein Chef. Du brauchst also nichts zu kochen. Wollte ich nur sagen.«

»Ja.« Er legt auf.

Von wegen, nix kochen. Es gibt eine wunderbare Badische Schneckensuppe, verfeinert mit Rahm. Er dreht die Musik auf, schneidet Knoblauch, Zwiebel und das Gemüse und schwitzt alles in Butter an. Soll sie doch zum Sternekoch gehen, wenn's ihr Spaß macht. Er schwitzt auch das Mehl an und löscht das Ganze mit Onkel Georgs Gutedel ab. Aber so geht's nicht mehr weiter. Jetzt kommen die heiße Geflügelbrühe, die gehackten Schnecken, der Schneckenfond, Milch und Crème fraîche dazu, sowie Salz, Pfeffer und ein wenig Estragon. Kommt und geht, wie's ihr gerade passt. Benimmt sich ständig daneben. Während die Suppe vor sich hin köchelt und der Duft ihm schon in die Nase steigt, schlägt er Sahne steif und presst Zitronensaft aus. Ich hab sie nicht eingeladen. Sie hat sich mir aufgedrängt. Im Toaster röstet er ein paar Baguettescheiben. Kein Schamgefühl, diese Frau, überhaupt kein Schamgefühl. Er wärmt den Suppenteller vor. Sie hat mein friedliches Leben kaputt gemacht. Er gibt einen Spritzer Zitronensaft in die Suppe und montiert sie mit der geschlagenen Sahne auf. Aber jetzt ist wirklich Sense. Wenn sie nicht von alleine geht, werf ich sie raus. Er merkt, wie ihm das Wasser im Mund zusammenläuft.

Gerade will er die Kerze auf dem Tisch anzünden, da klingelt es Sturm. Svenja. Keiner klingelt so wie sie. Sie muss ihren Schlüssel vergessen haben. Typisch. Er lässt sich Zeit, um den Türöffner zu bedienen, und dann hört er schon das aggressive Stakkato ihrer Pfennigabsätze auf den Treppenstufen. Tack – tack – tack – tack – tack ... Rennt die steile Treppe rauf wie eine Geisteskranke. Klingt gerade so, als würde sie um ihr Leben laufen.

»Ging's noch ein bisschen langsamer mit dem Türöffnen?«, brüllt sie hinauf. »Du weißt doch, ich bin in Eile.«

Am oberen Treppenabsatz, keine zwei Meter von ihm entfernt, bleibt sie plötzlich stehen und streckt ihre Nase in die Luft wie ein Wolf, der eine Witterung aufnimmt.

»Wonach riecht's denn hier? Igitt. Definitiv nichts für mich!«

»Zwingt dich ja keiner. Badische Schneckensuppe, wenn du's genau wissen willst.«

»Hach«, ruft sie mit einem Lacher, »da hast du wohl deine kleinen Verwandten in die Brühe geworfen, du lahme Schnecke!«

Was zu viel ist, ist zu viel. Er geht einen Schritt auf sie zu und sagt mit vor Wut bebender Stimme: »Kannst du nicht endlich mal dein Schandmaul halten, du böses Weib, du!«

Sie reißt erschrocken die Augen auf, solche Töne ist sie nicht von ihm gewohnt, weicht einen Schritt zurück und noch einen. Das ist einer zu viel. Sie tritt ins Leere und fällt rückwärts die Treppe hinunter. Ein Poltern, ein Schrei – und dann ist es totenstill.

Sie liegt unten auf dem Treppenabsatz, die Glieder grotesk verdreht, Mund und Augen weit geöffnet. Ihr starrer Blick lässt keinen Zweifel zu: Sie ist tot.

»Manchmal lösen sich die Probleme von selbst«, murmelt er. »Man muss nur Badische Schneckensuppe kochen. Und abwarten.«

Badische Schneckensuppe

Zutaten:
20 g Butter
20 g Mehl
1 kleine Zwiebel
1 Knoblauchzehe
1 kleine Karotte
1 Stück Lauch ohne Grün, ca. 10 cm
1 Stück Sellerie, nicht zu viel
50 ml Weißwein, trocken
500 ml Geflügelfond
100 ml süße Sahne
100 ml Milch
80 g Crème fraîche
1 TL Zitronensaft
1 Dutzend Weinbergschnecken (Dose)
1/2 TL Salz (knapp)
weißer Pfeffer aus der Mühle
Estragon, getrocknet
Petersilie, frisch

Zubereitung:
Knoblauch, Zwiebel und Gemüse in feinste Würfel schneiden und in der Butter bei milder Hitze anschwitzen. Mehl darübersieben und weiter anschwitzen. Mit Weißwein ablöschen und mit dem heißen Geflügelfond auffüllen. Schneckenfond und fein gehackte Schnecken sowie Milch und Crème fraîche unterziehen. Etwa 10 Minuten köcheln lassen, Zitronensaft und Gewürze dazugeben, abschmecken. Zuletzt die geschlagene Sahne einrühren. Suppe in vorgewärmten Tellern anrichten und mit sehr fein geschnittener Petersilie bestreuen.

Thomas Häbe

Fifty Shades auf Badisch

Dunner un Doria, da war doch was! Dulle strengte seine Ohren an. Er lauschte erschrocken in den verwinkelten Gewölbekeller hinein.

Wenn man mich hier unten erwischt, bin ich geliefert.

Nervös streifte sein Blick den großen Brennkessel. Den hatte er hier im Keller von Oma Fredis Brägele-Stübli wieder in Betrieb genommen. Daneben glitzerten im funzeligen Kellerlicht achthundert Flaschen mit bestem Rossler.

Rossler, so nannte man den Topinambur-Schnaps hier in Baden und Dulle hatte sich beim Brennen genau an sein altes Familienrezept gehalten. Kristallklar war er geworden – erdig im Geschmack und nussig im Abgang. Aber halt leider schwarz gebrannt. Und das war Dulles Problem. Er war nur auf Bewährung draußen und konnte es sich nicht erlauben, erwischt zu werden.

Dulle horchte noch eine Weile in die Stille hinein – nichts. Selbst wenn da jemand gewesen war, so überlegte er, konnten das ja nur Oma Fredi oder Bibi gewesen sein. Und die beiden wussten ganz genau, was er hier unten trieb. Trotzdem beschloss Dulle für heute Schluss zu machen und die Flaschen ins Versteck zu schaffen.

Als er fertig war, verließ er das Kellerabteil, in dem die Brennerei eingerichtet war, und rückte ein altes Regal vor die Tür. Er ging durch den Hauptkeller hinüber zur Holztreppe, die hinauf in die Küche führte.

Dulle wunderte sich jedes Mal, wie viel Gerümpel hier unten lagerte. In einer Ecke waren die Kisten mit dem Wein gestapelt. Daneben standen der Topinamburvorrat, die *Rosskartoffeln,* und ein randvolles Regal mit eingemachtem Gemüse. Die Wand gegenüber war komplett mit deckenhohen Regalen vollgestellt. Darin lagerten

Ketten, Stricke, rostige Metallstangen und tonnenweise Werkzeug. Oma Fredis Mann war Schmied gewesen und seit seinem Tod rostete alles vor sich hin. In der Mitte des Kellers thronte ein gigantisches Eichenfass, das seit Jahrzehnten nicht mehr benutzt worden war.

Dulle ging hinüber zu dem Weinvorrat und langte sich eine Flasche Gutedel. Dann ging er nach oben.

Die Küche des Brägele-Stübli war zwar uralt, aber Oma Fredi hielt sie mit Hingabe in Schuss. Der Herd war so sauber und gepflegt, dass man ihn für ein Museumsstück halten konnte. Darauf stand ein großer Topf, in dem eine herrlich duftende Suppe simmerte. Es war Oma Fredis berühmte *Badische Rosskartoffelsuppe,* die sie immer mit einer gekochten Langen Roten servierte. Für diese Suppe kamen die Leute sogar aus Freiburg ins Brägele-Stübli gefahren.

Dulle nahm sich einen Teller aus der Vitrine und schöpfte eine große Portion. Er wunderte sich, dass Oma Fredi gar nicht in der Küche war.

Mit dem Teller in der einen und dem Gutedel in der anderen Hand ging er in den Gastraum. Der war um diese Zeit natürlich noch leer. Nur Bibi, die Bedienung, saß auf der abgewetzten Eckbank am Stammtisch und las in einem Buch. Dulle fand, dass Bibi heute wieder besonders süß aussah.

Er setzte sich zu ihr an den Tisch. Um ins Gespräch zu kommen, linste er auf den Titel ihres Buches. *Fifty Shades of Grey* las er und wurde augenblicklich rot.

»Das ist doch diese Lack-und-Leder-Geschichte. Dieses Hintern-Versohl-Zeugs«, platze es aus ihm heraus.

Bibi blickte über den Buchrand und lächelte. »Das ist Literatur, Dulle. Also Kunst. Aber davon verstehst du natürlich nichts.«

Das kränkte ihn ein wenig und er dachte an das Gemälde von Franz Xaver Winterhalter, das er damals aus der Sammlung von Graf Theodor von Ehrfels gestohlen hatte. Das war aber sicher nicht die richtige Geschichte, um Bibi von seinem Kunstverstand zu überzeugen. Deshalb wechselte er das Thema.

»Wo ist denn Oma Fredi?«, fragte er.

»Ach, Helmut ist vorhin aufgetaucht und hat sie rüber ins Büro bugsiert. Er muss was Wichtiges mit ihr besprechen.«

»Ach was! Der Fettsack ist doch nur auf ihre Kohle aus.«

Dulle schnaubte und schob den Teller mit der Suppe weg. Beim Gedanken an Helmut war ihm der Appetit vergangen.

Helmut war Oma Fredis Neffe und ihr einziger noch lebender Verwandter. Er war Leiter der örtlichen Kreissparkasse und darauf bildete er sich wunder was ein. Dulle wusste, dass Helmut ein Auge auf das Brägele-Stübli geworfen hatte. Schließlich waren die Immobilienpreise im Freiburger Umland in letzter Zeit förmlich explodiert.

Dulle erzählte Bibi, wie gerne er Helmut eins auswischen würde. Gerade als er erklärte, welche Rolle Chilipulver, eine Mausefalle und das Jauchefass von Bauer Rinklin dabei spielen könnten, drangen aufgeregte Stimmen aus der Küche. Oma Fredi und Helmut kamen herein.

»Aber ich bin noch gar nit so arg dattrig«, sagte Oma Fredi.

Helmut, der hinter ihr her stolzierte, grinste zufrieden. Er trug einen teuren, aber seit zwanzig Jahren aus der Mode geratenen Anzug. Sein Doppelkinn war so groß, dass es den Krawattenknoten ganz bedeckte. Wie immer stolzierte Louis XIV., eine kleine Französische Bulldogge an seiner Seite.

Ein übler Köter, dachte Dulle. Wie zum Beweis fing dieser an zu knurren.

»Da gibt es nichts mehr zu diskutieren«, sagte Helmut. »Dein Zimmer im Seniorenstift ist bereits gebucht.«

Dulle sah, wie Tränen in Oma Fredis Augen schossen. Er konnte es kaum glauben. Oma Fredi ins Altersheim! Niemals!

Er erhob sich vom Stammtisch und baute sich vor Helmut auf.

»Oma Fredi bleibt hier solange sie will. Schließlich schmeißt sie die Wirtschaft immer noch mit links!«

Helmut musterte Dulle nur abfällig. Das Knurren von Louis XIV. wurde lauter.

»Halt dich raus. Hier geht es um Familienangelegenheiten.«

Klar, Oma Fredi war nicht seine richtige Oma. Aber er hatte der alten Frau so viel zu verdanken, dass er sie auf keinen Fall ihrem habgierigen Neffen überlassen würde. Außerdem sah ihn Bibi so erwartungsvoll an, dass er unbedingt handeln musste. Also legte er los.

»Steck dir dein Altersheim sonst wo hin!« Dulle verpasste Helmut einen ordentlichen Schubser.

Oma Fredi wollte schlichten. Doch sie fand überhaupt kein Gehör. Stattdessen begann Louis XIV. laut zu kläffen.

»Willst du kleiner Ganove mir etwa drohen?« Helmut grinste hämisch. »Ich glaube, ich muss der Polizei mal erzählen, was du da unten im Keller machst.«

Dulle erstarrte. Also hatte er vorhin doch richtig gehört. Ausgerechnet Helmut hatte ihn erwischt!

»Bist du nicht auf Bewährung draußen?«, fragte Helmut scheinheilig.

Das war zu viel für Dulle. Wutentbrannt stürzte er sich auf sein Gegenüber und spürte dabei nicht einmal, wie sich das Gebiss von Louis XIV. in seine Wade grub.

Eine Weile später war das Gerangel vorbei. Helmut war mit Louis XIV., einem blauen Auge und vielen Flüchen abgedampft. Oma Fredi saß geknickt am Stammtisch und schluchzte leise vor sich hin. Dulle hatte sich auf einen Stuhl gesetzt und sein rechtes Hosenbein hochgekrempelt. Bibi betupfte die Bissspuren an seiner Wade mit Jod. Dann schlang sie kunstvoll eine Mullbinde um das Bein.

Dulle war immer noch wütend. Wie konnte Helmut nur so herzlos sein und Oma Fredi ins Altersheim schicken? Wo doch jeder wusste, dass das Brägele-Stübli Oma Fredis Leben war.

Mit zwei Pflasterstreifen befestigte Bibi das Ende des Verbands und streifte Dulles Hosenbein hinunter.

»So, mein Held«, sagte sie. »Jetzt bist du verarztet.«

Auch wenn er den spöttischen Unterton deutlich vernommen hatte, freute er sich über ihre Worte wie ein Schneekönig. Das half gegen seine Wut und er beschloss, sich dem eigentlichen Problem zu widmen. Er wandte sich an Oma Fredi: »Jetzt erzähl uns mal genau, was Helmut ausgeheckt hat.«

Es war nicht einfach, alles aus Oma Fredi herauszubekommen. Die alte Wirtin war durcheinander, verängstigt und wütend. Nach einem Dutzend vollgeheulter Taschentücher und drei Runden vom Rossler hatte sie aber endlich alles erzählt.

»Oma Fredi, du gehörst ins Brägele-Stübli.« Dulle klopfte mit der Faust auf den Tisch.

Bibi schenkte noch eine Runde Schnaps nach.

»Nai, ich hab's doch gsait«, Oma Fredi hatte schon wieder eine dicke Träne in den Augen, »entweder ich geh oder er lässt mich von Dr. Brinkmann entmündige!«

Dulle blickte finster drein. Er nahm seinen Rossler und kippte ihn in einem Zug. Was er brauchte, war eine Idee. Er griff nach Bibis Glas und stürzte auch ihren Schnaps hinunter. Langsam begann der Hochprozentige zu wirken und der kreative Teil in seinem Hirn sprang an.

»Wir müssen denen klar machen, dass Oma Fredi hier sehr gut zurechtkommt«, meinte Bibi.

Dulle schüttelte den Kopf. »Gegen diesen Trottel kommen wir mit Vernunft nicht an.« Dann hellte sich seine Miene auf. »Wenn wir gegen Helmut was ausrichten wollen, brauchen wir überzeugendere Argumente.«

Bibi schaute ihn gespannt an.

»Und was solle des für Argumente sii?«, fragte Oma Fredi.

Dulle grinste, langte über den Tisch und schnappte sich das Buch, in dem Bibi vorhin gelesen hatte.

»Oma Fredi, kennst du eigentlich *Fifty Shades of Grey*?«

Es dauerte dann doch recht lange, bis er Oma Fredi überzeugen konnte. Schließlich war sein Plan höchst illegal und moralisch mehr als fragwürdig.

Bibi dagegen war sofort Feuer und Flamme. Dulle vermutete, dass sie vor allem durch den vielen Rossler so mutig geworden war. Denn bei Licht betrachtet, spielte Bibi eine recht pikante Rolle in Dulles Plan.

Als schließlich alle Details besprochen waren, brachte Dulle Oma Fredi das Telefon und suchte Helmuts Nummer raus.

Am nächsten Mittag werkelten die drei Verschwörer für die letzten Vorbereitungen in der Küche. Natürlich kochten sie die *Badische Rosskartoffelsuppe* mit der Langen Roten.

»Hast du im Keller alles vorbereitet?«, fragte Bibi.

Dulle nickte. »Und du? Wie steht es mit deinem Outfit?«, fragte er zurück.

Bibi wurde rot und verschwand schleunigst nach nebenan.

»Oh je, ich weiß nit, ob wir des schaffe.« Oma Fredi schaute ganz verloren drein.

»Du musst uns nur helfen, dass er alles aufisst.« Er holte eine Einwegspritze aus seiner Tasche, die mit einer klaren Flüssigkeit aufgezogen war. Die zeigte er Oma Fredi. »Das kommt in seine Lange Rote und wir sind alle Sorgen los.«

Eine halbe Stunde später saß ein hochzufriedener Helmut auf der Eckbank am Stammtisch. Sein linkes Auge war geschwollen und leuchtete in dunklem Violett. Neben ihm auf der Bank hatte Louis XIV. Platz genommen und stierte erwartungsvoll auf den gedeckten Tisch. Oma Fredi und Bibi saßen ebenfalls am Tisch. Ihr Essen hatten die beiden schon vor sich stehen. Dulle kam mit den letzten beiden Tellern aus der Küche. Er achtete penibel darauf, dass er Helmut den rechten Teller servierte. Dann setzte er sich ebenfalls.

Louise XIV. fing bei seinem Anblick an zu knurren. Dulle bemühte sich, den Köter zu ignorieren. Jetzt war schließlich nur wichtig, dass Helmut seine Lange Rote aß.

»Helmut, hör mal«, begann Dulle deshalb in überfreundlichem Ton. »Ich habe gestern etwas überreagiert. Das mit deinem Auge tut mir leid.«

»In Typen wie dir steckt der Schläger ganz tief drin«, sagte Helmut verächtlich. Er griff sich den Löffel und begann seine Suppe zu essen. Louis XIV. starrte gierig auf seinen Teller.

Dulle wollte auf diese Gemeinheit etwas Passendes erwidern, doch Oma Fredi kam ihm zuvor: »Helmut, du hesch natürlich recht. Ich bin langsam zu alt für die Schafferei. Ich geh ins Heim und du krigsch's Brägele-Stübli.«

Helmut strahlte und voller Freude griff er nach der Langen Roten, die in seiner Suppe schwamm. Dulle hielt den Atem an. Gleich war es so weit. Auch Bibi starrte zu Helmut hinüber.

Dieser schien nichts zu merken und schnupperte genüsslich an der Wurst. Dann wandte er sich an Louis XIV.: »Zur Feier des Tages!«

Und schwups, landete die Wurst im Rachen des Hundes, der sie mit einem gewaltigen Haps verschlang.

Oma Fredi und Dulle starrten Helmut entgeistert an. Bibi entfuhr ein »*Nein*!« Helmut schaute irritiert in die Runde.

»Was ist denn jetzt los?«, fragte er verdutzt.

Eine Sekunde später jaulte Louis XIV. auf, verdrehte die Hundeaugen und zuckte komisch. Dann rutschte er leblos von der Bank.

Eine Weile war es totenstill. Helmut war blass geworden und man konnte sehen, wie es in seinem Kopf zu arbeiten begann.

»Gift«, stammelte er. »Ihr wolltet mich vergiften!«

Oh je, dachte Dulle. *Das läuft irgendwie nicht nach Plan.*

Er griff unter seinen Pulli und zog das mit Gummi überzogene Rohr hervor, das er für diesen Fall eingepackt hatte.

Helmut glotzte wie ein hypnotisiertes Kaninchen. Dulle nahm Maß und knipste mit einem trockenen Schwung Helmuts Lichter aus.

Einige Zeit später hatten Dulle und Bibi im Keller alles vorbereitet. Helmut war immer noch bewusstlos und saß rittlings auf dem großen Eichenfass. Sie hatten seine Hände mit schweren Schmiedeketten gefesselt und seine Arme hoch erhoben zur Decke gespannt. Bibi hatte ihn noch ein bisschen zurechtgemacht. Er trug ein viel zu eng sitzendes rosa Tüllkleid. Sein nackter Oberkörper war mit Plastikstreifen eng umwickelt, die sie aus einem Gelben Sack ausgeschnitten hatte. Zusammen mit ein paar Lederriemen ergab das ein eindeutiges Bild. Zur Krönung ragte aus seinem Mund das Ende eines roten Rettichs. Der Knebel war Dulles Idee gewesen, das hatte er vor Jahren mal in einem Film gesehen. Schließlich hatten sie die Umgebung mit Tüchern abgehängt und überall brennende Kerzen aufgestellt.

»Und du bist sicher, dass das nach Sadomaso aussieht?«, vergewisserte sich Dulle.

»Ich hab schließlich das Buch gelesen«, antwortete Bibi fast beleidigt.

Dulle fand, dass zumindest Bibis Kostüm bestens getroffen war. Sie trug einen schwarzen BH und eine hauteng Latexhose. Er fragte sich, wozu Bibi so was wohl besaß. Ihr Haar hatte sie streng nach hinten geknotet und das Gesicht hinter einer Maske verborgen. Genauso stellte Dulle sich eine richtige Domina vor. Nur die mit Edding schwarz angemalte Fliegenklatsche, die Bibi statt einer echten Reitergerte trug, passte nicht so recht ins Bild.

»Können wir endlich loslegen?«, fragte sie nervös.

Dulle betrachtete die Szene. Dann hatte er noch eine blendende Idee. »Wie wäre es, wenn wir Louis XIV. mit auf die Bilder nehmen?«

Einige Minuten später begann das Fotoshooting.

Drei Tage später saß Dulle zusammen mit Oma Fredi und Bibi am Stammtisch vom Brägele-Stübli. Es war früher Nachmittag und sie aßen wieder mal die *Badische Rosskartoffelsuppe*. Nur auf eine Lange Rote hatte verständlicherweise niemand Lust.

»Helmut hat beschlossen, das Immobiliengeschäft an den Nagel zu hängen«, verkündete Dulle zufrieden. »Und selbst gebrannter Rossler ist ihm jetzt auch schnurzegal.«

Er schaute vergnügt in die Runde und berichtete, wie er Helmut in der Sparkasse besucht hatte. Helmut und Louis XIV. hatten alles ohne bleibenden Schaden überstanden. Allerdings konnte sich Helmut aufgrund von

Dulles Schlag an nichts erinnern. Das vereinfachte die Sache gewaltig.

Umso beeindruckter war Helmut dann gewesen, als Dulle ihm die besten Bilder ihres Fotoshootings vorlegte.

Erstaunlich schnell waren sie sich einig gewesen, dass Sadomaso-Bilder für die Karriere eines Sparkassendirektors nicht recht förderlich waren. Schon gar nicht, wenn darauf auch Louis XIV. und eine Unbekannte mit schwarzer Fliegenklatsche vorkamen.

»Ich kann's noch gar nit glaube«, seufzte Oma Fredi. »Ich bleib im Brägele-Stübli!«

Bibi langte über den Tisch und griff nach Dulles Hand.

»Mein Held«, sagte sie.

Dulle konnte dieses Mal gar keinen spöttischen Unterton in ihrer Stimme hören.

Oma Fredis Badische Rosskartoffelsuppe

Zutaten für 4 Portionen:
150 g Rosskartoffeln (Topinambur)
150 g mehligkochende Kartoffeln
30 g Butterschmalz
1 Zwiebel
1 Zehe Knoblauch
50 g Lauch
Frischer Thymian
½ Bund glatte Petersilie
500 ml Gemüsefond
200 ml Gutedel
150 ml Sahne
75 g Speck
Salz, Pfeffer, Muskat
Dazu:
Pro Person eine Lange Rote zum heiß machen (aber nur wer sich traut!)

Zubereitung:
Die Rosskartoffeln gut säubern, schälen und in Würfel schneiden. Kartoffeln waschen, schälen und ebenfalls zerkleinern.
Zwiebel und Knoblauch fein hacken und im Topf mit dem Butterschmalz andünsten. Den Lauch fein hacken und im Topf mit durchschwenken. Rosskartoffeln und Kartoffeln ebenfalls zugeben und leicht anschwitzen lassen. Mit dem Gutedel ablöschen und den Wein aufkochen lassen. Dann die Gemüsebrühe zugeben und das Ganze bei leichter Hitze abgedeckt ca. 15 Minuten köcheln lassen. Anschließend die Sahne unterrühren und nochmals 5 Minuten ziehen lassen.

Währenddessen den Speck in Würfel schneiden und in einer Pfanne anbraten. Petersilie waschen und fein hacken. Blätter des Thymians zupfen und ebenfalls fein hacken.
Die Suppe pürieren und danach einen Teil der Petersilie und den Thymian unterrühren. Mit Salz, Pfeffer und einer Prise Muskat abschmecken. Anrichten und mit dem Speck und der restlichen Petersilie garnieren.

ANNE GRIESSER

Schwein gehabt

Münstertal, 1984

»Oma, erzählst du mir die Geschichte vom Kühlen Krug?«

»Ach, Astrid! Die hab ich dir doch schon tausendmal erzählt. Die kennst du inzwischen besser als ich.«

»Bitte, Oma.«

»Soll ich dir nicht lieber erzählen, wie dein Großvater und ich beinahe mal von einer Kuh erschlagen wurden?«

»Aber ich mag sie doch so gern.«

»Du kleine Nervensäge. Na schön. Es war also an einem sonnigen Septembertag im Münstertal ...«

Münstertal, 4. Sept. 1917, Wirtshaus zum Kühlen Krug

Ein Festmahl! Schweinebraten im Blätterteigmantel, Preiselbeeren und Knöpfle in Rahmsoße. Dem Bräutigam lief schon bei der Bestellung das Wasser im Munde zusammen. Vielleicht eine kräftige Suppe vorneweg? Aber keine Brühe bitte, lieber etwas Sämiges, das den ersten Hunger stillt und Raum schafft fürs Genießen.

Magda brach der kalte Schweiß aus.

Sie nickte, wiewohl ihr Kopf den unbändigen Drang verspürte, sich zu schütteln. *Schweinebraten?* In diesen harten Zeiten? Ha! Woher nehmen und nicht stehlen?

Wider besseren Wissens lächelte sie den Bräutigam an. »Natürlich«, sagte sie. »Aber ja.« Wenn sie den Auftrag ablehnte, konnte sie ihre Wirtsstube gleich schließen, sich einen Strick nehmen und daran aufknüpfen.

Dann besann sie sich und setzte ihre übliche, hochmütige Miene auf, die sie sich anerzogen hatte, um sich vor den Pöbeleien ihrer männlichen Gäste zu schützen. »Freilich«, sagte sie, um Fassung bemüht. »Freilich muss ich mir vorbehalten, das Menü in einzelnen Punkten ein wenig abzuändern, wenn die hohe Kochkunst es erfordert. Denn die Kochkunst folgt ihren eigenen Regeln – da will die eine Ingredienz mal nicht so recht mit der anderen harmonieren, weil die eine vielleicht eine Nuance im Geschmack variiert und die andere ihr augenblicklich die Gefolgschaft verweigert. Ich kenne mich aus mit der hohen Kochkunst!«

»Das weiß ich, Magda.« Der Bräutigam zwinkerte ihr zu. »Jeder weiß, dass du mehr vom Kochen verstehst als der alte Kapfhammer. Es soll ein ganz besonderer Tag werden, hörst du? Eine Woche später muss ich zurück an die Front.« Er reichte ihr die Hand. »Schweinebraten in Blätterteig, Knöpfle und ein kräftiges Süppchen voneweg«, sagte er zum Abschied.

Arme Magda! Da saß sie nun, den Tränen nahe. Endlich war er da, der Auftrag, auf den sie so lange gewartet hatte. Eine Hochzeit, eine große! Allein, sie kam zu spät. Der Kühle Krug war so gut wie bankrott. Was nutzte es Magda schon, wenn alle wussten, dass sie besser kochte als der alte Kapfhammer? Kein Mensch konnte es sich in diesen Kriegszeiten leisten, ins Wirtshaus zu gehen. Nicht zum Essen, zumindest. Höchstens auf ein Bier oder einen Schnaps.

Der Kapfhammer, ihr Konkurrent im Tal, der hatte es da besser! Der hatte noch seinen kleinen Hof, die Felder und vor allem die Schweine. 1915 hatte er Weitsicht bewiesen. Als alle anderen Bauern ihre Schweine übereilt geschlachtet hatten – später sprach man vom »Schweinemord« – weil die Regierung eine allzu niedrige Preisobergrenze für das Fleisch festgesetzt hatte, da hatte der Alte abgewartet. Und jetzt gab es im ganzen Tal keine Schweine mehr. Außer beim alten Kapfhammer.

Magda nahm den Kopf zwischen die Hände und wiegte ihn wie ein Kind. Es gab nur eine Möglichkeit, eine mehr als unangenehme: den Gang nach Canossa. Den Gang zum alten Kapfhammer.

Münstertal, 1984

»Gell Oma, er sah grausig aus? Wie der Teufel! Alle Kinder haben sich vor ihm gefürchtet.«

»Ja, Astrid. Er hatte eine große Knollennase und auf der linken Wange drei fette Warzen, aus denen büschelweise das Haar wuchs. Und seine Stimme war ganz fiepsig, was gar nicht zu seinem feisten Körper passte und ein wenig unheimlich wirkte.«

»Jetzt erzähl schon, was er der armen Magda angetan hat!«

Münstertal, 5. Sept. 1917, Kapfhammer-Hof

Die blassen Augen des Alten standen im Wasser. Er schnaufte wie ein in die Jahre gekommener Fuhrwerksgaul und starrte Magda an, als habe sie ihm gerade das Jüngste Gericht prophezeit.

»Ein Schwein?«, keuchte er. »Ein Schwein willst du haben? *Umsonst?*«

»Ich will es ja nicht geschenkt! Nur geliehen. Ich versprech dir, dass ich es dir nach der Hochzeit Pfennig um Pfennig bezahle.«

Der Alte schüttelte den Kopf, sein aufgedunsenes Gesicht rötete sich und die dicken Warzen wuchsen zu kleinen Hügeln heran. »Hat man so etwas schon einmal gehört!« Seine Fistelstimme klang mehr als empört. »Ein Schwein leihen! Und wenn du es hinterher nicht zahlen kannst, Krugwirtin? Was dann? Kann ich es mir zurückholen? Nein, eben nicht! Weil es dann längst geschlachtet und verspeist ist von der großen Hochzeitsgesellschaft, die einen ordentlichen Hunger mitbringen wird. Einen fetten Schweinebraten gibt es nicht gerade häufig, in diesen Zeiten. Und dann sitze ich da, ohne eine Mark und ohne mein Schwein und habe das Nachsehen.«

»Das wird nicht geschehen, Kapfhammer. Du hast mein Ehrenwort.«

»Kann ich mir von deinem Ehrenwort einen Schinken abschneiden, Krugwirtin? Wirft es mir Ferkel? Ich kann kein Schwein entbehren. Nicht ohne Sicherheiten. Wenn du eines haben willst, musst du mir dein Wirtshaus als Pfand überschreiben.«

»Den Kühlen Krug?« Magda sperrte den Mund auf und glaubte nicht recht zu hören. »Ein ganzes Wirtshaus für ein einziges Schwein?«

»So weit ich weiß, steht es um deinen Krug nicht gerade gut bestellt. Du wirst ihn sowieso verlieren.«

»Das ist Erpressung, Kapfhammer.«

»Das ist Geschäft.«

»Ist das dein letztes Wort?«

»Mein allerletztes. Entweder du überschreibst mir zur Sicherheit den Krug – oder du musst das Schwein schon stehlen.«

»Hundsfott, elender«, sagte Magda, aber so leise, dass der Alte es höchstens erahnen, nicht aber mit Sicherheit hören konnte.

Münstertal, 1984

»Hundsfott, Hundsfott, Hundsfott ...«

»Astrid! Das sagt man nicht!«

»Aber die Magda hat's doch auch gesagt.«

»Die hatte allen Grund dazu. Du aber nicht.«

»Der böse Kapfhammer hat ihr eine Falle gestellt, nicht wahr? Der elende Hundsfott! Und jetzt kommt die Stelle mit dem Gendarm Wehrle.«

Münstertal, 5. Sept. 1917, Kapfhammer-Hof

Nachdem die Krugwirtin leise fluchend und mit schwerem Schritt gegangen war, rieb sich der alte Kapfhammer die Hände. Im Stillen gratulierte er sich zu seiner Verschlagenheit und seinem Verhandlungsgeschick. Er war sich gänzlich darüber im Klaren, dass die junge

Wirtin seinen Vorschlag nicht annehmen konnte. Kein vernünftiger Mensch würde ein Wirtshaus gegen ein einziges Schwein eintauschen – und vernunftbegabt war sie, die Magda, das musste man ihr zugestehen. Aber auch ein kluger Mensch beging Fehler, wenn ihm das Wasser erst bis zum Halse stand.

Der Alte war sich seiner Sache gewiss, als er den Ortsgendarm Wehrle zu sich rief. »Ferdinand«, sagte er, denn sie waren zwar keine Freunde, aber gelegentlich klopften sie miteinander Karten und dabei duzte man sich, wie sich überhaupt fast alle im Tal duzten, weil es so Usus war. »Ferdinand, ich habe den begründeten Verdacht, dass die Krugwirtin mir ein Schwein stehlen will!«

Der Gendarm runzelte die Stirn. Wie die meisten Münstertäler zog er den *Kühlen Krug* der Kapfhammer-Schänke vor, schon allein, weil es dort sauberer und freundlicher zuging. Dennoch wusste er um die Not, in der sich die Wirtin befand. »Wie kommst du darauf?«, fragte er misstrauisch.

»Mir ist zu Ohren gekommen, dass es im Krug eine große Hochzeit geben soll. Mit einem Festmahl. Schweinebraten! Und jetzt frage ich dich, woher die Magda das Schwein nehmen will, hm? Ich hätte ihr ja gern geholfen, Ferdinand, das kannst du mir glauben. Aber sie hat mich nicht gefragt.«

Falls der Alte bei dieser Lüge rot wurde, so konnte man es nicht sehen, da sein geschwollenes Gesicht sowieso die Farbe eines überreifen Boskop-Apfels angenommen hatte. »Und trotzdem«, fuhr er mit trauriger Stimme fort, »trotzdem schleicht sie seit Tagen um meinen Schweinekoben. Was würdest du da denken, Wehrle?«

Der Gendarm senkte den Kopf. Er wollte der schönen Wirtin keinen Diebstahl zutrauen. Denn ganz im Geheimen gefiel sie ihm, die Magda, sie gefiel ihm sogar so sehr, dass er es nicht über sich brachte, ihr den Hof zu machen, da die Angst vor der Ablehnung zu groß war.

Noch ausgeprägter als seine leisen, zärtlichen Gefühle war jedoch sein Bewusstsein für Recht und Ordnung. Und deshalb seufzte er schwer.

»Ich bitte dich, Ferdinand«, schloss der alte Kapfhammer, »behalte in den kommenden Nächten meinen Koben besonders wachsam im Auge. Versprich mir das.«

Feierlich, wenn auch mit betrübtem Sinn, nickte der Gendarm.

Münstertal, 1984

»Und dann hat Magda das Schwein geklaut!«

»Also, wenn du alles schon so gut weißt, muss ich die Geschichte ja gar nicht zu Ende erzählen!«

»Doch, Oma! Ich verspreche dir, dass ich dich nicht mehr unterbrechen werde.«

»Und das soll ich glauben?«

»Das Schwein hieß Mirabelle, nicht wahr?«

Münstertal, 8. Sept. 1917, Kapfhammer-Hof

Die Nächte im Tal wurden schon empfindlich kühl, auch wenn es tagsüber noch hübsch sonnig und warm war. Gendarm Wehrle klopfte sich auf Schenkel und Oberarme, um die Blutzirkulation in Gang zu bringen. Er kämpfte nicht nur gegen die Kälte, sondern mehr noch gegen den Schlaf, denn es war bereits die vierte Nacht, die er in einem Busch neben dem Koben des alten Kapfhammer verbrachte.

Alles war ruhig, bis auf das ferne *Huhu* eines Käuzchens. Ein fast voller Mond beleuchtete den Hof. Die vierzehn Schweine des Alten seufzten gelegentlich im Schlaf und es gab einen lauten Plumps, wenn sich eines von ihnen umdrehte. Die Stimmung war dermaßen friedlich, dass nicht nur der Krieg weit weg schien, sondern auch alle bösen Gedanken und Taten.

Ein leises Rascheln schreckte den Gendarm hoch. Er musste zu guter Letzt doch eingenickt sein, denn nun sah er, wie eine Gestalt im hellen Mondlicht zum Hof hinausschlich und mit einem Stecken eine Sau vor sich her trieb.

Das Herz wollte ihm in die Hose sacken vor lauter Betrübnis. Es war die Krugwirtin! Er hätte sie auch bei weniger Licht sofort erkannt, ihre drahtige Figur, die sachte Schwingung des Nackens ... Zwar hatte sie nicht das größte und auch nicht das fetteste Schwein genommen, aber was spielte das für eine Rolle? Diebstahl blieb Diebstahl und Ferdinand Wehrle kannte seinen Auftrag. *Magda,* musste er rufen, *bleib stehen! Im Namen des Gesetzes ...*

Doch es wollte ihm einfach nicht über die Lippen kommen. War es nicht besser, so überlegte er, der Delinquentin erst einmal zu folgen? Es konnte ja immerhin sein, dass sie das Schwein, vom schlechten Gewissen getrieben, wieder zurückbrachte.

Er seufzte leise und schlich Magda in gebührendem Abstand hinterher. Ihre leise Stimme drang durch die Nacht: »Komm, meine Süße. Nur Mut! Ich tu dir ja noch nichts. Ich bring dich nur weg von hier.«

Nie zuvor war der Gendarm in eine derart prekäre Situation geraten! Nie hatte sein Gefühl derart mit Recht und Ordnung im Widerspruch gestanden. Wie benommen stolperte er hinter Magda her, unfähig zu handeln.

»Ich werde dich Mirabelle nennen«, hörte er sie sagen. »Weil du so schöne, helle Augen hast. Und ich verspreche dir, dass es schnell geht. Du wirst den tödlichen Schnitt gar nicht spüren. Vielleicht singe ich dir sogar ein Lied, man sagt, das beruhigt.«

Magda brachte Mirabelle in einen entlegenen Schuppen im Wald, zu dem sich nur selten jemand verirrte. Die Tür blockierte sie von innen, damit das Schwein nicht fliehen konnte. Sie gab ihm zu fressen und klopfte seinen Hals.

All das sah Gendarm Wehrle durchs Fenster, doch als die Krugwirtin sich anschickte, durch ebendieses aus der Hütte zu steigen, versteckte er sich schnell hinter dem Buschwerk.

Nach der Hochzeit, nahm er sich vor. *Ich werde sie erst nach der Hochzeit festnehmen und dem Richter übergeben. Erst wenn das Schwein verzehrt ist, damit auch der alte Kapfhammer seine Quittung fürs Anschwärzen bekommt.*

Sein Herz wog schwer. Es war nur eine Galgenfrist, und er wusste es.

Münstertal, 1984

»Du sagst ja gar nichts, Astrid!«

»Nö. Ich höre dir zu.«

»Es geschehen noch Zeichen und Wunder!«

Münstertal, 16. Sept. 1917, Wirtshaus zum Kühlen Krug

Je näher das große Festessen rückte, desto unruhiger wurde Magda. Sie war sich des Risikos, in das sie sich begab, durchaus bewusst.

Der Alte hatte ein Mordsgeschrei erhoben, als er das Fehlen seines Schweines entdeckte, und die Krugwirtin in aller Öffentlichkeit des Diebstahles bezichtigt. »Wehrle!«, schrie er. »Wozu hat man denn einen Gendarm? Tu was!« Doch der Gendarm versicherte trotzig, kein Mensch könne vier Nächte hintereinander Wache halten und so sei es kein Wunder, dass er den Diebstahl verschlafen habe. Überhaupt sei ja noch gar nicht gewiss, dass es sich um einen solchen handele, ebensogut könne die Sau entlaufen sein.

»Nun, die Gewissheit werden wir bald haben«, keuchte Kapfhammer, »wenn die Krugwirtin uns am Sonntag einen Braten auftischt.«

Daraufhin schwieg der Gendarm, weil er wusste, dass der Alte recht hatte.

Das halbe Tal war am Hochzeitstag im Kühlen Krug versammelt. Kapfhammer saß auf der einen Seite, Ferdinand Wehrle weit weg, auf der anderen. Der Bräutigam zwinkerte Magda zu: »Bezahlen kann ich erst, wenn alle Gäste satt und zufrieden sind. Das siehst du sicher ein.«

Beklagenswerte Magda! Sie hegte mittlerweile den begründeten Verdacht, dass der Alte und der Hochzeiter unter einer Decke steckten, denn mehrmals hatte sie die beiden miteinander tuscheln sehen und sich die Hände reiben. *Natürlich*, dachte sie bitter, *der Bräutigam bekommt auf diesem Weg ein kostenloses Festmahl – und der Kapfhammer wird seine einzige Konkurrentin los.* Sie steckte in einer argen Zwickmühle, aus der es keinen Ausweg gab. »Bring die Suppe herein«, sagte sie zu Marie, dem jungen Mädchen, das ihr als Serviererin zur Hand ging.

Aus der Terrine duftete es würzig – und auf den Gesichtern der Gäste zeichnete sich bereits nach den ersten Löffeln ein verträumter Ausdruck ab.

»Was ist das für eine Suppe?«, fragte der Bräutigam das Serviermädchen und sie antwortete: »Eine Grünkernsuppe mit frischem Rahm.«

»Grünkern?«

»Das ist unreif geernteter und gerösteter Dinkel. Sehr nahrhaft.«

»Und vor allem schmackhaft! Da bleibt ja kaum noch Platz für den Schweinebraten im Blätterteig!«

Das Serviermädchen lächelte und schwieg.

Ferdinand Wehrle saß still in seiner Ecke und brachte keinen Löffel hinunter. Am Vortag hatte er Magda beobachtet, wie sie mit einem großen, scharfen Messer Richtung Wald verschwunden war – und nun wartete er zitternd auf den Hauptgang.

Den Braten brachte Magda selbst herein. Auf jeder der großen Tafeln stellte sie eine Platte ab, in deren Mitte, eingebettet in Weißkohl, das Schwein im Blätterteigmantel thronte. Und ein Schwein war es im besten Sinne des Wortes! Magda hatte die Füllung so kunstvoll modelliert und den Teig so feinfühlig darum gewickelt, dass der fertige Braten tatsächlich in der Form an ein prächtiges Schwein erinnerte, auch wenn ihm die Füße fehlten. Mit lautem »Ah« und »Oh« empfing die Hochzeitsgesellschaft das Festmahl.

Magda schnitt eigenhändig den Braten am Tisch des Bräutigams an und reichte ihm den ersten Teller.

War da ein verwundertes Blinzeln in seinen Augen, als er kostete? »Ausgezeichnet!«, sagte er. »Hervorragend!«

Das war das Stichwort für alle übrigen Gäste, mit dem Essen zu beginnen. Bald war außer dem lauten Schmatzen nur noch gelegentliches Gelächter zu hören. Alle schlugen sich die Bäuche voll – einen so köstlichen Braten hatten sie, seitdem Krieg herrschte, nicht mehr bekommen, und manche von ihnen hatten überhaupt noch nie ein so gutes Festessen genossen.

Besonders kräftig langte der Gendarm zu, er holte insgesamt viermal nach und achtete nicht darauf, dass ihm der Saft rechts und links von den Mundwinkeln tropfte.

Nur einer saß missmutig in der Ecke und rührte sein Essen nicht an. Auf den roten Wangen des Kapfhammer wuchsen die Warzen zu Bergen und die schwarzen Haarbüschel stellten sich auf. Sein Zorn schwoll an und als er es nicht mehr aushielt, donnerte er seine Faust auf den Tisch und brüllte los: »Was soll das, Krugwirtin? Hat man dir nicht einen Schweinebraten aufgetragen? Von Nüssen war niemals die Rede! Ich sehe kein Schwein auf meinem Teller!«

»Bist du blind, Kapfhammer?«, fragte Magda leise und deutete auf eine noch unversehrte Bratenplatte mit einer besonders gut gelungenen Blätterteigsau.

Alle Gäste lachten.

»Ich habe mir vorbehalten«, sagte Magda ernst, »das Menü abzuwandeln, wenn die hohe Kochkunst es erfordert. Die Grünkernsuppe harmoniert nicht mit dem Schweinebraten, wohl aber mit Nüssen, Brot und Kräutern. Und alle Gäste scheinen mir satt und zufrieden, wie der Bräutigam es gefordert hat. Ist es nicht so?«

Der Bräutigam erhob sich und warf einen unsicheren Blick auf den zornigen Kapfhammer. Dann sah er seine junge Braut glücklich lächeln und entspannte sich. »So ist es«, sagte er. »Lasst uns die Gläser erheben und auf die Köchin anstoßen. Auf Magda und den Kühlen Krug!«

Münstertal, 1984

»Und wenn sie nicht gestorben sind ...«

»Quatsch, Oma. Natürlich sind sie gestorben. Aber erst kurz vor meiner Geburt.«

»Ja, Astrid. Und ich vermisse sie sehr.«

»Ein Jahr nach dem Festessen haben sie geheiratet, die Magda und der Ferdinand, und nochmal zwei Jahre später bist du auf die Welt gekommen, gell Oma?«

»Hmhm. Siehst du das schwere, grüne Porzellansparschwein dort drüben auf der Anrichte? Das war das Verlobungsgeschenk von Ferdinand für meine Mutter. Es wird einmal dir gehören, Astrid. Pass gut darauf auf.«

»Klar, mache ich. Aber du musst noch das Ende erzählen. Die Sache mit Mirabelle.«

»Nun, deine Urgroßmutter war also am Vortag des großen Festessens mit einem scharfen Messer in den Wald gegangen, um das Schwein zu schlachten. Aber nach zwei Stunden kam sie unverrichteter Dinge wieder zurück. Sie hat es versucht, hat ihm Lieder gesungen und Geschichten erzählt. Aber immer, wenn sie das Messer ansetzen wollte, hat Mirabelle sie mit ihren großen, hellen Augen angeschaut und Magda brachte es einfach nicht übers Herz.«

»Und dann hat sie Mirabelle freigelassen!«

»Ja, aber nicht ohne ihr vorher ins Ohr zu flüstern, dass sie auf keinen Fall zum alten Kapfhammer zurücklaufen soll.«

»Der elende Hundsfott hat sich bald darauf zu Tode gesoffen, nicht wahr?«

»Astrid!«

»Aber bis heute kann man im Münstertal gelegentlich merkwürdig nackte und rosige Wildschweine beobachten.«

»So ist es, Astrid. Genau so.«

Badische Grünkernsuppe

Zutaten für 4 Personen:

80 g Grünkern (geschrotet)
1 EL Butter (oder Margarine)
1 Bund Suppengrün
1 l Fleischbrühe (oder Gemüsebrühe)
3 EL Crème fraîche
zum Verfeinern und Würzen: Petersilie, Salz, Pfeffer

Zubereitung:
Suppengrün putzen und klein schneiden. Die Butter in einem Topf erhitzen und das Suppengrün kurz darin anschwitzen. Den Grünkernschrot zugeben und kurz anrösten. Brühe zugeben und 30 Min. bei mittlerer Hitze köcheln lassen. Gelegentlich umrühren.Zum Schluss die Crème fraîche unterrühren, abschmecken und mit Petersilie garnieren.

Nussbraten im Blätterteigmantel

Wir wissen leider nicht, welche Nüsse Magda im Jahr 1917 verwendet hat, aber heute empfehlen wir Paranüsse.

Zutaten:
450 g Tiefkühl-Blätterteig (aufgetaut)
Für den Braten:
500 g Paranüsse (gemahlen)
2 Eier
2 große Zwiebeln
250 g altbackenes Weißbrot (gemahlen)
50 g Butter
1 TL Thymian
3 EL Zitronensaft
je eine Prise Muskat, Nelkenpulver, Zimt, Salz und Pfeffer

Für die Füllung:
250 g altbackenes Weißbrot (gemahlen)
1 EL Zitronensaft
1 EL Majoran
1 kleine, geriebene Zwiebel
100 g Butter
1 Bund Petersilie

Für die Preiselbeersoße:
1 Glas Preiselbeeren (400 g)
3 EL Portwein

Zubereitung:

Der Braten:
Die zwei Zwiebeln klein schneiden und in 50 g Butter andünsten, bis sie weich, aber nicht braun sind. Vom Herd nehmen und die Paranüsse, Brotkrumen, Thymian, Zit-

ronensaft, Eier, Muskat, Nelkenpulver und Zimt hinzufügen. Alles gut vermischen. Mit Salz und Pfeffer würzen.

Die Füllung:
Weißbrot, Petersilie, Zitronensaft, geriebene Zwiebel, Butter und Majoran so lange miteinander vermischen, bis eine weiche Masse entstanden ist. Evtl. mit Pfeffer und Salz würzen.

Den Backofen auf 200°C vorheizen.
Den Blätterteig auf einer bemehlten Arbeitsfläche zu einem ca. 30 x 30 cm großen Rechteck ausrollen. Die Füllung zu einer etwa 25 cm langen Rolle formen und in die Mitte des Teigrechtecks legen. Die Nussbratenmasse darüber häufen, sodass die Füllung bedeckt ist. Die Teigränder hochschlagen, bis die Nussmischung ganz verschlossen ist. Gut zusammendrücken und mit der Nahtseite nach unten auf ein mit Backpapier ausgelegtes Backblech setzen. Den Teig oben gitterartig einschneiden und ein oder zwei Dampflöcher in den Braten stechen. Mit einem verquirlten Ei bestreichen.
Ca. 30 Min. in den heißen Backofen. Wenn der Teig schön knusprig ist, ist auch der Braten gar.

Preiselbeersoße:
Die Preiselbeeren in einem Topf erhitzen, bis sie schön flüssig sind. Dann von der Platte nehmen und den Portwein unterrühren.

Mordshunger

Löffler steht vor der Tür.

Vor der Tür, hinter der er jahrelang gelebt hat.

Vor der Tür, hinter der ich immer noch wohne.

Vor der Tür, durch die ihn vor etwas über 15 Jahren zwei Polizeibeamte in Handschellen abgeführt haben.

So lange haben sie ihn behalten in der JVA Ulm, nun aber steht er bei mir in Rastatt vor der Tür. Ich muss öffnen. Er weiß ja, dass ich hier wohne. Und ob ich nun heute oder morgen öffne, das ändert auch nichts. Sein Wohnsitz ist halt immer noch hier. Ich habe leider vergessen, mich in all den Jahren zu erkundigen, ob das geht, dass man jemanden zwangsummelden kann. Aber da hatte ich das Problem ja auch noch nicht, dass er wieder da steht. Ich habe es verdrängt, ich geb's zu. Ich habe mich auch nicht mal scheiden lassen, weil Löffler, der Scheidungsgrund, ja weg war. Manchmal können 15 Jahre aber zu kurz sein, merke ich jetzt mit einem Mal. Nicht, dass ich ihn besucht hätte, dort in Ulm. Das hätte noch gefehlt!

»Elfi«, sagte er. »Ich bin wieder da.«

»Das sehe ich«, sage ich.

»Komm, lass mich rein!«

Schweigend trete ich zur Seite und lasse ihn in mein Haus. Eigentlich unser Haus. Nur gut, dass Ludwig gerade auf einer Fortbildung ist. Der wäre nun wirklich sein Nebenbuhler. Obwohl das nicht so ganz stimmt: Das mit dem Neben … Immerhin habe ich seit 15 Jahren nichts mehr mit Löffler gehabt und das wird auch so bleiben. Ungestraft sticht der nicht einfach so einen ebenso ahnungs- wie schuldlosen Mann in meiner Küche ab! Was glaubt er: Dass ich ihn mit offenen Armen wieder aufnehme?

»Hat sich ne Menge verändert hier!«, sagt Löffler.

»Hm.« Mehr mag ich gerade nicht antworten.

»Hier wohnt ein anderer Mann!«, stellt er fest. Das ging schnell, aber Ludwig hat ja auch seine grüne Arbeitsjacke an der Garderobe hängen lassen, die braucht er diese Woche nicht. Da muss Löffler gar nicht erst bis ins Schlafzimmer vordringen. Was er aber dennoch tut. In aller Ruhe spaziert er durch alle Zimmer, fasst nichts an, betrachtet aber alles ausgiebig.

Zurück in der Küche zieht Löffler sich einen Stuhl am Tisch an die Seite, auf der er früher immer gesessen hat. »Sein« Platz, der nun jahrelang leer gewesen ist. Ludwig habe ich ganz bewusst woanders platziert.

»Hast du mal nen Kaffee?«, fragt er, aber es klingt nicht wie eine Frage. Aber das tat es bei Löffler noch nie.

Ich drücke auf die Taste an der neuen Maschine und stelle kurz darauf einen frisch gebrühten Kaffee vor ihn hin. Er trinkt ihn immer noch schwarz.

»Hast dich nicht in den Knast getraut, gell?«, fragt er.

Ich sage erst einmal nichts, denn ich weiß nicht, was ich jetzt sagen sollte. Ich hatte 15 Jahre lang Zeit, mir das zu überlegen, aber ich bin völlig unvorbereitet.

»Na ja«, sagt er beinahe belustigt, »und Briefeschreiber sind wir ja beide keine großen. Ach, ach, so lange habe ich nichts von dir gehört. Hast dich aber kaum verändert, Elfi.«

Ich schweige weiter, lehne an der Küchenzeile und starre zum Fenster hinaus. Wann wird er wieder gehen?

»Was hättest du denn mit dem angestellt, hätt ich ihn dir nicht vom Hals geschafft?«, fragt er urplötzlich.

Nun muss ich doch: »Ich hab's schon damals gesagt: Der Postbote war nie mein Geliebter. Du brauchtest ihn mir nicht vom Hals zu schaffen.«

»Jaja, du kannst es ruhig zugeben!«

Ich gerate in Rage: »Herrgott, hast du denn immer noch nicht genug Zeit zum Nachdenken gehabt? Der Mann war unser Postbote, mehr nicht!«

»Na, wie auch immer«, ruft Löffler fröhlich und klatscht mit der Hand auf die geblümte Wachstuchdecke, »einen Mordshunger hab ich, Elfi! Jahrelang hab ich von deinem guten Essen geträumt!«

Tja, hätte er in seiner grundlosen Eifersucht nicht auf den Briefträger eingestochen, hätte er meine Kochkünste weiterhin genießen können. Und jetzt soll ich tatsächlich für ihn kochen?

»Und danach gehst du wieder?«, frage ich vorsichtig.

»Wieso? Hier ist doch mein Zuhause!«, sagt Löffler und strahlt mich an. »Vorerst nehme ich das Gästezimmer, aber wenn wir uns erst mal wieder nähergekommen sind, ziehe ich natürlich ins Schlafzimmer um.«

Ach du meine Güte! Wird man so nach 15 Jahren im Knast? Und wie bitteschön stellte er sich das mit Ludwig vor? Dass ich dem die Koffer vor die Tür stelle mit einem Zettel dran: »Sorry, aber mein Mann ist endlich zurück. Die restliche Wäsche schicke ich dir nach, wenn sie gebügelt ist.«

Und schließlich will ich Ludwig ja auch gar nicht vor die Tür setzen. Nur Löffler. Aber der schwelgt bereits in kulinarischen Genüssen aus der Vergangenheit: »Deine guten Bärlauchmaultaschen könnt ich jetzt essen!«

»Jetzt?«

»Na, haben wir nicht April und der Bärlauch treibt? Jeden April habe ich in den letzten Jahren daran gedacht, und immer hat's nur diese Dinger mit Fleisch- und dubioser Gemüsefüllung aus der Fabrik gegeben.«

»Ja, aber ...«

»Nichts aber! Ich wünsch sie mir!«

Ratlos kapituliere ich und sage nur: »Das braucht doch Vorbereitungszeit! Und wo soll ich auf die Schnelle Bärlauch herkriegen? Heute ist kein Markt.«

»Da kann ich aber helfen! An der Stelle im Schlosspark, wo wir früher schon immer Bärlauch geholt haben,
weißt du, da ganz hinten, zwischen den Buchen, da steht
bestimmt noch welcher. Ich bin in einer Stunde wieder
da.«

»Ja, ich muss auch noch einkaufen«, sage ich und überlege, ob ich die Polizei anrufen kann. Aber warum? Die
kommen nicht und nehmen ihn mit. Er ist mein Mann
und wohnt hier. Alles, was er verbrochen hat, ist, dass er
ein Essen von mir haben will. Die werden nicht kommen.
Höchstens, wenn Gefahr droht. Die droht aber erst, wenn
Löffler herausbekommt, dass er den Falschen erstochen
hat. Der Postbote war nicht mein Liebhaber. Soll er am
besten glauben, es habe gar keinen gegeben. Dass ich
schon damals mit Ludwig zusammen war, ja, wenn er das
erfährt, wird sicher die Polizei kommen. Aber das ist mir
dann doch zu gefährlich. Also gehe ich einkaufen, während Löffler Richtung Schlosspark loszieht. »Und nur die
Blätter, nicht die Blüten!«, gebe ich ihm mit auf den Weg.

»Weiß ich doch! Endlich wieder gut essen, ach, was
hab ich darauf gewartet!«, ruft er noch und dann macht
er sich auf, um das Beet des Markgrafen im Rastatter
Schlosspark am helllichten Tage zu plündern.

Er hat schon immer gern gegessen, der Löffler. Gern
und gut. Und immer das, was ich gekocht habe. Wahrscheinlich habe ich mich deshalb irgendwann in ihn verliebt. Sonst ist ja nicht so viel Liebenswertes an ihm. Das
Schlimmste ist seine Eifersucht. Eigentlich hätte er vorhin
randalieren müssen, als er gemerkt hat, dass ein Mann im
Haus wohnt. Ob sie ihn therapiert haben? Damals hat
der Briefträger nur gesagt, wie köstlich es aus unserem
Haus duftet, da habe ich ihm spontan eine Scheibe Braten abgeschnitten und in eine Tupperdose getan, damit er
auch was davon hatte, aber als er die Dose eben in der
Hand hielt und sich bedanken wollte, kam Löffler nach

Hause und erstach ihn als vermeintlichen Liebhaber seiner Frau. Ich habe sie nie wieder bekommen, die Dose. Was sie wohl damit machen in so einer Asservatenkammer? Und ob die Bratenscheibe noch drin ist?

Ich kaufe ein und muss mich dabei sehr konzentrieren, weil Löffler und seine beängstigende Präsenz mir Tausende von Gedanken durch den Kopf jagen, einen Kopf, der es 15 Jahre lang ganz wunderbar ruhig und harmonisch hatte.

Zu Hause bereite ich alles vor: Mehl, Eier, Zwiebel, Hackfleisch, Butter, Gewürze. Mehl und Eier knete ich zu einem Teig und lasse ihn ruhen. Ein altes Brötchen weiche ich ein, die Zwiebel schneide ich in feine Würfel. Auch den bunten Blattsalat bereite ich schon vor. Dann kommt Löffler mit dem Bärlauch: »Hier, beim Markgrafen höchstpersönlich geklaut. Ob ich dafür wieder einfahre?« Er grinst: »Elfi, du hast mich in der Hand, wenn du mich verpetzt, bin ich dran.« Ich nicke und denke: Dabei hat er mich in der Hand. Fest. Und weiß es auch. Irgendwie.

Ich wasche die Blätter vorsichtig und hacke sie klein. Schade, dass ich den zarten Knoblauchduft nicht riechen kann – leider eine Begleiterscheinung meines lästigen Heuschnupfens.

Während ich den Nudelteig zu zwei Platten ausrolle, die Füllung aus Fleisch und Bärlauch würze und auf eine der Teigplatten setze, die zweite darüber fest andrücke und schließlich Maultaschen ausschneide, sitzt Löffler die ganze Zeit über wartend am Tisch. Manchmal quält die Stille, aber dann ist sein Leibgericht endlich fertig und ich kann servieren.

»Vergeben und vergessen, gell?«, sagt er kauend. Gerade so, als hätte *ich* den Postboten ermordet! Dann spricht er von einem Neuanfang und lobt meine Maultaschen. Alles in einem Satz, höchstens zweien. Ich bin irritiert und schweige. Die Maultaschen sehen aber wirklich gut aus! Wegen meiner Weizenmehl-Allergie kann ich sie bloß nicht essen und muss mich auf den Blattsalat als Hauptgericht beschränken, wie schade. Das findet Löffler auch. Aber Bärlauchmaultaschen mit Dinkelmehl schmecken nicht, das habe ich schon probiert.

Was mache ich nur, wenn übermorgen Ludwig zurückkommt? Und bis dahin? Heute Abend, ganz konkret? Löffler im Gästezimmer – oder noch näher? Unvorstellbar! Ich bekomme einen Schweißausbruch. Löffler auch. Dann fasst er sich ans Herz und atmet schwer.

»Ist dir nicht gut?« Ich greife nach seinem Handgelenk und taste den Puls. Der rast. Kein Wunder, dass es Löffler dabei schlecht geht. Später fällt die Pulsfrequenz in extreme Tiefe, Löffler atmet immer langsamer und schwerer, dann gar nicht mehr und rutscht mitten in meiner Küche, die einmal auch die seine war, auf den Boden. Ich bin völlig perplex und beobachte seine letzten Zuckungen: Noch nie hat sich ein Wunsch von mir so schnell erfüllt. Und das noch ohne mein Zutun! Löffler wird mein Gästezimmer nicht brauchen, geschweige denn das Schlafzimmer.

Ich habe die Chipkarte, die man am Tor zum Schlosspark braucht, gerade in das Lesegerät geschoben, zurückbekommen und auf den Beifahrersitz gelegt. Langsam und lautlos öffnen sich die beiden Flügel des Tores. Wir fahren hinein, hinter uns schließt sich das Tor wieder. Es ist mitten in der Nacht und ich fahre ohne Licht, aber das ist Absicht: Es braucht ja nicht jeder zu sehen, dass ich hier herumfahre und wen ich dabei habe. Es ist sowieso alles schon schlimm genug.

Löffler liegt unter einer Decke auf dem Rücksitz. In den Kofferraum hätte er nicht einfach so gepasst, habe ich gemerkt, als ich versuchte, ihn dort hinein zu verfrachten.

Er muss aber doch ganz gut zu essen bekommen haben in der JVA, denn leicht war er wahrlich nicht.

An einem ganz bestimmten Beet halte ich an. Den Pflanzplan habe ich im Kopf, denn er ist einmal sonntags bei uns zu Hause auf der Terrasse entstanden. Alle Rosen müssen schließlich später wieder so gesetzt werden wie vorher, es soll ja nicht auffallen, dass ich Löffler unter ihnen begraben habe. Was hätte ich denn sonst tun sollen? Die Polizei anrufen und sagen, dass mein Mann gerade tot vom Stuhl gefallen ist? Das hätte mir doch niemand ohne Verdacht abgenommen, wo er eben erst aus dem Gefängnis gekommen war. Nein, so ist das schon besser, auch wenn es anstrengender ist. Ich kann dann einfach sagen, dass er nie bei mir angekommen ist. Falls jemand fragen sollte. Und falls ihn niemand gesehen hat bei mir vor der Haustür. So leise und dunkel, wie ich gekommen bin, verlasse ich den Schlosspark wieder, reinige zu Hause den Spaten und die Schaufel und stelle sie in den Schuppen.

Ludwig Bieberer ist aus Karlsruhe herübergekommen, bis wohin ihn der Zug aus dem Nordbadischen gebracht hat. In Schwetzingen hat er gerade eine Woche lang eine Fortbildung zum Thema »Englische Landschaftsgärten im 21. Jahrhundert« genossen und beschließt, ganz kurz zuerst noch durch seinen Park zu laufen, bevor er nach Hause zu Elfi zurückkehrt.

Der Schlossgärtner inspiziert das Areal bei frühlingshaftem Sonnenschein, freut sich an allen aufgehenden Blumen, ärgert sich über Besucher, die ihren Müll einfach fallen lassen oder ihre Hochzeitsfotos mitten in den Rabatten machen. Vom Schlosshof aus wandert Bieberer mitsamt seinem Rollköfferchen durch die Anlage. Dort, wo die Besucher glauben, es sei nur Wildwuchs, ärgert er sich besonders: Immer wieder werden die Maiglöckchenbeete von Besuchern geplündert! Als gäbe es die Blümchen nicht spottbillig überall zu kaufen! Und dann gab es ja auch noch diese Irren, die glaubten, das sei Bärlauch. Wie oft hatten ihm schon Familien mit frisch gewilderten Maiglöckchen gegenübergestanden und dann betroffen gelauscht, wenn er von deren Toxizität gepredigt hatte. Na, recht geschah's ihnen! Heute ist der Flecken mit den Herbstzeitlosen betroffen, all die zarten Triebe hat jemand unsinnigerweise herausgerissen: Erst im Herbst treiben doch die hübschen Blüten! Auch die Herbstzeitlosen ähneln dem Bärlauch, dessen Beet hingegen völlig unangetastet zwischen einigen alten Buchen etwas abseits liegt.

Vor dem hintersten Rosenbeet bleibt Ludwig Bieberer länger stehen: Er hätte schwören können, dass das Beet letzte Woche irgendwie anders ausgesehen hatte. Dabei sitzen alle Stammrosen, alle Strauchrosen, alle Lavendelstauden an ihrem Platz. Aber hatte er die prächtige Gräfin Diana nicht links und die Madame Anisette rechts gepflanzt? Ach, Hirngespinste! Das Seminar war offensichtlich überaus anstrengend gewesen, er musste sich am Wochenende unbedingt Ruhe bei seiner Elfi gönnen!

Badische Bärlauch-Maultaschen

Zutaten für 4 Personen:
250 g Mehl
4 Eier
1 Brötchen vom Vortag
1 Zwiebel
1 Bund Bärlauch
200 g gemischtes Hackfleisch
200 g Butter
Salz, Pfeffer, Muskatnuss

Zubereitung:
Mehl, 3 Eier und 1/2 TL Salz zu einem Teig verkneten und 30 Minuten zugedeckt ruhen lassen. Brötchen in Wasser einweichen. Zwiebel schälen und fein würfeln. Bärlauch waschen und trockenschütteln. Einige Blätter beiseitelegen, den Rest fein hacken. Das vierte Ei mit dem ausgedrückten Brötchen, den Zwiebelwürfeln, dem Hackfleisch und gehacktem Bärlauch verkneten. Mit Salz, Pfeffer und geriebener Muskatnuss würzen.
Den Nudelteig halbieren und beide Hälften zu zwei gleich großen und möglichst rechteckigen Teigplatten ausrollen. Die zwei Teigplatten längs halbieren. Auf eine Hälfte in Zweierreihen in Abständen kleine Häufchen der Fleisch/ Bärlauch-Füllung setzen. Die unbelegten Teigplatten locker darüberlegen. Den Rand rund um die Füllung fest andrücken. Mit einem Messer oder einem Teigrädchen um die Füllung herum Quadrate ausschneiden. Salzwasser zum Kochen bringen, dann den Herd auf mittlere Hitze reduzieren. Die Maultaschen im noch leicht kochenden Wasser etwa zehn Minuten lang garen, dann herausnehmen und abtropfen lassen. Den übrigen Bärlauch in Streifen schneiden, Butter in einer Pfanne leicht bräunen, den

Bärlauch unterrühren. Maultaschen mit der Bärlauch-Butter auf Tellern servieren.
Als Beilage eignen sich Salate der Saison.

BETTINA HELLWIG

Und klappert so leis' vor sich hin

Es steht eine Mühle im Schwarzwäldertal,
sie klappert so leis' vor sich hin.
Und wo ich geh' und steh',
im Tal und auf der Höh',
da liegt mir die Mühle, die Mühle im Sinn,
die Mühle vom Schwarzwäldertal.
Volkslied

Sie kamen mitten in der Nacht. Ich ahnte es mehr, als
dass ich es hörte. Dass ich sie überhaupt hörte, war auch
nur Zufall. Je älter ich werde, desto öfter muss ich nachts
raus – so ein- bis dreimal kann schon nötig sein. Ich saß
also auf dem Klo von Onkel Hans und fror mir im wahrsten Sinne des Wortes den Arsch und die Eier ab. Obwohl
Hans sonst nicht so der Saubermann war, saß ich, denn
weil das Klo der kälteste Raum im ganzen Haus war, lagerte Hans hier seine Eier, die der Bio-Hühner, und die
wollten wir ja schließlich nicht sprenkeln.

Das Klo lag im Erdgeschoss neben der Eingangstür.
Durch das offene Fenster konnte man das gleichmäßige
monotone Klappediklapp des Mühlrads hören. Jetzt, Anfang März, führte der Rauschenbach genügend Wasser,
um den gesamten Hägeleshof mithilfe eines riesigen Ge-
nerators mit Strom zu versorgen.

Der Hof mit der kleinen Mühle lag etwas außerhalb
von Wiesenweiler, einem kleinen Ort auf halbem Weg
zwischen Freiburg und St. Märgen. Seine Einwohner
stürmten jedes Jahr die Baumärkte in Freiburg, pinselten
und pflanzten, was das Zeug hielt, nur um dann den Titel
»Das schönste Schwarzwalddorf« an das zehn Kilometer
entfernte Kohlerschwand zu verlieren. Aber schließlich

war dessen Bürgermeisterin ja auch mit dem Vorsitzenden des Verschönerungsvereins verschwägert. Im Gegensatz zu den anderen Wiesenweiler Bürgern war Onkel Hans darüber keinesfalls traurig, denn so blieb der Hägeleshof weiterhin selbst bei schönstem Wetter weitgehend von Menschen in Funktionskleidung und wahlweise Stöcken oder Mountainbikes verschont.

Die wenigen Tage hier draußen in der Stille hatten meine Sinne so geschärft, dass ich das Motorengeräusch selbst in einiger Entfernung durch das Plätschern des Mühlbachs hindurch wahrnehmen konnte. Es war nicht das sanfte Nageln eines Dieselmotors, wie man ihn hier für die Landwirtschaft brauchte, sondern das seltsam gedämpft wirkende Röhren einer überdimensionierten Zuhälterkarre. Mir war sofort klar, an diesem Ort und vor allem zu dieser Zeit gehörte es definitiv nicht hierhin, und das konnte nur eines bedeuten: Sie hatten mich gefunden!

Anscheinend war es ein Fehler gewesen, hierherzukommen, und ganz offensichtlich hatte ich mich getäuscht, als ich dachte, dass sie mich hier niemals suchen würden. Wer zum Teufel konnte mich verraten haben? Zum eingehenden Nachdenken blieb mir jedoch keine Zeit.

Eine Autotür klappte. Sie bemühten sich zwar offensichtlich, leise zu sein, aber ich konnte ihre Schritte dennoch auf dem Kies vor dem Haus knirschen hören. Es waren mindestens zwei – nein, wahrscheinlich eher drei. Solche Aktionen machten die doch immer zu dritt. Zwei würden mich festhalten und der dritte würde mich mit einem Schlagring oder etwas ähnlichem bearbeiten, bevor er mir dann den Gnadenschuss gab. Als Warnung, falls noch mal irgendjemand auf die Idee kommen sollte, sich mit ihnen anzulegen. Schnitten die einem dann auch noch die Zunge raus oder so?

Freiwillig habe ich mich mit denen bestimmt nicht eingelassen. Aber ich bin im Schwarzwald geboren und da lernt man schnell, keine Ressource ungenutzt zu lassen. Die leer stehenden Räume neben dem Probenraum unserer Band im alten Fabrikgebäude am Berliner Gleisdreieck hatten geradezu nach einer Nutzung geschrien. Und Landwirtschaft liegt mir im Blut. Eine Weile lief das Geschäft mit dem Haschisch gut – schließlich bin ich Apotheker und damit fühle ich mich einer wissenschaftlich einwandfreien Qualität verpflichtet.

Das sprach sich rum. Bald drang der legendäre Ruf meines *Salomé-Suleika Casablanca Doppel-Null* – feinste Aussiebung, nur das ungepresste goldbraune Harzpulver mit einem Duft nach Eukalyptus und Pinie – nach Neukölln und rief Hassans Clan auf den Plan, der sich ziemlich nachdrücklich anbot, mich bei meinen Geschäften tatkräftig zu unterstützen. Ein Angebot, das ich kaum ausschlagen konnte. Bei der Erinnerung an unser diesbezügliches Gespräch ließ ich die Zunge durch meinen Mund gleiten, wo ich glücklicherweise saubere, glatte Oberflächen ertastete. Meine Vorderzähne waren ohnehin nicht hollywoodreif gewesen, und die Kronen sind wirklich gut gelungen.

Wie gesagt, ich bin Apotheker und kein Schläger, und mir war nach dieser handfesten Unterhaltung so was von klar, dass ich mir einen anderen Erwerbszweig würde suchen müssen. Ich bin ja schließlich nicht lebensmüde. Aber leider hatte Hassan etwas dagegen, dass ich ausstieg. Er schickte Igor. Das Gespräch war kurz und eindeutig.

»Wir brrrauchen dein Knowhow, Carrrrsten.« Igors rollendes R klang wie das Dröhnen seiner frisierten Kiste. »Dein Zeug ist voll der Hit, Brrriederchen.«

Ich hatte wirklich nicht um eine Familienerweiterung gebeten, weder Igor noch den lieben Gott noch sonst wen, aber Widerspruch war eindeutig zwecklos. Und dass ich den besseren Stoff hatte, wollte ich auch gar nicht leugnen. Das dunkelbraune drüsenhaltige *Sputnik* des

Hassan-Clans – »geht ab wie eine Rakete« – konnte mit meiner *Salomé-Suleika Doppel-Null* auf keinen Fall mithalten.

Zu den schlagenden Argumenten von Hassans Leuten kam noch ein weiteres hinzu: Ich hatte meine Apotheke vor Kurzem schließen müssen, Sie wissen schon, die zigste Gesundheitsreform, Internet-Bestellungen und so, da bleibt nix übrig. Und finden Sie erst mal mit über 50 einen neuen Job, selbst als Apotheker! Das ist auch bei uns längst nicht mehr so wie früher.

Mit meinen schwarzen, nur unwesentlich angegrauten Locken und meiner rasch bräunenden Haut passte ich zumindest optisch gut zu Hassans Multikulti-Truppe. Eine Weile lebte ich ganz gut davon, dass ich hochwertiges Hasch für sie produzierte und sie das Zeugs über ihre eigenen Kanäle vertickten. Als ich aber dann die erste Leiche meines Lebens zu Gesicht bekam, die die Spuren der bewährten Behandlung von Hassans Leuten trug, wurde mir immer deutlicher klar, dass der Typ auf Dauer kein angenehmer Geschäftspartner sein würde. Ich sah zwar nicht aus wie Brad Pitt, aber meine Gesichtsform hätte ich dennoch gerne unverändert belassen.

Ausstieg war auch weiterhin keine Option. Wenn man sich einmal mit Typen aus der Neuköllner No-go-Area eingelassen hatte, hieß es: »Friß oder stirb«. An Letzterem hatte ich kein Interesse und auch nicht an einem Zeugenschutzprogramm. Also besann ich mich auf meine Wurzeln, meinen Geburtsort Wiesenweiler am anderen Ende der Republik, der zudem noch den Vorteil besonderer landschaftlicher Schönheit aufwies.

Onkel Hans war mein einziger noch lebender Verwandter und bot mir Asyl. Sicherheitshalber verschwieg ich ihm jedoch den wahren Grund meines Kommens, auch wenn der Bruder meiner Mutter, der nur wenige Jahre älter war als ich, den vermutlich verstanden hätte.

Immerhin war er mehr als zehn Jahre durch die Welt gereist und hatte marokkanische Badehäuser und persische Bordelle von innen gesehen, bevor er zurückkam und die alte Mühle am Hägeleshof, seit 1777 in Familienbesitz, auf Vordermann brachte. Dabei lernte er alles über hölzerne Wasserräder, ober- und mittelschlägige Wasserführung, Sägegatter und Mahlwerke. Inzwischen kennt Onkel Hans die alten Dinger in- und auswendig und gehört zu den wenigen Menschen, die so etwas noch reparieren können. Unter Ausnutzung des Erneuerbare-Energien-Gesetzes installierte er einen überdimensionierten Generator, mit dem er die nachhaltige Stromversorgung des Hofs sicherte, und richtete sich im Wohnteil häuslich ein. Auch das Wasser entnahm er dem vorbeifließenden Rauschenbach – als rundum gesetzestreuer Bürger hatte er die Wasserrechte beim Landratsamt eintragen lassen.

Durch das Klofenster konnte ich ihre leisen Stimmen auf dem Vorplatz hören. Im Stall war ein Huhn erwacht und gackerte verschlafen. Ich erhob mich von der Brille, zog meine Schlafanzughose hoch und schlich zur Treppe, die in den oberen Stock zu unseren Schlafzimmern führte, wo Onkel Hans den Schlaf der Gerechten schlief.

Ich überlegte fieberhaft. Das Schloss der Eingangstür würde einem Dietrich zwar nicht standhalten, aber so filigran arbeiteten Hassans Schläger nicht. Die würden eher versuchen, die Tür einzutreten. Ein dumpfer Schlag und das folgende unterdrückte Fluchen bestätigten meine Vermutung. Die grobmotorische Variante. Das verschaffte mir etwas Zeit, denn die massive Eichentür hatte schon mehr als 200 Jahre überstanden und würde sicher auch jetzt nicht so schnell nachgeben. Aber da war auch noch die Hintertür, neben der wir unsere schmutzigen Arbeitsstiefel abstellten und die direkt in die Küche führte. Hatten wir die überhaupt abgeschlossen? War ja normalerweise nicht nötig hier draußen.

Ich könnte nach oben gehen, mir die rotkarierte Bettdecke über die Ohren ziehen und auf ein Wunder hoffen. Oder mich in Schlafanzug und Schlappen aus dem Haus schleichen und in den Wäldern verstecken. Ich glaubte aber nicht, dass Hassans Jungs sich von dem bisschen ungewohnter Natur vor der Haustür davon abhalten lassen würden, nach mir zu suchen. Und dann war da ja noch Onkel Hans, der wehr- und ahnungslos in seinem Bett schlummerte. Ich konnte nicht weg. Schließlich war es meine Schuld, dass die Schläger hier aufgetaucht waren.

Ich schlich zur Eingangstür und öffnete die kleine Holzklappe, hinter der ein Hufeisen mit der Öffnung nach unten den Hof vor Unheil bewahren sollte. Besser ein Hufeisen als gar keine Waffe. Glücklicherweise war das betreffende Ross ein Kaltblut gewesen.

Hans führte auch andere Traditionen fort, um die einheimischen Geister gnädig zu stimmen. »Mit Geistern ist es wie mit Vitaminen«, war seine Erklärung. »Man sieht sie nicht und glaubt doch fest an ihre Existenz.« Zu den wissenschaftlich nicht haltbaren Dingen gehörte neben dem Hufeisen auch der Holunderbusch im Vorgarten, der Zauberer und Hexen abwehren und vor Feuer und Blitzschlag schützen sollte. Heute schien er seinen Sinn verfehlt zu haben, zumindest schien der Zauber bei Neuköllner Drogengangs nicht zu funktionieren. Für mich als Apotheker deutlich nachvollziehbarer war Hans' Umgang mit den regionalen Heil- und Gewürzpflanzen. Er liebte die heimische Flora, verwendete sie jedoch nicht immer im pharmazeutisch korrekten Sinn.

Ein Klirren. Sie hatten das Sprossenfenster zum Flur eingeschlagen. Ich packte mein Hufeisen fester. Notfalls könnte ich es als Schlagring verwenden. Glücklicherweise war das Fenster ziemlich klein. Hassans Gorillas würden hier nicht einmal einen Kampfhund hindurchzwängen können, ohne dass dieser stecken blieb. Die nächste Sta tion würde die Hintertür sein. Ich schlich durch den Flur zur Küche, als mich von hinten ein dumpfer Schlag auf den Schädel traf. Ich habe sie wohl unterschätzt, dachte ich noch, bevor ich das Bewusstsein verlor. Die Bodenberührung nahm ich nicht mehr wahr.

Als ich benommen aus meiner Ohnmacht erwachte, fand ich mich auf einem von Hans' Küchenstühlen aus massiver Eiche wieder, die Arme so weit wie anatomisch gerade noch möglich nach hinten über die Lehne gezerrt und dort an den Gelenken mit etwas Dünnem und Scharfkantigem gefesselt, vermutlich Kabelbinder. Es tat verdammt weh. Ich schlug die Augen auf, hob vorsichtig den Kopf und erblickte Igors Schnäuzer, der sein schmallippiges, bösartiges Grinsen eher betonte als verdeckte. Mir war klar, dass das bisschen Kopfbrummen erst der Anfang war. Ein bulliger Typ, dessen stoppelige Resthaare auf einem ansonsten kahlen Kopf ein fahles Blond aufwiesen, hatte mein Hufeisen in der Hand und grinste mich voll eifriger Vorfreude an, wobei seine rosafarbene Zungenspitze zwischen den wulstigen Lippen gierig hin und her fuhr. Ein auf dem Boden sitzender Kaukasischer Owtscharka, dessen unzählige Lücken im schwarzbeige gestromten Fell zusammen mit dem halbierten Ohr von seiner reichhaltigen Kampferfahrung zeugten, hechelte seinen warmen Hundeatem in Richtung meines Schritts. Mein Magen krampfte sich schmerzhaft zusammen. Ich war kurz davor, mich auf den gefliesten Küchenboden zu übergeben.

Hinter meinem Rücken klappte die Kühlschranktür.

»Is das mit Schwein, Bruder?«, erkundigte sich eine Stimme mit türkischem Akzent.

»Wie jetzt, Schwein, Alter, wieso soll das Schwein sein?«, fragte die blonde Testosteronbombe, wozu sie kurzzeitig die Zunge zurückziehen musste. Vorsichtig bewegte ich meine Handgelenke und hoffte, dass der offensichtlich zeitraubende Denkvorgang des Blonden mir eine Galgenfrist verschaffen würde.

»Eh, Kalle, guckst du, das sieht aus wie Wurst, und Wurst is doch immer mit Schwein.«

Die etwas heisere Stimme des türkischstämmigen Mitbürgers in meinem Rücken ließ eine gut definierte Muskulatur vermuten.

»Keine Ahnung, hab noch nie Wurst gemacht«, kam es von Kalle. »Ich ess die immer nur. Gib mal her, Djemal.«

Kalle ging einen Schritt auf mich zu, langte über meinen Kopf hinweg und hielt mir dann eine Schüssel mit Wurstsalat vors Gesicht, unser Mittagessen für morgen. Zwiebelduft stieg mir in die Nase. Die Zwiebeln natürlich aus dem eigenen Garten, Onkel Hans war überzeugter Selbstversorger. Der Hund hechelte stärker und drehte den Kopf von meinem Schritt weg in Richtung Schüssel. Wenigstens etwas.

»Is das mit Schwein?«, fragte Kalle.

Ich nickte langsam und öffnete den Mund. Anscheinend war es ihnen nicht notwendig erschienen, mich zu knebeln. Hier hätte mich ohnehin niemand gehört.

»Schwäbisch Hällesches Landschwein, alles Bio«, krächzte ich mühsam.

Kalle starrte mich ungläubig an.

»Willste uns verarschen oder was?«, fragte er drohend, hob die Hand und sah sich Hilfe suchend nach seinen Kumpels um. Der Hund hechelte Unterstützung. Jetzt trat Igor wieder in mein Blickfeld. Seine Brillengläser blitzten bösartig. Er ballte die mit einem Schlagring geschmückte Faust.

»Mein Kumpel Kalle hat dich etwas gefragt und er erwartet eine Antwort«, sagte er leise und wedelte mit dem Metallteil vor meiner Nase herum. »Ansonsten können wir das hier auch abkürzen.«

Mein Herz trommelte schmerzhaft gegen die Brust. Ich schluckte gegen den aufsteigenden Mageninhalt an und räusperte mich.

»Das ist deutsche Wurst und die ist fast immer mit Schwein«, stieß ich so ruhig wie möglich hervor. Dann kam mir ein rettender Gedanke.

»Aber ich könnte euch Brägele dazu machen«, sagte ich und erinnerte mich dunkel an Scheherazade aus Tausendundeine Nacht, die den Kalifen mit ihren fantasievollen Geschichten davon abhält, sie am folgenden Morgen zu töten. »Meine Brägele sind voll der Hit. Und die sind nicht mit Schwein. Ich schwör's.«

Zwei dunkle und ein blaues Augenpaar starrten mich an.

»Isch kenn keine Brägele«, bekannte Djemal dann nach einer weiteren Denkpause. Wenn seine Hirnknochen aus Glas gewesen wären, hätte man die Synapsen bei der Arbeit beobachten können.

»Bratkartoffeln«, beeilte ich mich zu ergänzen. »Superlecker, echte Markgräfler Hörnle, die haben im letzten Jahr beim Lorchheimer Kartoffelfest den ersten Preis gewonnen.«

Als Scheherazade fand ich mich gar nicht so schlecht. Ich begann zu hoffen. Vielleicht hatte ich doch noch eine Chance.

»Wenn ihr schon mal hier seid!«, fuhr ich fort. »Und ich könnte ein paar Eier dazu braten, für Djemal.«

So wie der aussah, war er wild auf Proteine. Bingo: Zwei dunkle und ein blaues Augenpaar blicken gierig. Der Hund speichelte.

»Besser als Pommes bei McDonalds«, meinte Djemal nach einer weiteren Denkpause und auch Igor nickte langsam.

Selbst der Hund schien die Situation erfasst zu haben und hechelte erwartungsvoll. Leider stand er in der Rangordnung unter Kalle, der aus offensichtlichem Futterneid mit seinen schwarzen Springerstiefeln nach ihm trat, worauf der Hund sich winselnd unter dem Tisch verkroch.

»Ganz schön lange her, unser letzter Boxenstopp«, befand Igor, der das Kommando zu haben schien.

»Wir können ihn später noch knipsen«, schlug Djemal vor.

»Ausknipsen heißt das, du Dönergesicht!«, demonstrierte Kalle seine geistige Überlegenheit. Dafür, dass er höchstens zum Karussellbremser taugte, spuckte er ganz schön große Töne.

»Wir sind allein, es ist mitten in der Nacht und der Kerl entkommt uns ohnehin nicht«, entschied Igor. »Mach ihn los, Kalle!«

Ich atmete unauffällig auf. Wenigstens hatten sie Onkel Hans nicht gefunden.

Der Blonde trat hinter mich und schnitt die Plastikkabel durch. »Ich will auch 'n paar Eier.«

Ich nickte, massierte vorsichtig meine wundgeriebenen Handgelenke und bewegte die Finger, in die das Blut jetzt schmerzhaft pulsierend einschoss. Dann stand ich auf und stakste wackelig auf den Herd zu.

»Ich glaube nicht, dass ich dich darauf hinweisen muss, dass Dummheiten keinen Sinn haben«, sagte Igor leise und stellte sich hinter mich. Seinen Schlagring hatte er offensichtlich als nicht zielführend verworfen, dafür fuchtelte er jetzt mit einer Pistole vor meinem Kopf herum.

Ich nickte, nahm wortlos die größte schwarze Eisenpfanne aus dem Regal über dem Herd und zog einen hölzernen Pfannenwender aus der Schublade. Dann öffnete ich den Kühlschrank, nahm ein gutes halbes Pfund beste Schwarzwaldbutter heraus und ließ sie in die Pfanne gleiten. Unter den strengen Blicken von Djemal und Kalle holte ich Kartoffeln und Zwiebeln aus der Speisekammer neben der Küche und zehn Eier aus dem Klo.

Dann legte ich ein Brett auf die Arbeitsplatte und zog ein Messer aus dem Block, was bei Igors Pistolenfinger ein nervöses Zucken auslöste. Glücklicherweise schien er sich im Griff zu haben. Ich zerkleinerte die Zwiebeln und schnitt die Kartoffeln in Scheiben. Dann drehte ich den Induktionsherd an – die Küche hatte Hans teuer modernisiert – und sah zu, wie die Butter langsam zerfloss und die Zwiebeln eine goldbraune Färbung annahmen. Schon bald zitterten die Kartoffelscheiben in ihrem buttrigen See und ein heimeliger Duft breitete sich in der Küche aus. Ich nahm eine zweite Pfanne, in der ich die Eier für Djemal braten würde.

Dann deckte ich den Tisch – ein reinweißes Tischtuch, das gute Meißner Porzellan mit dem Blümchenmuster und unser feines Silberbesteck. Stilvoll, schließlich wusste ich, was ich meinem Onkel schuldig war. Für den Hund suchte ich eine Blümchenschüssel heraus, die schon eine leichte Macke hatte. Ich schnitt zwei von unseren Biowürsten hinein, während meine ungebetenen Gäste lässig mit ihren Waffen herumspielten, sich auf den Stühlen fläzten, das von mir servierte Tannenzäpfle soffen und mich beim Kochen beobachteten. Djemal blieb beim Wasser, das gute Schwarzwaldwasser, aus unserer eigenen Quelle.

Ich hatte rohe Kartoffeln verwendet. So würden die Brägele fast eine halbe Stunde brauchen, was mir Zeit zum Nachdenken gab. Vergiften wäre eine Option, aber womit? Leider gab es hier nichts in Reichweite, was sich dazu geeignet hätte. Seine Herztabletten bewahrte Onkel Hans im Nachttisch auf. Ich war glücklicherweise so gesund, dass ich nur gelegentlich mal eine Vitaminpille schluckte, und die waren selbst bei massiver Überdosierung nicht tödlich. Ich griff zu einer kleinen Blechdose über dem Herd, öffnete sie und wollte den Inhalt über den Brägele verteilen, als plötzlich jemand von hinten mein Handgelenk umklammerte. Es tat höllisch weh.

»Willst du uns vergiften oder was?«, fragte Kalle misstrauisch und zerrte mich grob herum.

Ich löste mich aus seinem Griff und hielt ihm die geöff-
nete Dose hin.

»Das ist Majoran, aus dem eigenen Garten, gehört da
unbedingt rein.«

Kalle nahm mir die Dose aus der Hand und schnupperte. Auch Djemal hielt seinen Rüssel hinein, bevor er
sie an Igor weitergab, der ebenfalls schnupperte und dann
bestätigend nickte.

»Stimmt, Majoran«, befand er knapp. »Kenne ich, ist
gut.«

Mit Igors Billigung konnte ich meine Kochkünste ungestört weiter vorführen. Als alles fertig war, stellte ich
die beiden Pfannen auf den Tisch und die angeschlagene
Schüssel für den Hund auf den Boden. Leider war ich weniger erfolgreich als Scheherazade, und meine Galgenfrist
schien jetzt zu Ende zu sein. Die drei fesselten mich wieder mit Kabelbindern an den Stuhl, von wo aus ich ihnen
dabei zusehen musste, wie sie genüsslich mampften. Igor
war der Einzige, der ein Mindestmaß an Tischmanieren
vorweisen konnte. Zumindest gelang es ihm, unfallfrei
mit Messer und Gabel zu hantieren und dabei auch noch
aufrecht zu sitzen. Djemal und Kalle hatten der Einfach-
heit halber die Messer weggelegt und schaufelten das Essen mit der Gabel in den Mund, wobei sie den jeweils frei-
en Unterarm auf dem Tisch ablegten. Ob das Schmatzen
und Rülpsen von einem der drei oder dem Hund unter
dem Tisch kam, war in der gefräßigen Stille kaum zu unterscheiden. Ich konnte nur hoffen, dass das Essen sie mil-
de stimmen und mir ein rascher und schmerzarmer Tod
vergönnt sein würde.

Zu meiner Überraschung ließ die Intensität des Klap-
perns und Klirrens jedoch innerhalb von zehn Minuten,
die mir vorkamen wie eine Ewigkeit, nach und ich konnte

beobachten, wie Igor und Kalle immer langsamer kauten und schließlich ihre Köpfe sinken ließen. Offensichtlich wurden sie von einem so starken Schlafbedürfnis erfasst, dass sie schlagartig vornüberfielen und mit ihren Gesichtern auf den halb leer gegessenen Blümchentellern landeten.

Nur Djemal blieb wach. Er stand auf und ging drohend auf mich zu.

»Majoran, oder was? Und wieso schlafen die dann jetzt?«

Anklagend deutete er auf die zusammengesunkenen Gestalten. Glücklicherweise schien er selbstständiges Denken nicht gewohnt zu sein. Auch der Hund gähnte jetzt.

Ich konnte es mir nicht erklären.

»Das Bier«, stotterte ich, »es muss das Bier sein, der Alkohol, um diese Zeit.«

»Erzähl keinen Scheiß«, sagte Djemal und hob die Hand, als plötzlich ein Schuss die Stille zerriss und Djemal wie vom Blitz getroffen zu Boden sank. Der Hund jaulte erschrocken auf.

Wer auch immer jetzt geschossen hatte, hatte es offensichtlich nicht so mit dem Zielen. Ich straffte meinen Körper und war sicher, dass der nächste Schuss mir gelten würde. Es knallte ein zweites Mal, doch ich spürte keinen Schmerz. Das musste an den Endorphinen liegen. Ich atmete auf. Ein glatter Durchschuss. Wenigstens würde ich auf eine relativ angenehme Weise sterben, was immerhin als Verbesserung durchgehen konnte. Gottergeben schloss ich die Augen, ließ mein Leben an mir vorbeiziehen und wartete auf das Unvermeidliche. Würde ich jetzt das Licht sehen? Und meinen Dackel, den ich nicht davor hatte bewahren können, vom Trecker überfahren zu werden? Ein dritter Schuss. In meinen Ohren klingelte es, aber Tinnitus war jetzt nicht so mein Problem. Nur:

Ich spürte immer noch nichts. Hätte der Schuss mich jetzt nicht umreißen müssen oder was? Offensichtlich war ich immer noch lebendig. Vorsichtig öffnete ich die Augen.

Und dann sah ich erstaunt, wie der Kaukasische Owtscharka schwanzwedelnd auf Onkel Hans zulief, der plötzlich in der Küchentür aufgetaucht war. Er trug einen karierten Schlafanzug und Wollpantoffeln und lächelte mich an. Die Walther PPK in seinen Händen konnte mich nur unwesentlich beruhigen.

»Diese Idioten wollte ich schon lange loswerden«, sagt er mit einem bemerkenswerten Mangel an Aufgeregtheit. »Viel zu brutal, völlig stillos.« Angewidert zog er den Meißner Blümchenteller unter Igors Kopf hervor und trug ihn zur Spülmaschine. »Nachdem sie dich in Berlin in die Mangel genommen hatten, war mir klar: die müssen weg. Ich wusste nur noch nicht, wie. Glücklicherweise hast du mir jetzt die Arbeit abgenommen. Allerdings hatte ich nicht damit gerechnet, dass sie so schnell herausfinden, wo du bist und hier auftauchen.«

Irgendwie hatte ich nicht kapiert, wovon Hans jetzt sprach und konzentrierte mich daher auf das Naheliegende.

»Sind sie tot?«, fragte ich und zeigte auf die Gangster.

Hans nickte. »Die haben gar nicht mitbekommen, was passiert ist.« Er ging zum Regal über dem Herd, nahm die Dose mit dem Majoran, schraubte sie auf und hielt sie mir unter die Nase.

»*Salomé-Suleika Casablanca Doppel-Null* mit THC – Tetrahydrocannabinol – hoch konzentriert, mit einer unwesentlichen chemischen Modifikation.«

Dass die acetylierende Konjugation eines lipophilen alkylierenden Substituenten an das THC-Molekül zu einer verbesserten Liquorgängigkeit und damit einer durchschlagenden Wirkung in einer hoch konzentrierten Zubereitung führte, verstand ich ohne Probleme.

»Experiment gelungen«, sagte Hans. »Im Majoran bemerkt man das Dope kaum. Ein tolles natürliches Schlafmittel. Ich stehe schon mit zwei Baseler Pharmakonzernen in Verhandlung. Und da kann ich noch viel weniger brauchen, dass mir solche Typen« – er deutete mit dem Pistolenlauf zum Küchentisch – »in die Quere kommen.«

Plötzlich nahm ich am Tisch seitlich von Hans eine Bewegung wahr.

»Vorsicht!« Ich sah das metallische Blitzen einer Pistole in Igors Händen und schrie auf.

Mit affenartiger Geschwindigkeit fuhr Hans herum und schoss ein weiteres Mal. Igor sackte zusammen, diesmal wohl endgültig. Der Hund winselte und schmiegte sich Schutz suchend an Hans' blaugrün karierte Schlafanzugbeine. Mittlerweile begann sich auch Kalle zu regen. Stöhnend öffnete er den Mund und sah Hans ungläubig an.

»Hassan?«, fragte er, doch bevor ich etwas sagen konnte, schoss Hans ein drittes Mal, sodass sich jetzt auch Kalle mit einem unappetitlichen Loch im Kopf auf unserem Küchentisch wiederfand. Ich bezweifelte, dass man das Blut wieder vom Holz abbekommen würde. Onkel Hans steckte seine Pistole in den Bund seiner Pyjamahose.

»Barbaren, keinen Sinn für Schönes. Mit so was kann man keine Geschäfte machen.«

Hans ging zum Kühlschrank und holte zwei Flaschen Tannenzäpfle heraus, öffnete beide und hielt mir eine hin. Schneller von Begriff als Kalle war ich jetzt auch nicht.

»Ist ja noch mal gutgegangen«, sagte Hans und tätschelte liebevoll den Kopf des Hundes. »Nur Iwan lässt sich nicht täuschen. Ihm ist egal, wie ich mich nenne.«

Während ich erstaunt beobachtete, wie der russische Kampfhund Iwan hingebungsvoll die Hand von Hans abschleckte, fiel bei mir der Groschen, zugegebenermaßen ziemlich langsam.

»Du bist Hassan?«

Hans nickte. »Als Hans wäre ich in Neukölln nichts geworden.« Er deutete auf die drei Leichen. »Und so kann ich jetzt auch mein Inkognito in Neukölln wahren. Lange hätten die Jungs ohnehin nicht mehr dichtgehalten.«

Dann führte er mich in den ausgebauten Keller seiner Mühle. Dass sich hier eine unterirdische Haschplantage mit chromblitzenden Lampen befand, konnte mich jetzt kaum noch erstaunen. Wie schon erwähnt, sind wir Schwarzwälder genetisch darauf programmiert, alle Ressourcen zu nutzen.

»Alles vom Feinsten«, erklärte Hans mir stolz. »Entlüftung mit modernsten Filtern. Und nachhaltig, Strom und Wasser bekomme ich aus dem Bach.«

»Und gute Abnehmer in Berlin«, ergänze ich langsam.

»Mit meiner neuen Entwicklung verdienen wir unser Geld vielleicht irgendwann sogar legal«, sagte Hans. Das »wir« schien mich einzuschließen. Offensichtlich ging er fest davon aus, dass ich einsteigen würde. »Man lebt aber auch so nicht schlecht davon.«

In meinem Alter und ohne Job, und irgendwie war das ja auch etwas Pharmazeutisches – mal ehrlich – was hätten Sie getan?

»Alles Bio«, sagte Hans, wenn er in den folgenden Wochen zärtlich über den schwarzen, sattelförmigen Streifen auf dem Rücken von Muttersau Emma strich und sie »mei Mohrenköpfle« nannte. Man konnte förmlich sehen, wie gut die Schwäbisch-Hälleschen Landschweine dank des hochwertigen Proteinzusatzes zulegten. Den Anforderungen der Erzeugergemeinschaft – gentechnikfrei erzeugtes Futter aus der Region – war damit immerhin fast Genüge getan.

Wurstsalat mit Brägele

Zutaten:
300 g Fleischwurst (Lyoner)
4 Gewürzgurken
2 Tomaten
2 Eier
Zwiebel, Schnittlauch, Petersilie nach Geschmack
Marinade aus Essig und Öl mit Senf, etwas Meerrettich,
Pfeffer, Salz und einem Teelöffel Zucker
Für die Brägele: gekochte oder rohe Kartoffeln, je nach
Appetit

Zubereitung:
Wurst und Gurken in dünne Stifte (Streichholzstärke)
schneiden, Tomaten enthäuten und entkernen, klein
schneiden und mit der Marinade vermischen. Richtig
gut wird der Salat, wenn man ihn in der Marinade über
Nacht im Kühlschrank durchziehen lässt. Auf Salatblättern anrichten und mit Ei-Achteln garnieren.
Dazu passen goldbraune badische Brägele (vulgo: Bratkartoffeln), die üblicherweise aus gekochten Kartoffeln
hergestellt werden und die man mit Petersilie, Thymian
oder Majoran verfeinern kann, oder Bauernbrot mit Butter und ein badischer Weißherbst.

GITTA EDELMANN

That's what friends are for

Es klingelt an der Haustür. Ich drücke auf den Türöffner und gieße schnell zwei Gläser voll mit Rieslingsekt. Bis Gianna die drei Treppen hochgestiegen ist, stehe ich damit an der Wohnungstür. Und da ist sie auch schon, meine beste Freundin, und wir stoßen an, trinken einen Schluck, umarmen uns, verschütten den Sekt, lachen und reden beide auf einmal. Über ein Jahr haben wir uns nicht gesehen! Viel ist geschehen seither. Meine Kinder sind ausgezogen und studieren in München und Hamburg. Mein Mann ist gleich mit ausgezogen. Er hat dann ein paar Wochen mit seiner langjährigen Geliebten in Oberharmersbach gelebt und ist vor drei Monaten an einem Herzinfarkt gestorben. Natürlich hab ich von der Geliebten erst erfahren, als er schon weg war. Das Übliche eben.

Gianna sieht fantastisch aus. Wie immer. Mit ihren dunklen Augen und schwarzen Locken war sie schon als Dreijährige so hübsch, dass ich unbedingt ihre Freundin werden wollte. Das war gar nicht so einfach. Gianna sprach nämlich nur italienisch. Ich nur deutsch. Aber irgendwie verstanden wir uns auf den ersten Blick und nach einem Jahr sprach Gianna, das Gastarbeiterkind, genauso badisch wie wir alle. Sie wurde das beliebteste Mädchen im Kindergarten und später auch in der Schule. Ich hab nie verstanden, warum sie ausgerechnet mich als ihre beste Freundin erwählte.

Jetzt, nach fast 50 Jahren, ist dies eigentlich kein Thema mehr und dennoch bin ich jedes Jahr ganz aus dem Häuschen, wenn Gianna mich besucht.

Sie duftet nach irgendetwas Teurem mit Zitrusnote. Ihre rabenschwarzen Locken glänzen. Ob sie da nachhilft? Mein mittelbraunes Haar ist grau durchsträhnt; ich fürchte, ich sehe zehn Jahre älter aus als Gianna. Aber ich bin nun mal nicht der Botox-Typ und das letzte Jahr war wirklich nicht ganz einfach.

Wir setzen uns auf den Balkon und schauen über Offenburg hinaus ins Rheintal. Dieser Sommerabend ist so klar, dass man in der Ferne das Straßburger Münster erahnen kann. Ich hab extra neue Sitzkissen für die Korbstühle genäht. Mit roten Blumen, wie Gianna sie liebt. Sie lehnt sich genussvoll zurück.

»Das ist daheim«, sagt sie und atmet tief aus.

Ja, ein echtes Heim hat Gianna nicht. Obwohl sie eine grundsolide Ausbildung als Apothekerin hat, ist sie seit über zwanzig Jahren als Reisejournalistin und -autorin tätig und reist ständig durch die Welt. Aus unzähligen Städten in unzähligen Ländern besitze ich Ansichtskarten – einen ganzen Karton voll. Selbst heute, im Zeitalter der E-Mails, die wir ständig austauschen, flattern mir tropische Landschaften oder Eisberge in den Schneckenpostkasten.

Sie fällt über meine Bruschetta her, die ich in mein badisches Menü gemogelt habe, weil ich weiß, dass sie sie liebt.

»Wie bei Mamma!«, lobt sie. Kein Wunder, Kochen hab ich schließlich schon als Dreizehnjährige bei ihrer Mamma gelernt. Obwohl meine Mutter das zuerst zu verhindern suchte. Aber dann stürzte sie vom Kirschbaum und war so damit beschäftigt, wieder gehen zu lernen, dass es ihr egal war, ob ich Sauerbraten auf den Tisch brachte oder Lasagne al forno.

»Erzähl!«, drängle ich. »Wie lange bleibst du?«

»Nur ein paar Tage«, sagt sie und lächelt ihr unnachahmliches Gianna-Lächeln. »Nur um nach dem Rechten zu sehen und auf dich aufzupassen!«

Das sagt sie immer. Und wie immer lache ich.

Sie erzählt von ihrem neuen Buchprojekt. Südafrika. Wir erinnern uns an die Zeit, als wir Obst vom Kap boykottierten und aus vollem Halse sangen: *Free Nelson Mandela.*

Die Flasche Rieslingsekt ist leer, ich hole die zweite. Dann erzähle ich von Tina und Max und wie schön es trotz allen Abschiedsschmerzes ist, dass ich mich nicht mehr um die Kinder kümmern muss. Wir sprechen auch über Rolf.

»War das nicht wunderbar für dich, dass er den Herzinfarkt hatte, bevor ihr geschieden wurdet?«, fragt Gianna.

So hab ich das bisher noch nicht betrachtet, aber ich muss ihr recht geben. Rolfs Witwe zu sein erleichtert die Sache ungemein. Die Wohnung gehört nun mir, sein Auto, seine Lebensversicherung ...

Wir schweigen eine Weile. Ich überlege, ob ich ihr jetzt gleich von Christopher erzählen soll. Vielleicht findet sie ja, ich stürze mich zu schnell wieder in eine Beziehung?

»War gar nicht so einfach, die richtige Dosierung zu finden«, murmelt Gianna.

Irgendwie ist die zweite Flasche Sekt auch schon leer. Ich stelle den Ritscherle mit Speck auf den Tisch, hole die Käsknöpfle aus dem Ofen und dazu eine Flasche Klingelberger. Was für eine Dosierung?

»Letzte Woche hab ich Marie getroffen«, erzähle ich, während ich die Käsknöpfle auf meine neuen weißen Teller balanciere.

»Marie?«

»Die Schwester von Armin aus unserer Klasse – der Motorradfreak, du weißt schon!«

Gianna nickt. »Der dir damals auf der Abiparty an die Wäsche ging!«

Ich fühle, dass ich rot werde. Die Episode mit Armin gehört nicht zu meinen rühmlichen Erinnerungen. Zugegeben, ich hatte heftig mit ihm geflirtet. Aber dass er mein letztes Nein nicht akzeptierte und versuchte mich zu überwältigen, damit hätte ich nie gerechnet. Glücklicherweise konnte ich mich wehren und abhauen. Gianna regte sich ziemlich auf und wünschte ihm auf Italienisch den Tod an den Hals. Erfolgreich, denn auf dem Heimweg versagten auf der regennassen Fahrbahn die Bremsen seines Motorrads. Den Sturz überlebte er nicht.

»Papa war ein sehr guter Mechaniker und ich hab viel von ihm gelernt«, sagt Gianna. Ich versteh den Zusammenhang nicht, erinnere mich aber an Gianna im Blauen Anton. Sie hat ihrem Vater immer gerne in der Werkstatt geholfen.

Was wollte ich noch erzählen? Irgendwie hab ich den Faden verloren.

»Du bist meine beste Freundin«, sagt Gianna zwischen zwei Bissen Käsknöpfle. »Wenn du ein Problem hast, sag mir Bescheid, damit ich es lösen kann!«

Im Augenblick hab ich kein Problem. Höchstens die Kleinigkeit mit Christopher.

Das war nicht immer so. Zum Beispiel war mein ganzes Studium ein einziges Problem. Ich war nicht gerade zum Studieren geboren, aber es hätte alles einigermaßen laufen können, wäre da nicht Professor Bock gewesen. Der hatte mich ja so was von auf dem Kieker! Und ich musste auch noch bei ihm in die Prüfung! Gianna brachte mich nur mühsam dazu, überhaupt hinzugehen. Und dann war der Bock gar nicht da, sondern irgendein anderer Prof. Vor lauter Erleichterung schaffte ich sogar eine Zwei. Gut, dass ich zu diesem Zeitpunkt noch nicht wusste, dass der gute Professor Bock im Gedränge des Offenburger Bahnhofs vor einen einfahrenden Zug gestürzt war. Sonst hätte es mir vielleicht die Sprache verschlagen.

»Wie geht's deinen Eltern?«, frage ich. Giannas Eltern sind vor zehn Jahren nach Sizilien zurückgekehrt. Ich vermisse sie. Vielleicht fahre ich sie im Herbst besuchen, jetzt, wo ich unabhängig bin.

Gianna lächelt und nickt. »Wunderbar!«, sagt sie liebevoll. »Ich war vor drei Wochen bei ihnen und soll dich grüßen!«

Ich gieße Wein nach und wir stoßen an.

»Weißt du, dass du die Einzige warst, die Mamma und mich angelächelt hat, als ich in den Kindergarten kam?«, sagt Gianna plötzlich. »Das hab ich nie vergessen!«

Wäre ich noch nüchtern, würde ich jetzt sicher rot anlaufen. So eine Kleinigkeit, die mir nicht einmal bewusst war …

»Und wie geht's in der Firma?«, erkundigt sich Gianna nach einer Weile.

Seit meiner Beförderung vor sechs Monaten geht es bestens. Das Gehalt stimmt, die Arbeit macht Spaß, mit meinem Chef arbeite ich hervorragend zusammen und dann ist da natürlich noch mein Kollege Christopher. Von dem werde ich Gianna nachher erzählen. Beim Vanilleeis mit heißen Kirschen. Zuerst berichte ich ihr von unserem neuen Großprojekt, aber so richtig scheint sie nicht zuzuhören.

»Stolznagel«, sagt sie plötzlich. Ich sehe sie fragend an.

»So hieß doch deine Kollegin?«, vergewissert sie sich.

Ich nicke. An die Stolznagel denke ich nicht gern. Zuerst tat sie so nett und freundschaftlich, aber dann ging das Gemauschel hinter meinem Rücken los. Ganz klar, sie wollte meine Beförderung verhindern und selbst den Job übernehmen. Vielleicht wäre ihr das sogar gelungen, aber dann fand sie in ihrem Mexikourlaub den Mann ihrer Träume und kam nie mehr zurück. Sie schickte nur noch eine Ansichtskarte aus Acapulco und das war's. Keiner in der Firma hat je wieder von ihr gehört. Wie kommt Gianna jetzt ausgerechnet auf die Stolznagel?

Träumerisch blickt meine beste Freundin in die dunkle Nacht.

»Dann hat sich der Aufwand also gelohnt«, sagt sie.

»Aufwand? Was denn für ein Aufwand?« Ich versteh kein Wort.

»Na, die Reise nach Acapulco«, sagt sie.

Mein Gesicht sieht jetzt sicher aus wie ein Fragezeichen. Ich schiele auf die leere Weinflasche. Gianna lacht, als sie meinen Blick sieht. Sie wirkt eigentlich noch recht nüchtern.

»Du hast doch wohl nicht wirklich geglaubt, dass die Schreckschraube sich in Acapulco einen Mann geangelt hat!«

Sie beugt sich vertraulich vor.

»Die Dame schwebt dort nicht im siebten Himmel, sondern sozusagen sieben Fuß unter der Erde!«

Ich versteh immer noch nicht.

»Sie hat das Zeitliche gesegnet!«, sagt Gianna, steht auf und holt das Kirschwasser vom Regal.

»Woher weißt du das?«, frage ich blöde.

»Weil ich es war.«

»Was war?«

»Ich hab die Stolznagel vergiftet, damit sie dir nicht die Beförderung vermasselt. Dann hab ich ihre Leiche vergraben.«

Entsetzt schaue ich Gianna an.

»Aber die Ansichtskarte ...« Ich stammele.

»Du weißt doch, Karten schicke ich gerne«, sagt Gianna und lächelt geheimnisvoll.

Sie schenkt jedem von uns ein Kirschwasser ein.

»In Acapulco war das alles ziemlich einfach«, sagt sie. »Hier musste ich wesentlich sorgfältiger planen.«

»Hier?«, frage ich. Ich steh wohl auf dem Schlauch.

»Naja. In Oberharmersbach war es nicht so leicht, in der Apotheke einen Aushilfsjob zu kriegen. Aber als ich erzählt hab, ich recherchiere für ein Buch, hat es doch geklappt.«

»Oberharmersbach – Apotheke?« Irgendwie ist mir ein bisschen schlecht.

»Direkt gegenüber von dem Haus, wo dein abtrünniger Gatte und seine Tussi wohnten, ist eine Apotheke«, erklärt Gianna geduldig. »Da hat er immer seine Herzmedikamente geholt. Und einmal hat er leider die falsche Dosis bekommen. Ich versteh gar nicht, wie die Tabletten vertauscht werden konnten.«

Sie lacht.

»Willst du damit sagen ...?«

»Natürlich. Ich hab immer deine Probleme gelöst. Bei deinem komischen Professor ging es besonders leicht. In dem Gedränge auf dem Bahnhof hat keiner gemerkt, warum er stolperte und auf den Gleisen landete. Und ausgerechnet, als der IC kam, der hier damals noch nicht hielt.«

Sie schüttelt bedauernd den Kopf und stürzt das Kirschwasser hinunter. Mir hat es die Sprache verschlagen.

»Holgers Motorrad war auch kein Problem, die Bremsen waren sowieso nicht ganz in Ordnung. Nur bei deiner Mutter, da war ich noch ein bisschen ungeschickt. Ich hatte gehofft, bei dem Sturz würde mehr passieren. Aber es hat ja gereicht, damit du weiter zu uns kommen konntest!«

Ich weiß nicht, was ich sagen soll.

»Gianna, ich ...«, stottere ich schließlich.

»Keine Ursache«, sagt sie und singt ein paar Töne: »That's what friends are for.«

Sie steht auf und geht hinein. Sie schlüpft aus den Pumps, ihr schickes Kleid landet auf dem Boden. Dann legt sie sich in ihrem schwarzen Spitzenslip auf das Bett, das ich ihr im Wohnzimmer gerichtet hab, dreht sich um und schläft sofort ein.

Wie gelähmt sitze ich auf meinem Korbstuhl. In meinem Kopf drehen sich nicht nur Sekt, Wein und Kirschwasser. Es kann nicht wahr sein. Gianna kann unmöglich ...

Schließlich gehe auch ich ins Bett. Ich bin überzeugt, das war einer von Giannas manchmal etwas derben Scherzen. Kein Wunder bei unserem übertriebenen Alkoholgenuss!

Kurz bevor ich einschlafe, denke ich wie jeden Abend an Christopher. Ein wunderbarer Mann: humorvoll, einfühlsam und so sexy. Heiraten würde ich natürlich nie wieder. Aber es wär schon schön, wenn er auch mal am Wochenende für mich Zeit hätte. Hat er leider nie, weil er da immer mit seiner Frau ...

Ich muss Gianna unbedingt morgen beim Frühstück von ihm erzählen!

Ritscherle mit Speck

Zutaten:

150 g Ritscherle (Feldsalat)
100 g magerer Räucherspeck
etwas Fleischbrühe
etwas Essig
etwas Öl (sehr badisch ist Walnussöl)
evtl. etwas Sauerrahm
Salz und Pfeffer

Zubereitung:

Den Salat putzen und gut waschen. Abtropfen lassen. Den Speck in kleine Würfel schneiden und langsam kross braten, dann die Speckwürfel aus der Pfanne nehmen und beiseite stellen.

Fleischbrühe und Essig mischen, evtl. mit dem Speckfett aus der Pfanne verrühren. Dann Öl (und Sauerrahm) dazugeben. Die Salatsoße mit Salz und Pfeffer würzen und über den Feldsalat geben. Mit den gebratenen Speckwürfeln bestreuen.

Käsknöpfle

Zutaten:
540 g Weizenmehl, am besten Spätzlemehl
4 Eier
250 ml warmes Wasser
500 g würziger Käse (Emmentaler, Bergkäse)
4 mittelgroße Zwiebeln
etwas Butterschmalz
etwas Zucker
Salz und Pfeffer
nach Geschmack ein Glas Weißwein

Zubereitung:
Zwiebeln in dünne Ringe schneiden und in Butterschmalz langsam durchgaren.

Inzwischen aus Mehl, Eiern und warmem Wasser einen zähen Teig rühren, so lange, bis er Blasen schlägt. Der Teig darf nicht zu feucht sein.

Reichlich Salzwasser zum Kochen bringen. Mit dem Knöpflehobel kleine Teigklößchen ins siedende Wasser gleiten lassen. So lange ziehen lassen, bis die Knöpfle an der Oberfläche schwimmen.

Mit einer Schaumkelle eine Schicht Knöpfle in eine vorgewärmte Auflaufform geben, eine Schicht Käse darauf verteilen, dann weiter abwechselnd Knöpfle und Käse schichten. 1 bis 2 Schöpfkellen Kochwasser oder ein Glas Weißwein über die Knöpfle gießen und im vorgeheizten Backofen (100 °C) fünf Minuten durchziehen lassen.

Die Zwiebeln darauf verteilen und servieren.

ANNE GRIESSER

Spargel-Stechen

Dies ist die Geschichte zweier Frauen, die einander nicht kannten, aber mehr gemeinsam hatten, als sich auf Anhieb erahnen ließ. Beide waren um die vierzig, gut aussehend, jung geblieben – und im Hafen äußerst unglücklicher Ehen gelandet.

Zufrieden betrachtete Kommissar Moosmayer die ersten Sätze. Noch lieber als Polizist wäre er Schriftsteller geworden, wenn man davon nur hätte leben können. Seine Neigung zeigte sich jedoch aufs Angenehmste in den Berichten, die er zu schreiben hatte. Nicht immer zur Freude seiner Vorgesetzten.

Beide Frauen beschlossen am selben Tag, ihrem Leben eine neue, angenehmere Richtung zu geben.

Astrid fasste den Entschluss spontan. Rolfs Gezeter hallte gerade wieder durchs Haus, er suchte seine Lieblingssocken und brüllte aus diesem Anlass ihren Namen. Bei ihm klang das immer wie *Arschtritt*.

»Aaaaschtritt!«

»Hundsfott, elender«, brummte sie leise vor sich hin. Sie war gerade dabei, die Porzellanfiguren im Wohnzimmer abzustauben und überlegte kurz, ob das große, grüne Sparschwein, mit der richtigen Wucht auf dem Hinterkopf ihres Gatten platziert, wohl genügen würde, um dessen Lebenslicht auszupusten. Aber es wäre doch schade um das alte Schwein, schließlich war es ein Erbstück ihrer Urgroßmutter Magda.

Nach weiterem Aufruhr rauschte Rolf endlich grußlos aus dem Haus, frisch rasiert und einparfümiert, mit seinen Lieblingssocken an den Füßen.

Astrid atmete tief durch.

Eine Scheidung war leider nicht so leicht durchzuboxen, zumal Rolf nichts davon wissen wollte. Irgendjemand musste ja den Haushalt führen – seine Sekretärinnen, Kolleginnen und sonstige Gespielinnen kamen dafür naturgemäß nicht infrage. Was war nur aus ihren Träumen geworden? In die Fußstapfen ihrer Urgroßmutter hatte sie treten wollen, die eine begnadete Köchin gewesen war, mit einem eigenen Lokal. Und nun saß sie hier, war auf das Imponiergehabe eines Unternehmensberaters aus Efringen-Kirchen hereingefallen, der sie anfangs verführerisch angelächelt hatte, sich aber längst nichts mehr aus ihr machte, der im Bett Abwechslung brauchte, *viel* Abwechslung, und im Alltag Frauen, die billig und anspruchslos arbeiteten.

Astrid griff nach der Zeitung, die auf dem Küchentisch lag. Es war die neueste Zypresse, das Anzeigenblatt der Region. Aufgeschlagen auf der Seite mit den Kontaktanzeigen. Natürlich.

Und da war er plötzlich, der Gedanke! Ganz unvermittelt und ohne jede Aufregung. *Was du kannst*, dachte Astrid, *kann ich schon lange. Hundsfott, elender.*

Sie entschied sich für eine schnörkellose, direkte Annonce; neue Verwicklungen wollte sie vermeiden. *Gutaussehender, schlanker Mann, Mitte vierzig, verwöhnt 30-50-jährige, vernachlässigte Frau. Melde dich!* Keine Telefonnummer, stattdessen ein Chiffre: »Spargel-Stechen«.

Astrid erhielt bereits nach zwei Tagen Antwort auf ihren mehrseitigen Brief, in dem sie, als Vorsichtsmaßnahme, alle Namen durch Initialen ersetzt hatte: *Will dich unbedingt kennenlernen, A.! Kommenden Sonntag zum »Spargel-Stechen« im Landgasthaus unten am Bach. Romantisch und lecker. 13 Uhr. Du erkennst mich am lüsternen Blick.*

Auch Amelie, die zweite der beiden Frauen, antwortete auf eine Annonce. Ganz ähnlich wie Astrid war ihr einfach der

Kragen geplatzt, als Richy es mal wieder übertrieb. Mit seinem jungenhaften Lächeln hatte er das gemeinsame Konto leergeräumt um mit dem Geld einen Segeltörn im Mittelmeer zu buchen. Zwei Monate. Ohne Amelie.

Sie wusste genau, dass sie ihm verzeihen würde, sobald er zurückkehrte. Weil sie ihm immer verzieh. Weil sie sich von seinem Charme einwickeln ließ wie eine Puppe in den Kokon. Weil sie seinem warmen Blick nicht widerstehen konnte, seinen samtweichen Worten. Es war höchste Zeit, etwas zu unternehmen, um sich endlich von Richy zu lösen. Am besten, noch bevor er seine Reise antrat.

Der Mann aus der Anzeige hatte das Gasthaus unten am Bach für ein erstes Treffen vorgeschlagen. Sonntag, 13 Uhr. *Sie erkennen mich an der Rose, die ich auf den Tisch lege.*

Nervös wanderten Amelies Augen über die Menschenmenge im Gasthof. Das Wetter war bombastisch, drinnen wie draußen herrschte reges Treiben. Sie hätten sich wenigstens darauf verständigen sollen, ob sie sich im Freien oder in der Stube treffen wollten.

Amelie war geneigt, das Ganze vorzeitig abzublasen. Sie zitterte vor Aufregung.

Zwei Männer saßen alleine am Tisch. Der eine trug Jeans, ein weißes Hemd und sah auf eine dezente Art gut aus. Der andere trug ebenfalls Jeans und Hemd, dazu eine schwere Goldkette, eine Sonnenbrille, lässig ins Haar geschoben, über den Schultern einen dunkelblauen Pullover. Typ Playboy. Auf beiden Tischen lag eine Rose.

Mist.

Amelie stand verlegen auf dem Hof, entschloss sich dann, den Dezenten anzusteuern, wurde aber vorher von dem Playboy abgefangen. Seine Augen strahlten: »A.! Du bist gekommen!«

Er sprang auf und küsste Amelies Hand.

Angenehm überrascht lächelte sie. Eine so überschwängliche Begrüßung hatte sie nicht erwartet. Das erleichterte die Sache natürlich. Sie ließ sich dem Fremden gegenüber nieder. Die Würfel waren gefallen.

Astrid erkannte ihr *Blind Date* sofort. Nicht etwa am lüsternen Blick, wie angekündigt, sondern weil er der einzige Mann war, der allein am Tisch saß. Außerdem lag eine Rose neben ihm.

»*Spargel-Stechen?*«, fragte sie vorsichtig und der Fremde zuckte mit den Schultern, ohne eine Miene zu verziehen.

Astrid fühlte sich unbehaglich. Sie war drauf und dran, das Ganze vorzeitig abzublasen, sich zu entschuldigen und aufzubrechen, doch da kam eine Kellnerin an den Tisch und fragte fröhlich nach ihren Wünschen. Ein wenig entspannter lehnte sich Astrid zurück. *Nur Mut*, dachte sie. *Aller Anfang ist schwer.* Sie war das eben nicht gewohnt.

Trotz des regen Betriebs herrschte eine friedliche Stimmung auf dem Hof. Der Bach gurgelte, Hunde räkelten sich in der Sonne, hinter dem Haus i-ahte ein Esel. Astrid bestellte bei der freundlichen Serviererin im bunten Dirndl *Spargel mit Kratzete*.

Der Mann tat es ihr gleich, endlich deutete auch er ein Lächeln an und griff vorsichtig nach ihrer Hand: »Erzählen Sie mir doch – von Ihrem Problem.«

Sie wunderte sich, dass er sie plötzlich siezte, aber vielleicht war er auf dem Papier forscher als in der Realität und fühlte sich nun ähnlich befangen wie sie selbst. Ihr war das nur recht; sein Überschwang hatte sie erschreckt.

Während sie den Spargel genoss, die Sauce Hollandaise auf der Zunge zergehen ließ, die Pfannkuchenstücke hineintunkte und schon nach kurzer Zeit vom süffigen Gutedel nachbestellte, erzählte sie dem Fremden alles, was sie schon im Brief geschrieben hatte. Nur ausführlicher. Der Mann nickte, sah sie aufmerksam an, hin und wieder machte er sich Notizen.

Ob er vielleicht ein Psychologe war, der sie nicht zu wildem Sex, sondern zu irgendwelchen Studien missbrauchen wollte? Aber im Grunde war es ihr egal. Dieses Gespräch in der Sonne, bei gutem Essen und mit einem Zuhörer, der sie nicht unterbrach und dessen Augen verständnisvoll dreinblickten, war genau das, was sie am nötigsten brauchte.

Sie bestellte einen dritten Gutedel und lehnte sich entspannt im Gartenstuhl zurück.

»Ähm«, sagte Amelie. »Wegen Richy …«

»Später, Verehrteste! Wenn wir denn überhaupt von ihm reden müssen. Wir werden uns den sonnigen Frühsommertag doch nicht von R. verderben lassen!« Der Mann, Max Herleshausen, wie er sich vorgestellt hatte, rückte seinen Stuhl näher, sodass sie nun ums Eck saßen, nicht mehr gegenüber. Ihre Knie berührten sich und Amelie fühlte einen Bienenstich im Unterleib.

»Ich hasse Männer, die ihren Frauen nicht geben, was ihnen gebührt! Solche Typen gehören ausgerottet, wie Ungeziefer!« Er fing ihren Blick ein, lächelte, nahm eine ganze Spargelstange und schob sie Amelie zärtlich und mit einem leichten Aufstöhnen zwischen die Lippen. »Iss«, flüsterte er. »Du wirkst so … ausgehungert.«

Zu der einzelnen Biene gesellte sich ein Hummelschwarm. Und eine wohlige Gänsehaut auf den Armen.

»Aber …«, versuchte Amelie ein letztes Mal, dem Treffen eine Wendung zu geben. Das Wort »Ungeziefer« hatte sie erneut an Richy erinnert. »Wegen der Bezahlung …«

»Willst du mich beleidigen?« Max Herleshausen runzelte die Stirn. Er nahm Amelies Hand, führte sie zum Teller, streichelte ihren Zeigefinger, tunkte ihn dann sanft in die Sauce Hollandaise und nahm ihn ebenso ungeniert in den Mund, wie Amelie zuvor den Spargel.

Danach war von Richy keine Rede mehr. Und sollte sich Amelie doch noch einmal über das wunderbar zügellose Verhalten ihres Gesprächspartners gewundert haben, so wurde dieses vage Gefühl sofort von den Schmetterlingen in ihrem Bauch weggeflattert.

»Ein weiteres Treffen ...«, sagte Astrid, nachdem sie ihren Teller leer gegessen und das Mahl mit einem Willi hinuntergespült hatte.

»... wird nicht nötig sein«, unterbrach der Mann, der seinen Namen nicht genannt hatte. Als er ihre Verwunderung, ja Enttäuschung sah, fügte er eilig hinzu: »Ich spreche aus Erfahrung!«

Aha, dachte Astrid. Also doch! Ein Psychologe. Aber vermutlich hatte er recht, man musste sein Herz ja nicht täglich ausschütten.

»Danke«, sagte sie. »Bitte gestatten Sie mir, dass ich die Rechnung übernehme. Sie haben mir sehr geholfen.«

Nun lächelte er und sah plötzlich sehr attaktiv aus. »Gerne,« antwortete er. »Ich verspreche, die Hilfe wird nachhaltig sein.«

Astrid zückte ihr Portemonnaie und fischte eine EC-Karte heraus. »Die Geheimzahl lautet 1212, das kann man sich gut merken. Würden Sie das drinnen im Gasthaus für mich erledigen?« In mancher Hinsicht war sie eben altmodisch. Das Bezahlen sollte immer der Herr übernehmen – auch wenn es mit dem Geld der Dame geschah.

Fünf Minuten später kehrte der Fremde von seiner Mission zurück. »Darf ich Sie zum Auto begleiten?«, fragte er.

»Nein.« Astrid schüttelte den Kopf. »Ich muss nachdenken. Ich werde noch ein wenig bleiben und spazieren gehen. Und falls ich mich traue, stelle ich mich später im

Gasthaus vor. Sie suchen eine Aushilfe für die Küche – und, wissen Sie, ich kann ziemlich gut kochen.«

Der Mann deutete eine Verbeugung an, lächelte und verschwand Richtung Parkplatz.

Dass er die EC-Karte nicht zurückgegeben hatte, fiel Astrid erst sehr viel später auf. Eigentlich erst, als Kommissar Moosmayer sie darauf aufmerksam machte.

Selbiger hielt im Tippen inne und seufzte.

Frauen konnten so schrecklich vertrauensselig sein! Er erlebte das immer wieder. Männer waren anders. Männern geschah so etwas selten.

Kommissar Moosmayer las seinen Bericht noch einmal durch und seufzte ein zweites Mal. Unbrauchbar, zweifelsohne. Zu wenige Fakten, zu viel Spekulation. Aber er war sich sicher, dass es genauso abgelaufen war. Sein Schriftstellerinstinkt verriet es ihm.

Missmutig nahm er sich die Vernehmungsprotokolle vor. So sachlich. So nüchtern.

Den Wirtsleuten und Serviererinnen war nur eines der beiden Paare im Gedächtnis geblieben: »Wie zwei Turteltauben«, sagte eines der Mädchen. »Als wären sie ganz alleine auf dem Hof gewesen.«

Die Frage nach dem »Bei mir oder bei dir« stellte sich gar nicht. Amelie und Max Herleshausen schafften es gerade noch mit dem Auto in die Reben, bevor sie übereinander herfielen wie zwei ausgehungerte Kannibalen. Beim Höhepunkt schrie Amelie: »Du geiler Killer, du!«, und Astrid, die in der Nähe spazieren ging, errötete. Max Herleshausen verstand den Ausruf nicht, war aber auch nicht in der rechten Verfassung, danach zu fragen.

Als Richy am selben Abend spät in seine Wohnung zurückkehrte, fand er sie merkwürdig verändert vor. Die Kleidung seiner Frau fehlte, im Schlafzimmer war die Matratze des Ehebettes unschön aufgeschlitzt und in der Badewanne rauchte noch die Asche seiner verbrannten Unterhosen. Er ahnte nicht, dass Amelie sich längst auf dem Weg zur Segeljacht ihres neuen Liebhabers befand, mit der Absicht, zu einem mehrwöchigen Mittelmeer-Törn in See zu stechen.

Auf dem Küchentisch lag eine aufgeschlagene Zypresse, in der unter dem Stichwort *Dienstleistungen* eine Anzeige markiert war: *Vernichte Ungeziefer aller Art. Auch zwb. Sauber, diskret und nachhaltig.*

Richy konnte sich keinen Reim darauf machen. Er grübelte einige Zeit über die Bedeutung des Wörtchens *zwb.* nach, aber außer *zweibeinig* fiel ihm nichts dazu ein. Und das konnte es ja unmöglich heißen.

Weiber, dachte er. Verstehe einer die Weiber!

Als Astrid nach Hause kam, verwehrte ihr ein uniformierter Polizist den Zutritt zur Wohnung. Rolf war mit zwei gezielten Kopfschüssen niedergestreckt worden. Man vermutete zunächst einen bewaffneten Raubüberfall, obwohl außer ein paar Euro Bargeld und einigen von Astrids Porzellanfiguren, darunter das grüne Sparschwein ihrer Urgroßmutter Magda, nichts fehlte. »Wir gehen davon aus, dass Ihr Gatte den Täter überrascht hat. Unser herzliches Beileid.«

Astrid forschte in ihrer Seele nach, suchte nach einer Spur des Bedauerns – und fand keine. Stattdessen kündigte sich bereits der Hauch eines neuen Freiheitsgefühls an, ein Zipfel Friede, ein Quäntchen Lust am Leben. Sie dachte an den neuen Job, den sie im Gasthaus angenommen hatte und fühlte sich leicht.

Schade war es nur um das alte Schwein.

Beide Frauen gingen später straffrei aus, notierte Kommissar Moosmayer am Ende seines Berichtes. *Astrid Z. hatte nachweislich niemals Kontakt zu einem Profikiller aufgenommen, sondern lediglich zu einem Mann namens Max Herleshausen, der zum Zeitpunkt des Mordes auf dem Weg zu seiner Jacht war, dafür gab es Zeugen.*

Amelie F. hingegen betonte bei der Vernehmung hartnäckig, sie habe die Annonce nur angestrichen, weil sie Läuse und Wanzen in ihrer Wohnung entdeckt habe, und das sei ja wohl hinlänglich dadurch bewiesen, dass sie die Matratze und Unterwäsche ihres Mannes, von dem sie sich im Übrigen zu trennen gedenke, vernichtet habe. Kein rechtschaffener Mensch, so betonte sie, könne schließlich die tatsächliche Absicht hinter der harmlosen Anzeige erahnen.

Kommissar Mossmayer lächelte. *Beide Frauen,* schloss er seine Ausführungen, *bekamen etwas Besseres, als sie sich gewünscht hatten.*

Dann stockte er, runzelte die Stirn und fügte eine Fußnote ein. *Kommissar Moosmayer,* schrieb er, *erlaubt sich, das Gasthaus am Bach als Ziel des nächsten Polizei-Betriebsausfluges vorzuschlagen. Es soll dort neben den Spargelspezialitäten auch hervorragende Wildwochen geben.*

Spargel mit Kratzete

Zutaten für 4 Personen:
200 g Mehl
4 Eier
1/4 l Milch
1 Bund Schnittlauch
1/2 Bund Petersilie
1 Prise Salz
Butterschmalz zum Braten
2 kg Spargel
Saft einer halben Zitrone
1 Prise Zucker
150 g Butter
Petersilie zum Garnieren

Zubereitung:
Mehl, Milch, Eier und Salz zu einem glatten Pfannkuch-enteig verrühren. 30 Minuten quellen lassen.
Tipp: Der Teig wird besonders locker, wenn man am Ende einen Schuss Mineralwasser (mit Kohlensäure) beifügt.
Schnittlauch und Petersilie klein schneiden und nach dem Ausquellen vorsichtig unterheben.
Butterschmalz in einer Pfanne erhitzen, den Teig porti-onsweise hineingeben und bei mittlerer Hitze die Pfann-kuchen von beiden Seiten backen, bis sie goldgelb sind.
Kurz vor Garende jeweils mit zwei Gabeln (bei beschich-teten Pfannen: Holzlöffel) in Stücke reißen.
Den Spargel schälen und holzige Enden abschneiden.
In Salzwasser mit einer Prise Zucker und dem Saft einer halben Zitrone bissfest garen (8-12 Minuten, je nach Di-cke der Stängel). Aus dem Wasser nehmen und gut ab-tropfen lassen.

Die Butter in einem kleinen Topf erhitzen, bis sie flüssig, aber nicht braun geworden ist.

Spargel mit Kratzete anrichten, flüssige Butter darübergießen und mit Petersilie garnieren.

BARBARA SALADIN

K.o. – Wilma riecht den Braten

Mal wieder Freiburg Hauptbahnhof. Treffpunkt neben
dem McDonald's gleich bei Gleis 1, wo die schnellen
Züge nordwärts fahren, und wo ich vor kaum zehn Sekunden gemeinsam mit Wilma den ICE Zürich-Hamburg
verlassen habe.

Nun sehe ich mich um, doch von Bastian fehlt jede
Spur. Wäre ja auch was Neues gewesen, wenn mein kleiner Bruder zur Abwechslung mal pünktlich gewesen
wäre. Die Erfahrung hat mich gelehrt, dass er jedes Mal
zu spät kommt, wenn wir uns treffen – und das tun wir
normalerweise so'n paar Mal im Jahr. Meistens sehen wir
uns zum Drehen von irgendwelchen krummen Dingen,
die dann leider oftmals – auch das lehrt mich die Erfahrung – in die Hose gehen. Wir sind beide halt nicht so
richtig erfolgreiche Kriminelle, sondern kleine Fische,
die sich mehr schlecht als recht über Wasser halten: hier
ein Diebstählchen, da ein Räubchen, dort ein Betrügchen
oder ein klitzekleiner Deal.

Fische, die sich über Wasser halten – so ein bescheuer-
ter Satz! Und doch passt er irgendwie zu uns. Aber egal!
Schließlich bin ich nicht zum Philosophieren nach Freiburg gekommen, wo Bruderherz wohnt, sondern weil
er mich um Hilfe bat. Wieder eine neue Idee. Wie immer
dringend. Diesmal eine absolut sichere Sache, hat er mir
am Telefon vorgeschwärmt, diesmal gebe es richtig satt
Kohle und mit der Polizei würden wir nicht in Berührung
kommen. Was genau er vorhatte, wollte er mir nicht verraten.

Tja. Zwar bin ich immer etwas argwöhnisch, wenn
Bastian rätselhaft tut, aber dennoch reiste ich von Basel
nach Freiburg. Natürlich zusammen mit meinem hünen-

haften Hund, denn seit ich Wilma habe, sind wir ein un-
zertrennliches Team.

Und da stehe ich nun und ziehe an einer Zigarette. Derweil blickt Wilma sehnsüchtig jedem Menschen nach, der
mit einer Tüte in der Hand das Fast-Food-Lokal verlässt,
während ihr der Sabber aus den Mundwinkeln tropft. Ich
liebe meine Hündin. Aber ich gäbe ein Königreich dafür,
wenn sie nicht so verfressen wäre.

Gerade als ich die Kippe mit der Spitze meiner ausgelatsch-
ten Turnschuhe am Boden zerquetsche, taucht Bastian aus
dem Getümmel der Aktenkoffer-Pendler und Schulterta-
schen-Studenten endlich auf. Nachdem Wilma ihn erkannt
und nach allen Regeln der Kunst vor lauter Begeisterung fast
über den Haufen geworfen hat, gehen wir ein paar Schritte
und nehmen später die Straßenbahn bis zu seiner Wohnung.
Derzeit lebt Bastian in einer mickrigen Zwei-Zimmer-Blei-
be in einem in die Jahre gekommenen Mehrfamilienhaus in
Zähringen. An der Fassade scheint jedes einzelne Jahrzehnt
seit der Erfindung der Dampfmaschine seine Spuren hinter-
lassen zu haben, das Treppenhaus ist düster, und die Küche
sieht aus, als sei sie das letzte Mal renoviert worden, bevor
der erste Mensch den Mond betreten hat.

»Verrat mir endlich, weshalb ich so schnell herkom-
men musste«, sage ich, sobald wir an dem winzigen Küchentisch sitzen und Wilma sich daran gemacht hat, mit
ihrer schlabbrigen Zunge den Küchenboden nass aufzu-
wischen.

»Es geht um eine quasi Nachbarin, Robby. Ich habe
mich bei ihr zum Kochen eingeladen.«

Ich mache große Augen: »Hä? Um eine Frau anzu-
baggern, willst du was kochen? Ausgerechnet du? Deine
Kochkenntnisse sind doch schon mit dem Erwärmen von
Dosenravioli in der Mikrowelle an der Grenze zur Über-
forderung angekommen!«

Bastian macht eine wegwerfende Handbewegung: »Ich will sie doch nicht anbaggern, Mann. Die ist ungefähr neunzig und allmählich dement! Das Einzige, was ich will, ist an ihre Wertsachen ran. Und dazu brauch ich deine Hilfe, da du eben viel besser kochen kannst als ich.«

»Und was bitte soll ich machen?«

»Einen Schweinekrustenbraten!«

Zwei Stunden später sind wir immer noch mit der Nahrungszubereitung beschäftigt, Bastian und ich. Wenn eine Mischung aus Leonberger und Bernhardiner einen beim Kochen coacht, ist das nämlich nicht immer praktisch, sondern mit zahlreichen kleinen Ärgernissen verbunden. Wilma steht uns im Weg rum, wo es nur geht. Sie legt ihren Kopf auf die Arbeitsfläche – in gefährliche Nähe unserer Zutaten – ohne auf den Zehenspitzen stehen zu müssen (na ja, um genau zu sein: Hunde stehen eigentlich immer auf den Zehenspitzen, glaube ich). Ich habe auch den Fehler gemacht, sie nicht einfach in Bastians Wohnung einzusperren, als wir einkaufen gingen, sondern sie vor dem Supermarkt anzubinden. Dort sorgte sie prompt für einen kleinen Menschenauflauf, weil sie einer Frau ein Baguette aus der Einkaufstasche fischte. Nachdem ich die aufgebrachte Tussi beruhigt hatte, drückte Wilma ein winziges Hündchen fast zu Tode (sie wollte mit ihm spielen, es nicht) und sorgte so erneut für Ärger. Nichtsdestotrotz schafften Bastian und ich es schließlich, alles Nötige einzukaufen, und in seine Wohnung zurückzukehren.

Na ja, eigentlich wäre der Plan gewesen, die Zutaten im Laden mitlaufen zu lassen, aber das ging nicht – wegen Wilmas Eskapaden fielen wir zu sehr auf.

Bastians Vorhaben ist so simpel wie genial, das muss ich zugeben: Seine nachbarliche Zielscheibe ist eine alleinstehende, leicht verwirrte und schwer vermögende Dame, die nur wenige Straßen weiter in einem dieser Reihen-Einfamilienhäuser lebt, welche etwa dasselbe Alter haben wie Bastians Bleibe, aber einem ganz anderen Status entsprechen.

»Ich habe sie kennengelernt, weil sie immer mit ihrem furchtbaren kleinen Kläffer unterwegs ist, reich behangen mit Klunker. Also sie, nicht der Hund. Und gestern habe ich ihr geholfen, die Einkaufstüten hochzutragen.«

Ich staune über die mir bislang unbekannte Hilfsbereitschaft meines kleinen Bruders, welcher sich allerdings beeilt hinzuzufügen, dass diese gute Tat selbstverständlich reine Berechnung gewesen sei. Okay. Ich bin beruhigt.

Wie auch immer: Bastian hat es geschafft, sich während seines Charme-Anfalls für heute Abend selber zum Essen bei dieser komischen alten Tante einzuladen. Aber nur, weil er versprochen hat, einen Schweinekrustenbraten mitzubringen, wie ihn der längst auf die andere Seite der Erdkugel verzogene Sohn der Alten immer so mochte. Einen echten badischen Schweinekrustenbraten nach altem, traditionellem Rezept, und diesen Braten will Bastian mit K.-o.-Tropfen behandeln, um sich in der Wohnung der Alten danach ungestört bedienen zu können. »Filmriss zusammen mit Demenz ergibt eine ideale Mischung für mich«, schwärmt er mir vor, ohne auch nur die leisesten Bedenken zu zeigen.

An diesem Punkt – also bei den Kochkünsten, nicht bei der Skrupellosigkeit – hat er dann mich mit ins Boot geholt. Und ein Rezept, das wir aus dem Internet ausdrucken. Und Wilma, die bei unserem Kochmanöver dafür zuständig ist, zu Boden gefallene Nahrungsmittel sofort zu verwerten. Auch Zwiebelschalen und Pfefferkörner, da macht sie keinen Unterschied. Und als wir schließlich die lecker duftende Schweineschulter aus dem Backofen hieven, erleidet sie fast einen Herzanfall vor Gier.

»Wie kann man Bier nur für eine Soße verschwenden!«

Ich kann es Bastians Augen ansehen: Er versteht die Welt nicht mehr, als ich eine Flasche Ganter öffne und gemeinsam mit klarer Brühe in die Gratinform gieße, in der der Schweinebraten schmurgelt.

»Du hast selbst gesagt, es müsse unbedingt Schweinekrustenbraten mit Biersoße sein!«, verteidige ich mich.

»Einfach Schweinekrustenbraten. Von Biersoße war nie die Rede.«

»Aha. Na, dann hat's halt das Rezept so bestimmt«, sage ich, zucke mit den Schultern und setze die Flasche an. Immerhin fordert der Braten nur einen Viertelliter – das andere Viertel ist für mich.

Das Resultat am Ende unserer Kocherei verwundert selbst mich. Es sieht lecker aus und duftet durchaus ansprechend.

»Hmm, ich freue mich schon«, sagt Bastian und schnalzt mit der Zunge.

»Ich glaube kaum, dass du viel davon wirst essen können«, hole ich ihn auf den Boden der Tatsachen zurück. »Schließlich wolltest du den Schweinekrustenbraten mit K.-o.-Tropfen versetzen, um der Alten die Wohnung in Ruhe ausräumen zu können. Und wenn sie sich nicht zufällig aufs Klo begibt, wird diese Aktion schwerlich unbeobachtet bleiben.«

Ich sehe Bastians Augen an, dass er sich dieses Denkfehlers in seinem Plan erst jetzt bewusst wird. »Scheiße«, zischt er durch die Zähne. Und in diesem Moment wird mir bewusst, dass der Plan wirklich nicht sonderlich ausgeklügelt ist. Die Dame würde wohl Verdacht schöpfen, wenn sie als Einzige von dem Braten essen würde, während Bastian sich mit Zuschauen und Zwiebackknabbern begnügt.

»Tellerservice?«, sucht Bastian nach einer Lösung.

»Du willst allen Ernstes mit zwei Tellern, gefüllt mit Schweinekrustenbraten, durch Freiburg laufen und bei der Alten klingeln?«

Da erhellt sich sein Gesicht: »Klar, klingeln ist das Stichwort! Wenn ich drüben bin, rufst du sie an, dann ist sie kurz abgelenkt, und ich kann den Braten manipulieren.«

Vor lauter Diskussion über den Plan, wann und wie die K.-o.-Tropfen mit dem Schweinekrustenbraten Freundschaft schließen sollen, haben wir einen großen Fehler begangen. Einen riesigen, gigantischen Fehler: Wir haben vergessen, Wilma zu beaufsichtigen. Denn als wir uns wieder dem Braten zuwenden, ist dieser verschwunden und erst jetzt hören wir das unverkennbare Schmatzen, das unter dem Küchentisch hervortönt.

Dass Wilma sich auch an heißen Speisen nie ihre Lefzen zu verbrennen scheint, erstaunt mich immer wieder.

Bastian schreit auf, als hätte ihm jemand ans Schienbein getreten und ergreift ein Küchenmesser. Doch bevor er meinem armen Tierchen auf den Pelz rücken kann, befördere ich das Messer mit einem gekonnten Handkantenschlag aus seiner Faust. »Bist du von allen guten Geistern verlassen?«

»Dein Mistvieh hat den Braten gefressen!«

Ich baue mich vor ihm auf und entgegne mit donnernder Stimme: »Wilma ist kein Mistvieh!« Dann muss ich, obwohl es eigentlich überhaupt keinen Grund dazu gibt, laut loslachen.

Bastian hat nicht mitgelacht. Hinter einem geparkten Auto hervor beäuge ich ihn, wie er wenig später zwei Straßen weiter auf das Reihen-Einfamilienhaus der alten Frau zusteuert. Sein Schritt wirkt so schleppend, als sei er mit Ketten an den Füßen auf dem Weg zum Schafott. Nun muss er sich, in Ermangelung eines Schweinekrustenbratens, wieder abmelden und seine geplante Hausräumung auf ein unbekanntes Datum verschieben.

Als er an der Tür steht, tut er mir fast leid. Von meiner Beobachtungsposition aus sehe ich, wie er klingelt. Unauffällig schlendere ich gemeinsam mit Wilma die Straße hinunter.

Die Tür öffnet sich nicht. Bastian klingelt nochmals und nochmals.

»Frau Hölzle ist nicht da. Sie ist spazieren gegangen«, schnarrt es plötzlich aus dem Nachbarhaus. »Was suchen Sie hier?«

»Frau Hölzle natürlich. Ich wollte einen Schweinebraten bringen, ursprünglich«, sagt Bastian zu der älteren Dame, die ihr Fenster wortlos wieder schließt.

»Unfreundliche Zicke«, murmelt Bastian – wobei das Wort Murmeln etwas untertrieben ist, da ich es auch gut 30 Meter von ihm entfernt verstehen kann.

Bastian bleibt vor der Tür stehen, flucht vor sich hin, rüttelt schließlich an der Klinke und kontrolliert das kleine Fenster neben der Tür, das auf Kipp steht.

Kochen kann Bastian zwar nicht. Aber die Geschicklichkeit, mit der er das Fenster innert Sekunden öffnet, beeindruckt mich. Will mein Bruder nun allen Ernstes einbrechen, am heiterhellen Tag?

Als Bastians Oberkörper bereits im Innern des Hauses verschwunden ist und sein schlankes, in eine ausgewaschene Jeans verpacktes Hinterteil aus der Fensteröffnung blitzt, fährt ein Streifenwagen vor. Es gibt Zufälle, die kommen wirklich äußerst ungelegen. Die Ausrede mit dem Schweinebraten kann Bastian jetzt jedenfalls nicht mehr bringen. Gar nicht günstig, die Sache. Ich nehme Wilma straff an die Leine und schaue zu, dass ich mich unauffällig verkrümeln kann.

Tja. Nun hat sich also der Reichtum schon wieder nicht eingestellt, trotz Schweineschulter mit Kruste. Und einmal ist Wilma sogar ziemlich unschuldig am Misserfolg. Für einmal hat mein Hund eine weiße Weste. Na ja: fast weiß. Ein paar Biersoßenspritzer sind da schon drauf.

Ich würde sagen, ich warte mal bis morgen. Falls Bastian dann immer noch bei der Polizei ist, fahr ich zurück nach Hause. Aber irgendwann, sag ich euch, irgendwann habe ich Erfolg. Dann lande ich den ultimativen Coup, der mich reich macht und schön und mir die schnellen Autos und die hübschen Frauen nur so vor die Füße spült.

Bis dahin bleibt mir einzig Wilma. Und das ist allemal besser als nichts.

* *Wilma ist Stammgast in Barbara Saladins badischen Kurzkrimis in Anne Grießers Anthologien beim Wellhöfer Verlag. Lesen Sie Wilmas vorherige Abenteuer in »Die lange Tote vom Münsterplatz« (2010), »Burgunderleichen (2011), »Breisgauner« (2013) und »Breisschauer« (2014).*

Schweinekrustenbraten in Biersoße

Zutaten:
1 kg Schweineschulter (mit Schwarte)
Salz, Pfeffer
1 TL Wacholderbeeren
1 TL Majoran
2 Knoblauchzehen
Butterschmalz
1 Zwiebel
1 Stück Knollensellerie
2 Karotten
2 große Fleischtomaten
1/4 l Bier
1/4 l klare Brühe
je ein Zweig Basilikum und Rosmarin
Speisestärke zum Binden
Cherrytomaten zum Garnieren

Zubereitung:
Das Fleisch waschen, trocken tupfen und karoartig einschneiden.
Pfefferkörner, Wacholderbeeren und Majoran im Mörser zerreiben, den Knoblauch pressen, Salz beigeben und das Fleisch mit allem einreiben.
Die Schweineschulter im Butterschmalz anbraten.
Ofen auf 200° vorheizen, Schweineschulter 60-70 Minuten braten.
Zwiebel, Sellerie und Karotten schälen, in Würfel schneiden und nach 20-30 Minuten dazugeben.
Tomaten in Würfel schneiden, gemeinsam mit Bier und Brühe zum Gemüse geben. Kräuterzweige beifügen und alles fertig garen.

Krustenbraten aus der Sauce nehmen und warm stellen, Kräuterzweige ebenfalls rausnehmen.

Sauce pürieren, wieder erhitzen, abschmecken und mit der angerührten Speisestärke leicht binden.

Anrichten, mit den Tomatenhälften garnieren und servieren.

RENATE KLÖPPEL

Bibiliskäs mit Brägele

»Nur einen Katzensprung von Freiburg entfernt liegt in unvergleichlich schöner Lage unser traditionsreicher Schwarzwaldhof, Ihr individueller Ort für Erholung, für Genuss, für Rückzug und für Wohlfühl-Erlebnisse der besonderen Art. Hier atmen Sie die berühmte Schwarzwaldluft, während Ihr Blick weit über die dunkelgrünen Anhöhen bis hin zu den Vogesen schweift. Gleich neben dem Hof, eingebettet in eine sanft absteigende Blumenwiese, befindet sich unser moderner Wellnessbereich. Fernab vom grauen Alltag genießen Sie hier ungewohnte Streicheleinheiten für die Seele.«

Er leckte sich über die Lippen, als erwarte ihn eine schmackhafte Speise. Das Wellnesshotel sah er schon vor sich, wo jetzt nichts war als ein alter Hof mit einem undichten Schieferdach. Nur über die mit Holzschindeln gedeckte Kapelle neben dem Haus hatte er noch nicht entschieden. Eine Bar einrichten und Hochprozentiges ausschenken? Himbeergeist statt Heiliger Geist? Er verwarf den Gedanken wieder. Er brauchte keine neuen Feinde, und wenn es nur der Pfarrer war.

Eher würde sie ihn umbringen, als ihm den Hof zu überlassen, hatte die Alte gewarnt, die dort hauste. Lächerlich, diese Drohungen. Es war schließlich nicht seine Schuld, dass der Hof zwangsversteigert werden musste. Und es war nicht seine Schuld, dass er als einziger Bieter das verlotterte Anwesen für schlappe 79.000 Euro bekommen hatte. Die Landwirtschaft hatte die Bäuerin schon aufgegeben, als ihr Mann noch lebte. Jetzt hockte sie hier allein in der Einöde und weigerte sich, in eine Mietwohnung oder ins Altersheim zu ziehen.

Angst war nicht seine Sache, aber ihm war nicht wohl bei dem Gedanken, dass die Alte nichts mehr zu verlieren hatte als den Hof. »Wenn ich hier weg muss, kann ich auch gleich ins Gefängnis gehen«, hatte sie gesagt. Ein anderes Mal hatte sie gedroht, den Hof anzuzünden.

Sollte sie doch. Das denkmalgeschützte Gelump würde er ohnehin am liebsten abreißen und im alten Stil wieder aufbauen – mit neuem Innenleben. Die Wellnesstouristen würden das gar nicht merken, Hauptsache, die Balken waren dunkel und sahen verwittert aus.

Merkwürdig, dass es die Alte plötzlich ganz eilig mit dem Kaufvertrag hatte. Sie hatte sogar selbst den Notar bestellt, der in einem Oldtimer und mit einer streng blickenden Angestellten von Freiburg heraufgefahren war. Jetzt war der Vertrag unterschrieben und alles war besiegelt. Doch die Alte wollte ihn nicht gehen lassen, als der Notar wieder fort war. Sie bestand darauf, ihn zum Essen einzuladen. Bibiliskäs, so wie man ihn früher zubereitete, und Brägele sollte es geben. Er ahnte, warum er mit ihr essen sollte, ja, er war sich sogar sicher. In ihrem Alter konnte man auf Zeit spielen. Wenn sie ihn ausschaltete, konnte es Jahre dauern, bis der nächste Käufer anrückte. So lange konnte sie hier wohnen – wenn sie nicht im Gefängnis saß. Trotzdem war er geblieben. Wer nicht wagt, der nicht gewinnt, war schon immer sein Motto gewesen. Er würde wachsam sein und vielleicht, wenn sie wirklich versuchen würde, ihm Schaden zuzufügen, würde er um den Kaufpreis herumkommen.

Vorgestern war sie mit ihrer alten Milchkanne rübergelaufen zum Tannenhof, weil sie doch selbst schon lange kein Vieh mehr besaß, und hatte frische Milch geholt. Eine ganze Stunde hatte sie gebraucht, bis sie wieder zurück war, kein Wunder bei ihren 83 Jahren. Die Milch aus der Tüte taugte ja nicht für Dickmilch, dieses ultrahocherhitzte Zeug, oder was sie sonst in den Molkereien noch damit anstellten. Die Milch hatte sie für einen Tag in einer Schale auf dem Küchenschrank stehen lassen, mit einem Teller darüber, dass die Fliegen nicht drankonnten. So machte sie das schon seit fünfundsechzig Jahren. Der Käsenapf mit den Löchern war auch noch von damals. Da kam die Dickmilch für einen Tag zum Abtropfen rein.

Der fette Sack aus Stuttgart war nicht begeistert gewesen, als sie ihn zum Essen einlud, aber er war dann doch geblieben. Heute war ein Tag zum Feiern, da wollte sie nicht allein sein. Jetzt stand er neben ihr und ließ sie nicht aus den Augen, als sie die feste Masse aus dem Napf auf einen Teller stürzte. Sollte er so viel gaffen, wie er wollte. Sie ließ sich nicht aus der Ruhe bringen, schnitt den Napfkäse in Scheiben, verteilte ihn auf zwei Teller und streute Salz und Pfeffer darüber. Sie spürte seine argwöhnischen Blicke, als sie den Bärlauch hackte, den ihre Tochter im Tal gepflückt hatte.

»Butterschmalz muss man nehmen«, sagte sie, als sie die schwere Eisenpfanne auf die Kochplatte wuchtete, dann schnipselte sie die gekochten Kartoffeln hinein. »Mit oder ohne Zwiebeln, das ist egal.« Sie drückte dem Dicken den Pfannenwender in die Hand.

»Passen Sie auf, dass die Kartoffeln nicht anbrennen«, sagte sie und ging zum Küchentisch. Dort tat sie ordentlich etwas von dem Bärlauch über den Bibiliskäs.

»Gut haben Sie das gemacht«, stellte sie fest, als sie zum Herd zurückkam, und legte den Deckel auf die Pfanne.

Ein Lob aus ihrem Mund war selten. Ihr Josef hatte in den letzten Jahren keines mehr zu hören bekommen, aber heute hatte sie so gute Laune, dass sie sogar ein Liedchen vor sich hin summte.

Er hatte es doch gewusst. Natürlich hatte er die Bratkartoffeln umrühren müssen, damit sie unbehelligt mit den

Kräutern zugange sein konnte. Bärlauch sollte das sein, aber er hatte sofort gesehen, dass nicht alle Blätter gleich aussahen. Herbstzeitlose war dabei, giftiges Zeug, durch das schon etliche Menschen gestorben waren.

Er sah der Alten zu, wie sie die Teller zum Herd trug. Dort schaufelte sie auf jeden eine ordentliche Portion von den goldgelben Bratkartoffeln, brachte sie wieder zum Tisch zurück.

»Der Stuhl mit dem Kissen ist mein Platz«, stellte sie fest, als er sich eben dort setzen wollte. Natürlich. Es war nicht egal, von welchem Teller er essen würde. Jetzt musste er sich etwas einfallen lassen.

Er spießte eins von den knusprigen Brägele auf die Gabel. »Hätte nicht gedacht, dass die Bratkartoffeln so knusprig werden, wenn man den Deckel auf die Pfanne tut.«

»Der Deckel muss drauf«, stellte die Alte nun im gleichen bestimmten Ton fest, mit dem sie ihm eben den Platz zugewiesen hatte.

Er piekste in die nächste Kartoffelscheibe. »Einen Most dazu, wäre das Tüpfelchen auf dem i«, stellte er fest.

»Einen Apfelmost?«

»Wäre großartig.«

Als sie davonschlurfte, um den Most zu holen, tauschte er die Teller aus, schob rasch auch noch die Kartoffeln zusammen, dass sie so lagen wie auf ihrem Teller. Sie kam mit einem großen Steingutkrug zurück, nahm zwei große Gläser aus dem Küchenschrank, stellte sie nebeneinander und goss reichlich ein. Sie ließ ihm die Wahl, welches Glas er nehmen wollte, was er sehr wohl bemerkte. Dann stießen sie an wie alte Freunde. Die Alte leerte ihr Glas zur Hälfte, dann stürzte sie sich auf den Bibliskäs und die Brägele, als habe sie seit Tagen nicht mehr genug zu essen bekommen. Kaum, dass beide Teller leer waren, stand die Alte auf, holte eine Literflasche ohne Etikett, stellte zwei kunstvoll geschliffene Schnaps-gläser dazu, schenkte ein.

»Der beste Obstler, den es im Schwarzwald gibt«, sagte sie und schob ihm ein Glas hin.

»Auf den Hof.« Sie leerte ihr Glas mit einem Zug.

Er tat es ihr nach. Das Zeug brannte höllisch.

Den angebotenen Kaffee lehnte er ab. Er hatte keine Ahnung, wie schnell das Gift der Herbstzeitlosen wirken würde. Den Anblick einer Sterbenden wollte er sich ersparen. Außerdem hatte er das Schicksal schon genug herausgefordert.

Offensichtlich in bester Laune und mit leicht geröteten Wangen begleitete ihn die Alte zur Tür. Sie war so beschwingt, dass sie sogar ein paar Tanzschritte versuchte, wozu Most und Obstler beigetragen haben mochten. Beim Abschied klopfte sie ihm auf die Schulter, wohlwollend und ein bisschen herablassend, und wünschte ihm viel Glück.

Natürlich war die Alte zufrieden, dachte er, als er ins Auto stieg. Ihre Freude war ja geradezu ein Beweis, dass sie ihn hatte umbringen wollen. Sie hatte wohl nicht erwartet, dass ein Stuttgarter Herbstzeitlose von einem Gänseblümchen unterscheiden konnte. Gut, dass er zum Essen geblieben war. Das Giftzeug auf ihrem Teller war das Beste, was ihm hatte passieren können. Die betagte Dame war ohnehin in dem Alter, in dem ein plötzlicher Tod nicht ungewöhnlich war. Wahrscheinlich gab es keine Erben, die sich um den Eingang des Geldes kümmern würden. Die hätten den Hof nicht so verkommen lassen.

Die Alte spürte einen leichten Schwindel, als der Stuttgarter in seinem schwarzen Daimler davongerollt war. Ein Most und ein Obstler waren wohl doch zu viel für sie gewesen. Sie würde sich eine Weile ins Bett legen, ehe sie den Tisch abräumte. Hauptsache, der Kaufvertrag war unterschrieben. Es wurde allerhöchste Zeit. Nächste Woche wäre es zu spät gewesen. Dann wären die ersten der 600 Sauen in die Mastanlage eingezogen, mit der die junge Generation drüben auf dem Hof das große Geld verdienen wollte. 9000 Ferkel in jedem Jahr wollten sie aufziehen. Den Gestank hätte sogar der dicke Stuttgarter sofort bemerkt. Es war eine Riesensauerei, dass niemand den Mastbetrieb mitten im Schwarzwald hatte verhindern können. Zwanzig neue Arbeitsplätze würde er schaffen, hatte der Jungbauer getönt und damit den Gemeinderat und den Bürgermeister überzeugt. Außerdem müsse Schwarzwälder Schinken endlich von Schweinen aus dem Schwarzwald stammen und nicht von welchen, die aus Dänemark oder Holland rangekarrt wurden. Mit Eicheln aus dem Schwarzwald wolle er die Tiere füttern, hatte er behauptet, Schinken aus Eichelmast sei unübertrefflich, und die Gülle von mit Eicheln gemästeten Schweinen würde nicht stinken. – Alles Lüge. Weit und breit gab es nur vier Eichen, davon würden die Schweine nicht fett werden. Auch die zwanzig Arbeitsplätze waren gelogen. Das Füttern würde vollautomatisch vonstattengehen und auf Stroh, das man ausmisten musste, sollten die armen Tiere sowieso verzichten.

Bislang hatte sie sich dagegen gesträubt, hier oben wegzuziehen. Auf diesem Hof hatte sie gelebt, seit sie vor fünfundsechzig Jahren ihren Josef geheiratet hatte, hier wollte sie sterben. Das hatte sie jedenfalls gedacht, als sie noch nichts von den Schweinen wusste. Bei Westwind würde es hier stinken wie im Gülletank, und der Wind kam meistens aus dieser Richtung. Außerdem brauchte ihre Tochter dringend Geld, um das Dach ihres Häuschens in Buchenbach neu zu decken. Zu ihr würde sie ziehen, sobald dort die Handwerker fertig waren.

Jetzt stank es wirklich. Es war eine widerliche Wolke, die wie Ausdünstungen direkt aus der Hölle von der Mastanlage herüberzog. Dabei sollten es einmal dreimal so viele Schweine werden wie jetzt. Heute war ihre Tochter gekommen und hatte ihr geholfen, Hab und Gut in Kisten zu packen. Am Wochenende würde der Schwiegersohn kommen und alles, auch die Möbel, mit seinem großen Lieferwagen abholen. Schlafen konnte sie schon seit Tagen nicht mehr vor lauter Gestank und aus Kummer, der sich nun wieder eingestellt hatte, wo ihre Tage hier oben gezählt waren. Jede Nacht stand sie auf, auch in dieser, lief hierhin und dorthin, ging manchmal sogar nach draußen, wo der fast volle Mond am Himmel stand. Der kümmerte sich nicht um den Gestank.

Sie war gerade wieder in ihr knarzendes Bett gekrochen, als sie die Sirenen der freiwilligen Feuerwehr hörte. Bald darauf heulten die Martinshörner des in die Jahre gekommenen Löschzugs vom Spritzenhaus kommend den Berg herauf und das Flackern des Blaulichts leuchtete bis in ihr Schlafzimmer. Die Alte erhob sich und trat ans Fenster. Die Mastanlage stand in hellen Flammen. Mindestens an drei Stellen loderte das Feuer in den dunklen Himmel und das angstvolle Quieken der Schweine drang bis zu ihren Ohren. Eine Weile sah sie dem Treiben der Feuerwehrleute zu, die als dunkle Schatten vor dem brennenden Gebäude hin und her eilten. Dann ging sie wieder zu Bett, durchaus zufrieden mit dem, was dort drüben geschah. Als sie am Morgen wieder hinübersah, standen von der Mastanlage nur noch die rußgeschwärzten Mauern. Das Dach fehlte und vom Futtersilo war nur ein Gerippe stehen geblieben. So bald würde es nichts mit reichlich Schwarzwälder Schinken von Schwarzwälder Schweinen werden.

Am Abend schaltete sie den Fernseher ein. *Baden-Württemberg aktuell* sendete gleich als ersten Beitrag einen Bericht über den Brand. Ein Schaden in Millionenhöhe war entstanden, etliche Schweine waren im Feuer umgekommen, außerdem war das angrenzende Wohnhaus unbewohnbar geworden. Ein Tatverdächtiger war festgenommen worden. Anwohner hatten das Kennzeichen eines Stuttgarter Mercedes notiert, der kurz vor dem Brand bei dem Hof gesehen worden war. Als der Fahrer des Wagens bei seiner Wohnung in Stuttgart eintraf, wartete schon die Polizei auf ihn. Im Kofferraum seines Wagens wurden mehrere leere Kanister entdeckt, in denen er offenbar Brandbeschleuniger transportiert hatte.

Die Alte packte die Kisten wieder aus. Hier würde alles bleiben wie es war. Kein Wellnesshotel und keine Schweinemastanlage. Sie sollte den Dicken im Gefängnis besuchen, dachte sie, und sich bei ihm bedanken.

Bibiliskäs

Zutaten:

1 l Rohmilch vom Bauern oder Vorzugsmilch vom Natur-
kostladen oder 500 g Magerquark
1 Becher Schlagsahne oder Schmand
Salz, Pfeffer
Schnittlauch (oder Bärlauch) zum Verfeinern

Zubereitung:

Die frische, unbehandelte Rohmilch bei Zimmertempera-
tur in einer flachen Schale stehen lassen, bis sie zu Dick-
milch geronnen ist.
Die Dickmilch in einem sogenannten Käsenapf (eine
Form mit vielen Löchern) oder in einem Salatsieb einen
Tag lang abtropfen lassen. Anschließend auf einen Tel-
ler stürzen und mit Salz und frisch gemahlenem Pfeffer
bestreuen. Diesen Napfkäse in Scheiben schneiden oder
mit dem Schneebesen und Sahne zu einer glatten Masse
verrühren.

Wer sich diese Mühe nicht machen will, verrührt Quark
mit Sahne (oder Milch) zu einer homogenen Masse.

Brägele

Zutaten:

500 g Pellkartoffeln aus festkochenden Kartoffeln (möglichst vom Vortag)
nach Belieben 1 Zwiebel
nach Belieben Speck- oder Schinkenwürfel
Butterschmalz
Pfeffer, Salz

Zubereitung:

Die Kartoffeln pellen und in nicht zu feine Scheiben schneiden, die Zwiebel würfeln.

Das Butterschmalz bei mittlerer Hitze in einer Pfanne erhitzen, die Kartoffeln mit den Zwiebeln zufügen, pfeffern, salzen und die Schinkenwürfel drüberstreuen. Nun die Brägele goldbraun braten, anschließend mit Salz und Pfeffer würzen.

Alternativ zuerst die Zwiebelwürfel im Butterschmalz glasig dünsten, in eine kleine Schale umfüllen und beiseite stellen, bis die Kartoffeln gebraten sind.

An der Frage des Deckels scheiden sich die Geister. Man kann die Brägele ohne Deckel zubereiten, viele Schwarzwälder schwören jedoch darauf, dass sie am besten gelingen, wenn sie nach dem Anbraten zugedeckt werden.

Zu viel Schäufele

Irina mochte Staufen. Die Berge des Schwarzwalds, die klare Luft, die freundlichen Menschen und vor allem die Sprache, die alles auf der Welt zu verkleinern und zu verharmlosen schien. Sie hätte es wahrlich schlechter treffen können, als sie sich um eine Wohnung bemüht und in Staufen gleich am Etzenbach eine wunderbare Alternative zu ihrem bisherigen Zuhause in Köln gefunden hatte. Ihr Mann Friedo war beruflich häufig in der Schweiz und in Süddeutschland unterwegs und von hier aus waren seine geschäftlichen Ziele erheblich besser zu erreichen. Arbeiten konnte Irina in einem Café.

Wenn Irina nachts das Fenster öffnete, hörte sie das Plätschern des Baches und wieder das Rauschen der vorbeifahrenden Autos, die auf der stark befahrenen Straße durch den Ort rollten. Da sie aber das Großstadtleben gewohnt war, störte sie das nicht.

Dennoch stellte sich die wahre Zufriedenheit nicht ein. Irina war einsam. Dieses Gefühl spürte sie allerdings nicht nur, wenn Friedo auf Dienstreisen war. Es war allgegenwärtig. Ihr Mann war ein zurückhaltender und verschlossener Mensch. Damit konnte Irina leben, weil sie ihn liebte. Viel größere Schwierigkeiten bereitete es ihr, dass Friedo körperliche Nähe als lästige Pflicht sah. Er war wahrlich nicht der Erfinder von Sex, um es gelinde auszudrücken. Eher glich er einem Pennäler, dem man das kurze Wort mit den drei Buchstaben erst erklären musste.

So lag Irina Nacht für Nacht da, drehte sich im Kreis mit ihren Gedanken und ihrer eigenen Lust. Nachdem Friedo sie auch in der letzten Woche wieder überhaupt nicht angerührt hatte, obwohl ihre Avancen eindeutiger nicht hätten sein können, fasste sie nun, wo er in den Schweizer Bergen weilte, einen folgenschweren Entschluss.

»Ich muss etwas unternehmen«, flüsterte sie. Immer wieder, ein wenig musste sie sich noch selbst überzeugen. Aber dieses Selbst sollte kein Dildo, kein eigenhändiger Spaß sein. Irina sehnte sich nach anderer Haut, nach einem männlichen Duft, einer dunklen Stimme und kräftigen Armen. Irina wollte einen Mann. Eine unverbindliche Affäre, die ihr Defizit ausfüllte und zugleich ihre Ehe nicht gefährdete, denn Friedo zu verlassen, kam für sie nicht in Frage. Sie liebte ihn. Sex war schließlich nicht alles.

Irina musste also einen Mann finden, der ihr körperliche Wonnen versprach, aber gleichzeitig keine Ansprüche an sie stellte. Davon gab es zuhauf, ein wenig Abwechslung tat den meisten Beziehungen gut, hatte sie in einem Online-Portal gelesen. Ihr Hauptproblem bestand allerdings darin, dass sie nicht so aussah, wie sich ein Mann eine attraktive Frau mit russischem Vornamen vorstellte. Sie trug erheblich mehr als ein bisschen Speck auf der Hüfte, sie aß zu gern und das sah man.

»Es gibt schließlich auch füllige Männer«, machte sich Irina selbst Mut. »Und mit dem richtigen Gericht müsste sich doch der passende Mann finden lassen. Ein Kerl, der mich ab und zu verwöhnt. Ein Typ, der Speck nicht nur auf dem Teller liebt.«

Bevor sich Irina also auf Männersuche begab, wollte sie zunächst einen passenden Schmaus aussuchen, mit dem sie den Mann ihrer Wahl davon überzeugen konnte, dass es sich lohnte, auch das Dessert noch einzunehmen. In Form ihres Körpers, der einiges zu bieten hatte, wenn man denn füllige Formen liebte.

»Ich werde was echt Badisches kochen«, beschloss Irina. »Liebe geht immer durch den Magen.« Sie suchte im Internet nach einem Rezept und wurde rasch fündig. Badische Schäufele. Das mochten die Kerle hier ganz bestimmt. Magere, geräucherte Schweineschulter mit Kartoffelsalat. Das musste doch das Herz eines jeden Badeners erfreuen, selbst wenn es von einer Außerbadischen kredenzt wurde. Kochen war Irinas Leidenschaft und die sprengte sämtliche Grenzen. Da war es egal, ob sie Russisch, Spanisch oder eben Badisch kochte.

Auf jeden Fall wollte Irina einen Einheimischen für die Verlockungen an ihrer Seite wissen, denn ihr gefiel, was sich an männlichen Wesen vor Ort so anbot: bodenständig, häufig von kräftiger Statur und mit gutem Appetit. Sie mochte keinen Hungerhaken, dem sie ständig etwas vorkauen musste. Außerdem war es einfacher, sich mit einem Mann aus der Region zu treffen, als dafür durch die halbe Republik zu reisen. Es war schon enorm, an was man zu denken hatte, wenn man sich nur eine kleine Affäre wünschte. Aber mit klaren Vorstellungen war es doch erheblich leichter, sich der Sache zu nähern. Irina war keine Frau, die planlos vorging und etwas dem Zufall überließ.

Nur leider waren alle Männer in ihrem Umfeld, die in ihr Beuteschema passten, auf den ersten Blick nicht die Typen, die sich a) in eine kurze Liebschaft stürzen wollten oder die b) auf Frauen mit Rundungen standen. Außerdem würde eine Beziehung mit einem Bekannten zu unnötigen Komplikationen führen. Allein die Vorstellung, sie würde ihrem Lover auf einer Nachbarschaftsfeier begegnen! Unvorstellbar! Es half nichts, Irina musste andere Wege beschreiten, damit sie den Mann für gewisse Stunden fand.

Zuerst wälzte sie die Tageszeitung. Kontaktanzeigen gab es im Anzeigenteil zuhauf. Sie verwarf die Idee aber bald wieder. Diese Männer suchten nach Liebe, nach einer Partnerschaft und daran war sie nicht interessiert. Solche Typen würden ihre Beziehung gefährden, sich nicht trollen, wenn ihr Mann da war und sie hintenanstehen mussten.

Gefährlich war ihre Mission so oder so. Denn im Prinzip tickten alle Kerle gleich: Sie wollten immer, wirklich immer, die erste Geige spielen, die Besten sein. Hauptsache, sie galten mehr als der Rivale. Da waren sie noch arg in der Evolution steckengeblieben. Sie musste sich in Acht nehmen, bei ihrer Suche nicht an einen Mann zu geraten, der neben diesem Wettkampf ein Lebensabonnement bei ihr suchte. Solch ein Kerl kam unter gar keinen Umständen infrage. Andere Annoncen waren Irina einfach zu plump. Ein wenig Stil schadete schließlich nicht.

Irina klickte sich durchs Netz, es erschien ihr grundlegend besser, sich auf einem Online-Portal anzumelden. Und siehe da: Es gab sogar eins, das nur echte Badener vermittelte. »Die Baden-Lover-Hotline«. Welch Glücksgriff!

Dort stach ihr eine Anzeige sofort ins Auge.

Suche füllige Frau mit Herz und einem Händchen zum Kochen.

Das klang gut. Sie hatte vor einiger Zeit schon einmal testweise auf ein Posting bei Facebook reagiert, wo es hieß: *Mit einem Händchen für den Kochlöffel*, doch der Mann war von *Shades of Grey* beeinflusst und suchte etwas anderes als Irinas Kochkünste. Man musste durchaus auf die Feinheiten achten, wenn man sich auf die Suche nach einem Mann für schöne Stunden machte. Das hatte sie rasch begriffen. Dieses Profil aber entsprach genau ihren Vorstellungen. Sie hoffte, die eingestellten Fotos des Mannes verleugneten nicht die aktuellen Tatsachen.

Sie verabredeten sich im *Gasthaus Zum Löwen.* Irina fand das stilecht. Das Gasthaus wurde auch *Fauststube* genannt, lag in der Rathausgasse und bestach durch ein fantastisches historisches Ambiente und eine exklusive Küche. Das rosafarbige Gemäuer strahlte schon von außen so viel Gemütlichkeit aus, dass Irina glaubte, damit den passenden Ort für ein erstes Treffen gefunden zu ha-

ben. Es war ein warmer Tag, sie würden auf den Korb-
sesseln auf der Sonnenterrasse sitzen können und die Altstadt Staufens auf sich wirken lassen, während sie ihren
Kaffee tranken und vielleicht ein Stück Kuchen aßen.

Hubert Seitenbichler war ein Mann mit Statur, um die
fünfzig Jahre alt, hatte leicht schütteres Haar und einen
Bauchumfang von einem halben Bierfass. Dennoch glänzte er mit einem überaus gepflegten Äußeren. Er ließ sich
schnaufend auf den Stuhl fallen. »Was für ein Wetterchen,
was? Da hätte man von der Burgruine aus einen tollen
Blick über das Land!« Er grinste. »Wenn es dort hinauf
nur nicht so steil wäre. Das ist nichts mehr für unsereins.«

Irina nickte und taxierte ihr Gegenüber mit klopfendem Herzen. Er entsprach durchaus ihren Vorstellungen,
er war der Mann, der ihr das geben sollte, was Friedo
einfach nicht schaffte. Sie war doch erst 40 geworden
und konnte unmöglich leben wie eine alte Jungfer. Hubert war ihr Prinz für die verborgenen Stunden. Es gab
schließlich auch die kräftigere Sorte, die beschrieb man
nur in den Märchen nie. Wobei die Könige später immer,
wirklich immer, einen dicken Bauch hatten. So gesehen
wartete sie eigentlich gar nicht auf den Prinzen, sondern
genaugenommen auf den König. Klang ohnehin besser.
»Ich treffe den König von Staufen.«

Hubert Seitenbichler bestellte auf Nachfrage bei Irina
zwei Kaffee und zwei Stücke Torte. Währenddessen wanderte ihr Blick zu seinem rechten Ringfinger. Kein Ring,
kein weißer Rand, kein Abdruck. Der Mann wirkte clean
von einer Angetrauten, was die Sache gegebenenfalls ver-
komplizieren würde, da musste sie nachhaken. Vielleicht
trug er auch nie einen Ring.

Zunächst lief alles gut an. Hubert hatte sogar einen
kleinen Strauß rosa Moosröschen mit Schleierkraut mitgebracht, die er mit seinen speckigen Fingern vor Irina
auf dem Tisch ablegte. Klassisch, aber passend. Er nahm

ihre Hand, drückte ihr einen Kuss auf den Handrücken. Hubert schien von ihrer Leibesfülle tatsächlich angetan. »Ich mag keine tapezierten Knochen«, lächelte er und strich sich über den feisten Bauch. »Ich esse gern, ich trinke gern mein Weizen oder einen Schoppen und ich brauche keine Frau, die mir das ständig ausreden will.«

Den letzten Satz überhörte Irina lieber. Eine Frau, die ihm das ausreden wollte, klang nach einer Frau an seiner Seite. Und das war ihr eigentlich eine Spur zu viel. Aber mit ihren Schäufele lag sie genau richtig und auch mit dem Plan, Hubert zum Essen einzuladen. Dann würde man weitersehen und die »Wir-bleiben-zusammen-Nummer« würde sie ihm schon verleiden. Während des zweiten Kaffees und einem kleinen Obstbrand von *Schladerer* wagte sie den Vorstoß, ihm ihre Einladung zum Schäufele auszusprechen. Hubert war entzückt. »Ich liebe Schäufele. Und ich freue mich, Sie wiederzusehen!«

Nach dem dritten Obstbrand waren sie dann auch per Du.

Hubert wollte schon am nächsten Tag kommen. Er war zwar nicht der König von Staufen, wohl aber der von Münstertal, dem Ort ein paar Kilometer weiter. Irina hatte viel zu tun. Früh am Morgen eilte sie zur Metzgerei und kaufte geräucherte Schweineschulter ein. Sie entschied sich als Beilage für den Kartoffelsalat, den sie mit einer wunderbaren Essig-Ölmarinade zubereiten wollte. Hubert würde begeistert sein. Irina plante, als Wein einen trockenen Weißburgunder vom Kaiserstuhl, auf Vulkanfelsen gereift, zu kredenzen. Wein fand sie intimer als wild schäumendes Weizenbier, das den Bauch unnötig füllte und unter Umständen dem Schäufele nicht genügend Raum gab.

Dann galt es, sich entsprechend zu kleiden. Nicht zu aufreizend, aber schon so, dass Hubert sich an ihr erfreuen konnte. Zum ersten Date hatte sie sich für ein dezentes Sommerkleid entschieden, das die Hüften sacht umspielte, aber durchaus ihr üppiges Dekolleté zeigte. Heute aber musste sie ein Versprechen sein. Eine Fatima, die ihm nicht mehr aus dem Kopf ging.

Irina durchforstete ihren Schrank. Sie zerrte erst ein geblümtes Kleid mit entzückenden bunten Streublumen heraus, dann das kleine Schwarze, um beides frustriert wieder zurückzuhängen. Das Schwarze unterstrich ihren blassen Teint, im Geblümten wirkte sie wie eine aufgepustete Blumenwiese. Also doch eher klassisch? Knielanger Rock, Perlonstrumpfhose und grüne Bluse? Irina konnte sich nicht entscheiden und ging zunächst in die Küche. Beim Kochen würde sie die Inspiration erlangen. Das war immer so.

Während sie also die Schweineschulter mit dem Weizenbier in einen Topf gab, kam ihr bei der Farbe des Gebräus tatsächlich die rettende Idee für ihr heutiges Outfit. Sie hatte vor Jahren in einer Boutique in einem Anfall von Kaufrausch ein goldgelbes Oberteil erstanden und dazu eine weich fließende schwarze Hose. Damit wäre sie perfekt angezogen. Irina fühlte sich angesichts ihrer Verabredung mit Hubert Seitenbichler beschwingt und freute sich unbändig auf den Abend. Sie sang, dabei schnitt sie das Gemüse für den Sud klein, sie tanzte beim Decken des Tisches, den sie mit einem Kerzenleuchter versah. Anschließend schmückte sie ihn mit roten Servietten, sie bildeten einen wunderbaren Kontrast zur weißen Damasttischdecke. Kleine rote Dekosteinchen rundeten das klassische Ambiente ab.

Irinas Herz galoppierte immer schneller. Sie war so lange mit keinem Mann mehr zusammen gewesen. Hoffentlich hatte sie nichts verlernt. Friedo hatte sie wahrlich nicht gefordert. Das Essen hatte sie im Griff, dem Kartoffelsalat fehlte nur noch etwas krause Petersilie, die sie

kurz vor dem Anrichten daraufstreuen würde. Nun musste nur noch sie sich herrichten. Duschen, schminken, fri-
sieren. Parfüm.

Eine halbe Stunde vor der verabredeten Zeit war sie
fertig, spazierte ständig vor dem Spiegel auf und ab, kont-
rollierte, ob alles seine Richtigkeit hatte. Hubert klingelte
eine Minute zu früh, was Irina freute, weil sie Pünktlich-
keit sehr schätzte. Hubert hatte erneut einen Blumen-
strauß dabei – dieses Mal rote Moosröschen, er war offenbar von der Sorte »Kavalier der alten Schule« – dazu
eine Flasche Weißwein. Einen Weißburgunder vom Kaiserstuhl. Sie passten tatsächlich perfekt zusammen. Sogar
der Weingeschmack stimmte überein.

Hubert liebte Irinas Schäufele. Er aß nicht eine, nicht
zwei, sondern gleich drei Portionen und rieb sich anschließend den Bauch, der stramm über dem Gürtel
hervorquoll. Die Karaffe Wein hatten sie bereits geleert.
»Wollen wir die zweite Flasche auch öffnen?«, schlug
Hubert vor.

Irina nickte, holte aber zuerst die Schale mit dem Schokopudding, den sie als ersten Nachtisch vorbereitet hatte.
Das wahre Dessert würde folgen. In ihr kribbelte es schon
gewaltig.

Der Abend war so vielversprechend. Hubert und Irina
konnten über alles reden. Er war tatsächlich verheiratet,
allerdings nur auf dem Papier, wie er beteuerte. Und genau wie bei Irina, spielte sich im Bett nichts ab. »Ich will
meine Frau keinesfalls verlassen. Wir haben uns so viel
gemeinsam aufgebaut. Das Haus, den Garten. Das Auto.
Es ist ein ganzes Leben, was sonst zusammenbricht.«

Da waren sie sich also auch einig. Ein nettes Abenteuer, ein paar schöne Stunden und jeder ging wieder seiner
Wege. Gestärkt, zufrieden. Alles gut.

Ihre Blicke krallten sich von Minute zu Minute stärker an dem anderen fest. Sie versanken ineinander und

schließlich berührte Irina sein Knie mit der Hand. Es knisterte, es zündete. Hubert machte keinen Hehl daraus, dass er füllige Frauen mochte. Dass er Irina attraktiv fand. Und so fielen sie nach drei Portionen Schäufele und zwei Schalen Schokopudding auf die Couch. Irina riss sich die Sachen vom Leib und Hubert die Hose. Er kam schnell zur Sache, doch nach fünf heftigen Stößen stieß er einen gequälten Schrei aus, sackte in sich zusammen und alles, was seine Männlichkeit ausmachte, ebenfalls.

Irina wollte gerade fragen, was los sei, als sie bemerkte, dass sich Hubert nicht mehr regte und völlig tiefenentspannt wirkte. Die Augen waren leicht geöffnet, seine Arme hingen schlaff herab.

»Hubert?« War dieser Mann eine noch größere Pleite als ihr eigener? »Hubert, bist du schon fertig?« Sie stupste ihn an. Ja, er war fertig. Mit allem. Mit dem Geschlechtsakt, mit seinem Leben.

Das konnte, das durfte nicht wahr sein! »Ist der etwa tot?« Irina rüttelte und schüttelte an Hubert herum, aber er rührte sich nicht mehr. »Da hat man einmal nach langer Zeit wieder Spaß und dann krepiert der Typ dabei. Der eine will nicht und der andere stirbt!« Irina kletterte von Hubert herunter. Auch aus der neuerlichen Perspektive gab es keinerlei Zweifel: Hubert Seitenbichler hatte das Zeitliche gesegnet.

Eine Leiche also in ihrem Schlafzimmer. Welch unglückliche Konstellation! Friedo würde sie vor die Tür setzen! Betrug duldete er nicht, da war er intolerant. Ganz abgesehen davon, was das für einen Eindruck machte, wenn die Polizei in die Wohnung kam und sie sagen musste, was passiert war. Irina fand sich nicht grundsätzlich prüde, aber fremden Leuten einen Einblick in ihre Privatsphäre zu geben? Und dann noch, weil es sich um ein geheimes Treffen gehandelt hatte. Was für ein Dilemma. Angesichts der für sie argen Unannehmlichkeiten hielt sich ihr Mitleid für den toten Hubert in Grenzen. Sie musste ihn loswerden. Es war nicht ausgeschlossen, dass die Polizei zu allem Überfluss einen Mord in Betracht zog. Nein, sie hatte wirklich eine Menge Probleme am Hals, die sie auf der Stelle zu lösen hatte, wenn ihr die Felle nicht wegschwimmen sollten.

»Ich könnte Hubert anziehen, ihn aufrecht hinsetzen und behaupten, wir hätten uns nur unterhalten.« Aber wie glaubwürdig war so etwas? Und auch das könnte bei Friedo zu misstrauischen Fragen führen.

»Nein, das geht nicht. Ich muss den Kerl aus der Wohnung schaffen, und zwar so, dass es keiner bemerkt.«

Irinas Wohnung lag äußerst günstig für eine solche Idee. Wie praktisch, dass der Etzenbach direkt unterhalb ihres Balkons entlangfloss und nur von einer kleinen Böschung vom Haus getrennt wurde. Und wie praktisch, dass sie im Erdgeschoss wohnte. Wenn sie Hubert über die Brüstung schob, würde er mit etwas Glück ins Wasser stürzen. Notfalls musste sie ihn einfach ein Stückchen weiterkugeln und dann wäre er verschwunden. Es könnte doch so aussehen, als sei er ins Wasser gefallen. Falls sie ihn obduzierten, würde sich rasch herausstellen, wie viel er getrunken hatte, denn er hatte neben dem Weißwein auch noch reichlich vom Obstbrand genossen.

Diese Idee war nicht nur genial, sie war nahezu perfekt. Irina zog Hubert an, zerrte ihn zur Balkonbrüstung, was wegen seiner Masse wirklich ein schwieriges Unterfangen war. Es war schon ruhig in Staufen, niemand würde beobachten, was sie tat. Gut, dass sie ebenfalls stämmig und kräftig war. Eine zarte Person hätte diese Aktion überfordert. Aber selbst Irina musste all ihre Kraft zusammennehmen, bis sie Hubert so weit über das Geländer gezerrt hatte, dass er Übergewicht bekam und das kurze Stück in die Tiefe stürzte. Mit dem letzten Restschwung kullerte er von allein in den Etzenbach. Der kleine Bach war gut gefüllt und er hatte in dieser Nacht eine starke Strömung, sodass Hubert sofort ein Stück weggetrieben wurde.

Irina schloss die Balkontür und begann aufzuräumen und abzuwaschen. Alle Spuren seiner Anwesenheit mussten vernichtet werden. Sein Handy hatte sie vorsorglich aus seiner Tasche genommen. Es würde nicht mehr auffindbar sein und andere Kontakte als darüber hatten sie nicht gehabt. Als Irina fertig war, ging sie vor die Tür und machte einen Spaziergang durch das nächtliche Staufen. Der Tod ihres Liebhabers hatte sie mehr aufgewühlt als gedacht. Ihre Schuhe klackerten auf dem Kopfsteinpflaster, das sämtliche Gassen dort schmückte. Die mittelalterlichen Fassaden hoben sich heute fast bedrohlich gegen den dunklen Himmel ab. Irina lief bis zum Marktplatz, drehte dann aber um. Auf der einen Seite ragte in der Ferne die Burgruine auf, bei Licht konnte man in der anderen Richtung den Belchen sehen. Diese Stadt war ein schöner und friedlicher Ort. Sie wollte hier bleiben. Mit Friedo, ohne Leiche. Sie lief noch einmal zum Bach, doch von ihrem Lover fehlte jede Spur.

Am nächsten Tag fand man Hubert. Die Polizei ging tatsächlich davon aus, dass er im Suff in den Etzenbach gefallen war. Irina hörte drei Tage später die Kirchenglocken der Pfarrkirche St. Martin, wo er beerdigt werden sollte, weil es dort ein altes Familiengrab gab. Sie ging aber nicht zur Beerdigung. Sie hatten genau genommen ja nicht einmal Sex gehabt, sondern nur Schäufele gespeist. Deswegen musste man nicht zur Beisetzung. Außerdem hatte sie in der »Baden-Lover-Hotline« eben Kontakt zu Hans Trautwein aufgenommen. Etwas füllig, Glatze und er liebte gutes Essen. Friedo war nächste Woche beruflich im Elsass. Dieses Mal würde Irina Kartoffelpüree mit Sauerkraut und natürlich wieder Schäufele servieren. Geschmeckt hatte es ja.

Badische Schäufele

Zutaten:

800 g magere geräucherte Schweineschulter (Schäufele)
Suppengemüse (Lauch, Sellerie, Möhre)
6 Gewürznelken
6 Pfefferkörner
4 Piment
2 Lorbeerblätter
125 ml Weizenbier

Zubereitung:

*Suppengemüse zerkleinern, mit der Schweineschulter,
dem Bier und Gewürzen in einen passenden Topf geben
und den Sud aufkochen lassen. Dann das Fleisch zugeben
und bei schwacher Hitze etwa 1 Stunde ziehen lassen.
Das Fleisch auslösen und in Scheiben geschnitten servieren.
Mit Kartoffelsalat oder Kartoffelpüree anrichten.*

CHRISTOPH RÜCK

Handgeld

Trauer und Wut verzerrten das sonnengebräunte Gesicht des kleinen, alten Mannes. Soeben hatte man seinen geliebten Sohn und designierten Nachfolger mit durchschnittener Kehle auf einem Schrottplatz im Industriegebiet Hochdorf gefunden. Die Leiche wies grausame Folterspuren auf und ihr waren beide Augen ausgestochen worden. Die Hinrichtung trug eindeutig die Handschrift von Sergej Korneliew, dem brutalen Killer der Osteuropäer, wegen seines künstlichen Gebisses auch der *Corega Tab* genannt.

Vito Donato rang um Selbstbeherrschung. Als Pate seines Clans musste er jetzt seine Souveränität beweisen und besonnen reagieren. Noch war seine Macht ungebrochen, die Familie verehrte und die Gegner fürchteten ihn. Bei Freunden trug er den Ehrentitel *Don Donato*. (Bei seinen Feinden hieß er weniger respektvoll *Vitello Tonnato*). Aber es gab ja immer ein paar ehrgeizige Jünglinge, die schon mit den Füßen scharrten.

Er wies seinen engsten Vertrauten an, eine Nachricht zu verbreiten: »Zu meinem siebzigsten Geburtstag am Samstag will ich die Hand, die meinen Fabio getötet hat. Am liebsten in fantasievoller Geschenkverpackung. Als Beweis, dass das Schwein tot ist. Derjenige, der sie mir bringt, erhält 50.000 Euro. Ach was, 100.000. Aber dann will ich das verschissene Gebiss auch noch haben.«

Am Tag darauf wurde Korneliews Körper in Höhe Landwasser von der Breisgau S-Bahn fein säuberlich in drei Teile zerteilt. Auf den ersten Blick sah es nach einem Suizid aus, aber die Polizei stellte schnell fest, dass der Mann dort stramm gefesselt abgelegt worden war. Die rechte Hand und die Zähne blieben unauffindbar.

Nicht nur wegen ihres Namens hatte sich Babette Vogel in die leer stehende Gaststätte verliebt. Vor gut einem Jahr hatte die attraktive Straßburgerin das Kleinod entdeckt, als sie ihren Clio am Park & Ride-Platz an der Bissierstraße abstellte. Das *Vogelnest* entsprach genau ihren Vorstellungen von einem Restaurant. Mitten im Grünen und doch nah an der Stadt, umgeben von Kleingärten, aber sowohl mit der Straßenbahn, als auch mit dem Auto gut zu erreichen. Bisher hatten dort schon mehrere Wirte mit überschaubarem Erfolg gewirtschaftet. Das *Vogelnest* war bereits eine gutbürgerliche Beiz gewesen, ein griechisches Restaurant, eine Pizzeria. Seit Babette Vogel dort aber elsässische Spezialitäten anbot, hatte sich das Lokal zum kleinen Paradies gewandelt, mit eigenen Kräuterbeeten, Grillstelle und einem wunderschönen Biergarten. Der Pizzabäcker hatte noch einen einwandfreien Steinofen einbauen lassen und aus dem zauberte die leidenschaftliche Wirtin jetzt die besten Flammkuchen der Welt hervor. Zudem gab es jeden Tag eine andere Spezialität aus dem Elsass und als zweites Standbein hatte Babette eine Kochschule eingerichtet. Dies hatte sich in Freiburg schnell herumgesprochen, und zum ersten Mal brummte der Laden wirklich.

An diesem Wochenende war in einem zweitägigen Kochkurs der Baeckeoffe dran. »Dies ist vielleicht *das* traditionelle elsässische Herbstgericht«, erklärte die stolze Lehrerin den fünf gestandenen Hausfrauen und dem jungen italienischen Pärchen, die heute ihre Schüler waren. »Früher haben die Frauen ihn am Wochenende vorbereitet, so wie wir gestern Abend. Am Montag haben sie ihn auf dem Weg zum Waschhaus beim Bäcker abgegeben, der ihn für mehrere Stunden in den Ofen gestellt hat. Auf dem Rückweg vom Waschen haben sie dann das Gericht fix und fertig wieder abgeholt, und die Familie war glücklich.«

Am Vortag hatten sie sorgfältig ausgewähltes Rinder-, Schweine- und Lammfleisch mit vielen Zwiebeln, etwas Oregano, zerdrückten Wacholderbeeren, Lorbeerblättern und zwei Nelken in eine Weißwein-Knoblauch-Marinade eingelegt und über Nacht im Kühlschrank ziehen lassen. Heute mussten nur noch Kartoffeln und Lauch geschnippelt, das Ganze im Tontopf geschichtet und der Deckel mit Brotteig abgedichtet werden. »Das haben die Frauen so gemacht, damit keiner das teure Fleisch stibitzen konnte«, erzählte Babette und stopfte ihre buschigen braunen Haare unter die Kochmütze. »Heute wäre das ja eigentlich nicht mehr nötig. Hier sind schließlich nur ehrliche Leute. Aber wir machen das trotzdem so, denn es tut dem Gericht einfach gut.«

Auch die resolute Wirtin bereitete einige Baeckeoffe, sowie Flammkuchen für die Tagesgäste vor. Als alle ihre Werke vollendet hatten, klatschte sie in die Hände und rief: »So, Leute! Jetzt kommt das Zeug in den Steinofen und dann könnt Ihr vier Stunden lang shoppen gehen. Wir treffen uns später im Garten zum Aperitif!«

Wie immer, wenn er wirtschaftlich kein Land mehr sah, hatte sich der Bestattungsunternehmer Gustav Herrenknecht mit seinem Steuerberater Gerd »Nein-ich-bin-nicht-der-Fußballer« Müller verabredet. Der war ihm immer ein langjähriger, guter, allzeit fröhlicher Freund gewesen und gegen seine fachliche Kompetenz war nichts einzuwenden. Aber leider erwies er sich auch oft als ziemlich nervtötender Zotenreißer und Sprücheklopfer. Das wusste er sogar selber, aber er konnte einfach nicht anders. Sein loses Mundwerk hatte ihn seinerzeit den Job beim Finanzamt gekostet, bevor er dann auf die Idee gekommen war, die Seiten zu wechseln.

Bei Herrenknechts Anruf war er sofort Feuer und Flamme gewesen. »Wenn die Zeite schlecht sind, muss man gut esse. Und vor allem gut trinke. Mir mache morge Lagebesprechung im Vogelnescht. Am Samschdig gibt's dort nämlich immer Baeckeoffe.«

Die Geschäfte liefen aber auch wirklich schlecht. Die letzte große Beerdigung hatte der Bestatter für seine an Krebs verschiedene Frau ausgerichtet. Seitdem wollte es einfach nicht mehr laufen. Lieferanten und Steuerbehörden hingen ihm im Genick. Aber darauf nahm die Kundschaft ja keine Rücksicht.

In Freiburg wurde einfach zu wenig gestorben.

Es war ein Oktobertag zum Niederknien. So einer, der einen für einen kompletten verregneten Sommer entschädigen konnte. Strahlend blauer Himmel, ein paar Schäfchenwölkchen und 24 Grad.

Und so saßen die beiden älteren Herren jetzt im lauschigen Biergarten vor dem *Vogelnest*, direkt unter der großen Weide. Der Beerdigungsunternehmer war ein großer, hagerer Mann, dem aus Nase und Ohren inzwischen mehr Haare wuchsen als auf dem Kopf. Sein Steuerberater dagegen war korpulent, hatte lustige, lebendig funkelnde Äuglein und trug einen markanten Schnauzbart.

»Salli, Babette!«, rief Gerd der Wirtin zu. »Der Gustav und ich, mir teile uns a Flasche Silvaner. Und natürlich das Tagesgericht!«

Der Bestatter zupfte sich betrübt an einem vorwitzigen weißen Ohrhaar. »Für mich heute keinen Wein«, seufzte er. »Mein Doc hat's mir verboten. Ich hab's ein bissel am Magen. Ich glaub, ich nehme erst mal einen Tee.«

»Also eine Flasche Silvaner und einen Kamillentee«, erfasste Babette die Situation. »Und einen mittelgroßen Baeckeoffe für euch beide.«

Nachdenklich streichelte sich der Steuerberater mit dem Daumen über seine rotgeäderten Wangen. »Weisch, was ich nit versteh«, philosophierte er. »Der Franzose hat 500 Sorten Wein, aber nur drei Sorten Tee.«

»Aha? Okay ... Und die wären?«

»Na, ist doch klar!« Müller freute sich diebisch über die Steilvorlage: »Libertee, égalitee und fraternitee!« Schallend lachte er über seinen eigenen Witz.

»Mein Gott!«, stöhnte Herrenknecht und raufte sich die spärlichen Kopfhaare. »Bei aller Freundschaft, Gerd. Manchmal bist du wirklich ein unerträglicher Dummlaberer!«

Während sie auf das Essen warteten, besprachen die beiden Männer die ökonomischen Probleme des Unternehmers. »Das Finanzamt will 15 Mille von mir. Der Holz-Michel hat einen Lieferstopp verhängt, bis ich meine Außenstände begleiche. Und die Kundschaft wird leider auch nicht mehr.«

»Na, du musch au Akquise mache«, riet ihm sein Freund. »Stellsch dich einfach mal vors Hospiz und verteilsch Visitekärtle.«

Inzwischen hatte sich auch der Kochkurs wieder eingefunden. Die Hausfrauen stellten ihre Einkaufstüten ab und orderten Aperol Spritz. Die jungen Italiener hockten in Ledermontur am Nebentisch und nippten etwas nervös an ihren Colas, vor sich Motorradhelme aufgebaut. »Also, ich tät ja nit so grimmig gucke, wenn ich so a Schnitte neben mir hocke hätt«, bemerkte Müller.

Eine Familie mit zwei kleinen Kindern hatte sich auf dem Spielplatz des Lokals ausgetobt und studierte jetzt intensiv das Speisenangebot. Aber die Kids quengelten nach Pizza und wollten weder Flammkuchen noch den üppig mit Fleisch gefüllten Tontopf als Alternative akzeptieren. Und so packte Papa die Bagage ins Auto und steuerte den nächsten Italiener an.

»Die wisse ja nit, was sie verpasse«, kommentierte der Steuerberater.

Babette Vogel trat vor die Tür und wischte sich die Hände an der Kochschürze ab. »So, Leute!«, verkündete sie mit ihrer kräftigen Stimme. »Jetzt gibt's endlich Futter für meine lieben Gäste und die fleißigen Kochschüler. Bleibt sitzen, ich bring euch alles an den Tisch.«

Mit dicken bunten Handschuhen trug sie einen glühend heißen, rustikal verzierten Tontopf nach dem anderen an die Plätze. »Die Brotkruste um den Deckel müsst ihr aufschneiden und wegschmeißen. Die schmeckt nach vier Stunden im Ofen nicht mehr so gut. Ich bring euch noch frisch gebackenes Baguette dazu. Und verbrennt euch nicht die Pfötchen!«

Als erste hatten die Damen vom Kochkurs ihren Topf von seinem Teigverschluss befreit. Der große Baeckeoffe sollte locker für alle fünf reichen. Sie schnatterten begeistert durcheinander und beglückwünschten sich gegenseitig zu ihrem gelungenen Werk.

Das italienische Paar ließ den Topf zu. »Den nehmen wir mit, Signorina Babette«, sagte die junge Frau und zückte ihren ledernen Geldbeutel. »Den Kurs haben wir ja schon bezahlt, aber den schönen Tontopf möchten wir Ihnen gern abkaufen. Geburtstagsgeschenk für unseren Onkel Vito.«

Inzwischen hatte auch Gerd Müller den Teigrand aufgesäbelt. Nachdem er den heißen Deckel mithilfe seiner Serviette angehoben hatte, schaute er voller Vorfreude in den Topf. Da passierte etwas, das sehr selten vorkam: Er war einen Moment sprachlos.

Aber Gerd wäre nicht Gerd gewesen, wenn er sich nicht schnell wieder gefangen hätte. Er fing an, dröhnend loszulachen. »Schau mal, Guschtl!«, prustete er. »Die Babette serviert jetzt Fingerfood!« Begeistert zog er eine kross gebratene, lecker duftende menschliche Hand aus dem Topf und legte sie stolz vor sich auf den Tisch.

»Na, wenn man dir den kleinen Finger reicht, nimmst du aber auch gleich die ganze Hand«, konterte der Bestatter, der seiner trübsinnigen Miene zum Trotz durchaus auch den einen oder anderen Kalauer auf Lager hatte. Der Anblick von Leichenteilen konnte ihn ohnehin schon lange nicht mehr schocken.

»Aber immerhin ist sie al dente!«, brüllte der Steuerberater mit Lachtränen in den Augen und fischte ein gebackenes Gebiss aus dem Baeckeoffe. Amüsiert untersuchte er seinen Fund. »Na ja. Zumindest al Kukidente!«

Vom Tisch der fünf Damen ertönten entsetzte Schreie. Die beiden Italiener, die gerade aufs Motorrad steigen wollten, drehten sich ob des Lärms hinter ihnen noch einmal um. Sie nahmen die Helme ab, zückten die Smartphones und telefonierten aufgeregt. Dann holten sie hektisch ihren bereits sorgfältig verstauten Baeckeoffe noch mal aus der Satteltasche und entfernten mit zitternden Händen den Deckel. Fassungslos schauten sie in den Topf. Mit fast synchronen Bewegungen liefen sie langsam und breitbeinig auf die beiden älteren Herren zu.

»Ich glaub, jetzt gibt's Ärger«, meinte Müller. »Schmecksch de Brägel?«

Am Tisch angekommen, sagte der junge Mann mit gefährlich leiser Stimme: »Ich glaube, wir haben ein Problem … Ihr habt nämlich etwas, das uns gehört.«

»Na, was das wohl isch? Gute Laune vielleicht? Ihr müsst jetzt nit neidisch werde.«

»Diesen Baeckeoffe haben wir in liebevoller Handarbeit hergestellt. Als Geschenk für Onkel Vito. Aber die Frau hat die Töpfe verwechselt. In unserem ist Fleisch drin!«

»Ach was! Das gehört sich eigentlich auch so. Oder isch der Onkel Veganer?«

»Ihr habt anscheinend den Ernst der Lage nicht erkannt«, zischte die Italienerin. »Ich will sofort diese Hand und das Gebiss haben!«

Flugs schirmte der Steuerberater die begehrten Objekte mit seinen dicken, behaarten Armen ab. »Ich will auch viel und krieg's nit. Und noch mehr will ich nit und krieg's.«

»Jetzt zier dich nicht so!«, mischte sich Gustav Herrenknecht ein. Ihn munterte die außergewöhnliche Situation sichtlich auf. »Die schöne junge Frau hält schließlich um deine Hand an.«

»Na, das schmeichelt mir aber«, lachte Müller. »Aber ich glaub, wir bringe den Kram zum Fundbüro. Vielleicht springt ja ein Finderlohn raus.«

Plötzlich hatte jeder der beiden Motorradfahrer eine Pistole in der Hand. »Ich zähle jetzt bis drei«, drohte die Frau. »Uno …, due …«

Auf dem Nachbargrundstück ging gerade ein Rentner mit seinem nervösen Dackel und einer scharfen Schrotflinte auf die Pirsch. Er hatte sich den Kampf gegen die Karnickelplage in seinem Schrebergarten auf die Fahne geschrieben. Als plötzlich tatsächlich ein fetter Hase aus dem Gebüsch sprang, geriet der Hund in Panik und zog abrupt an seiner Leine. Der alte Mann geriet ins Straucheln und aus der Waffe löste sich ein Schuss.

Eine Salve Schrot pfiff in Richtung des Biergartens. Einige Kugeln klatschten in die Einkaufstüten der verstörten Hausfrauen. Kreischend retteten diese sich hinter die Ligusterhecke. Der Großteil der Schrotladung traf jedoch die junge Italienerin, bevor sie »tre« sagen konnte.

Während sie zusammenbrach, feuerte die Frau mit ihrer automatischen Waffe wild um sich.

Volltreffer! Nur dumm, dass sie ihren eigenen Kompagnon mitten ins Herz traf. Und so lag das feine Pärchen jetzt sterbend im Gras.

Der Steuerberater zwinkerte seinem Mandanten zu. »Na also! Jetzt kannsch Kärtle verteile!« Sorgfältig ordnete er seine Trophäen vor sich auf dem Tisch.

»Mann, Gerd, machmal reagierst du aber wirklich überemotional!«, stellte Gustav Herrenknecht trocken fest.

Auf einmal erklang ein kerniges Motorengeräusch. Mit hoher Geschwindigkeit näherte sich ein silberner Porsche Cayenne dem *Vogelnest*. Kies spritzte, als der schwere Wagen in der Auffahrt scharf abbremste. Drei martialisch aussehende Leibwächter sprangen heraus und halfen einem kleinen, alten, braungebrannten Herrn aus dem Fond.

Erschüttert blickte Vito Donato auf seine beiden toten Getreuen. Dann schaute er sich um und seine Miene hellte sich auf.

»Ah, molto bene!«, rief er aus und trat auf die beiden Freunde zu. »Ihr habt die Hand und das Gebiss! Welche Freude zu meinem Geburtstag! Ich weiß zwar nicht, woher ihr sie habt, aber ein Don Vito Donato hält seine Versprechen. Angelo, den Koffer!«

»Ach, Sie haben heute Geburtstag? Na, dann will ich mich au nit lumpe lasse«, entgegnete Müller großzügig. »Guter Mann, ich möchte Ihne die Hand reiche!«

»Hundert Mille!«, rief Gerd begeistert. »Mir teile wie immer die Zeche, also wird auch die Beute geteilt. Und das beschte isch: Finderlohn isch nach Paragraf 23 EStG steuerfrei. Ich glaub, deine gröschte Sorge sind behobe, mein Freund. Trotzdem sollte mir uns aus dem Staub mache, bevor die Polente kommt. Ich lass der Babette en Fuffi da.«

Die elsässische Wirtin hatte in der Küche gewerkelt und von dem ganzen Gemetzel nichts mitbekommen. Als sie jetzt vor ihr Lokal trat und sah, dass alle ihre Gäste verschwunden oder tot waren, warf sie ihre üppige Mähne ins Genick und rieb sich verwundert die Augen. »Mon

dieu!«, murmelte sie. »Der Baeckeoffe ist den Leuten anscheinend nicht bekommen. Nächsten Samstag mach ich
vielleicht doch lieber *choucroute*.«

Baeckeoffe

Zutaten (für 6 Personen):

Je 600 Gramm Lamm-, Schweine- und Rindfleisch (am besten aus der Schulter, Ochsenbäckchen schaden auch nicht)
2 kg festkochende Kartoffeln, 3 Stangen Lauch, 1 Pfund Zwiebeln
3 Knoblauchzehen, 2 Nelken, 5 zerdrückte Wacholderbeeren, 2 Lorbeerblätter, Oregano
Salz und Pfeffer, frisch gemahlen
2 Flaschen Silvaner oder Riesling aus dem Elsass
400 g Mehl, ca. 150 ml Wasser

Zubereitung:

Am Vorabend das Fleisch in gulaschgroße Stücke schneiden. Mit den Zwiebeln, dem zerdrückten Knoblauch und den Gewürzen mischen und komplett mit Wein übergießen. Über Nacht abgedeckt im Kühlschrank ziehen lassen. Evtl. übrig gebliebenen Wein leer trinken.
Am nächsten Tag die geschälten Kartoffeln und den Lauch in dünne Scheiben schneiden. Je eine Schicht davon in einem Elsässer Tontopf dachziegelartig schichten und kräftig salzen und pfeffern. Dann die Hälfte des Fleisches darauflegen. Die ganze Prozedur wiederholen und die Marinade dazuschütten. Die obere Fleischschicht nochmals mit Kartoffeln bedecken. Bevor man den Topf verschließt, kann man das Ganze noch 10 Minuten unter dem Grill gratinieren.
Aus dem Mehl und dem Wasser einen Brotteig kneten. Einen Strang daraus rollen und um den Rand des Topfes legen. Darauf den Keramikdeckel fest andrücken. Nun ist alles gut abgedichtet und kommt für 4 Stunden bei 180° in den Backofen.
Den Teigrand entfernen und den Beackeoffe in der Form servieren

ANNETTE DRESSEL

Fleisch

Im Hinterhof der kleinen Metzgerei im Freiburger Stadtteil Haslach lungerten seit einiger Zeit die Ratten herum.
Über der Metzgerei lagen mehrere Mietwohnungen und
einer der Mieter warf seine stinkenden Müllsäcke in den
Hof, in die eigentlich nur Plastikmüll gehörte, in denen
aber halb aufgegessene Mahlzeiten vor sich hin gammel-
ten. Alle Beschwerden, Androhungen, Bitten an die Mieter des Hauses führten zu nichts, das Müllproblem ließ
sich nicht in den Griff bekommen, der schuldige Mieter
konnte nicht ermittelt werden. Als die Ratten schließlich
in die Metzgerei eindrangen und das neu entdeckte Schla-
raffenland in ihr Revier integrierten, wusste sich Metzgermeister Schäufele nicht mehr anders zu helfen. Es war
zwar verboten, aber was war nicht alles verboten? Die
da oben wussten doch nichts von den Nöten des kleinen
Mannes! Er legte Rattengift aus, liebevoll verarbeitet.
Wie kleine Elztäler Würstchen sah das Endprodukt aus,
in das er sorgsam das Rattengift eingearbeitet hatte. Sollten schließlich was davon haben, die gierigen Teufelchen.

An diesem Tag hatte Karin schon um 16 Uhr Feierabend.
Zeit genug, das Abendessen vorzubereiten. Karin hatte
Sandrine eingeladen. Sie liebte Sandrines französischen
Akzent, der immer dann besonders zu hören war, wenn
sie ein oder zwei Gläser Wein getrunken hatte. Mit ihrer
französischen Lebensart brachte Sandrine einen Hauch
von Exotik in Karins Leben und ließ sie, zumindest für
ein Weilchen, über ihre eigene kleine Welt hinauswach-
sen. Sandrine strahlte eine Leichtigkeit aus, die Karin gut
gebrauchen konnte, um die Männerfront, die sich heute
am Tisch versammeln würde, ertragen zu können. Hel-

mut hatte seinen Freund Peter eingeladen, einen Kumpel, dessen Anblick in Karin das Bild eines schnaufenden Stiers hervorrief, der nur darauf wartete, die nächste Kuh besteigen zu dürfen.

Karin hatte Sandrine in der Metzgerei kennengelernt. Die schlanke Französin wirkte so unbeholfen damals, als sie fragte, wie man den Braten, den sie sich abwiegen ließ, zubereitet.

»Ich esse eigentlich kein Fleisch«, hatte sie gesagt. »Aber heute kommt ein wichtiger Gast, den ich beeindrucken möchte!«

Als Karin ihr später, als sich eine Freundschaft zwischen ihnen anbahnte, gestand, dass auch sie kein Fleisch aß, war Sandrine fast von dem Barhocker gefallen, auf dem sie gerade saß.

»Eine vegetarische Metzgereiverkäuferin? Wie hältst du das aus?«

Ja, wie hielt sie das aus? Und das seit siebzehn Jahren!

Es war 18 Uhr, Karin stellte die Suppe auf den Tisch und schaute in die Runde. Helmut saß auf seinem Stammplatz am Kopfende des Tisches und prostete Peter, der rechts neben ihm saß, mit der Bierflasche zu. Helmut hätte natürlich gerne eine Suppe mit Fleischeinlage gehabt. Hirn oder so etwas.

Das Gehirn eines toten Tieres! Karin schüttelt es, wenn sie nur daran dachte.

Links von ihm saßen ihr Sohn Kaspar und Sandrine. Über dem Esszimmer lag ein beunruhigendes Schweigen, einzig das Klappern der Löffel ließ die Trommelfelle der Anwesenden vibrieren.

Früher hatte auch Karin hin und wieder ein Stück Fleisch genossen, sich einen Hähnchenschlegel am Grillstand geholt oder die guten Bauernwürste vom Markt in die Pfanne gelegt. Ja, früher.

Siebzehn Jahre war es jetzt her, dass sie ihre Arbeit in der Metzgerei angetreten hatte. Damals stand Schäufeles Frau Martha noch hinter der Verkaufstheke. Die hatte das Arbeiten gar nicht nötig, war im Geld geschwommen. Aber die kleinen Angestellten herumkommandieren, das liebte sie, das schien sie zu brauchen wie der Regenwurm die Erde und das Wasser.

Es war eine unangenehme Zeit für Karin. Die dicke Frau Schäufele scheute sich nicht, ihre Angestellten vor der Kundschaft herunterzuputzen und allen zu zeigen, wer die Regentin dieses kleinen Reiches war. Aber in Karin hatte sie sich den falschen Gegner gesucht! Sie war es gewohnt, einzustecken, hatte jahrelang ihre Mutter gepflegt. Anfangs, als die Mutter bettlägerig wurde, hatte der Arzt gesagt, sie hätte nicht mehr lange zu leben.

»Falsch prognostiziert, Herr Doktor«, sagte Karin später zu ihm, als alles vorbei war. »Endlose vierzehn Jahre habe ich damit verbracht, der alten Frau, die sich meine Mutter nannte, den Hintern zu wischen und mir ihre Verwünschungen und Beleidigungen anzuhören. Zwischendrin ein Wort des Dankes wäre schön gewesen, kam aber nie. Vierzehn Jahre, die andere Leute meines Alters dazu nutzen, eine Familie zu gründen, Karriere zu machen und das Leben zu leben, das da draußen vor der Tür auf sie wartete. Für mich gab es kein Leben da draußen.«

Als die Mutter endlich starb, war Karin achtunddreißig Jahre alt, stand da ohne Geld und ohne Freunde. Sie brauchte dringend eine Arbeit, aber wer würde sie nehmen?

»Ich kannte deine Mutter«, sagte Metzgermeister Schäufele. Das war ihre Eintrittskarte als Aushilfskraft in die Metzgerei. Karin hatte nie in einer Metzgerei arbeiten wollen. Und schon gar nicht unter der Fuchtel einer Martha Schäufele. Sie mühte sich ab, ließ sich herumkommandieren, erledigte die dreckigsten Arbeiten, machte Überstunden, die sie nur zu einem geringen Teil angerechnet bekam. Je mehr sie sich abrackerte, desto rauer wurde Martha Schäufeles Ton. Kein Bitteschön, Dankeschön kam ihr über die Lippen. Irgendwann entschied Karin, dass es reichte. Martha Schäufele ließ überall ihre Tabletten herumliegen. Karin hatte sich im Lauf der Jahre Kenntnisse angeeignet, hatte die unterschiedlichsten Beipackzettel gelesen. So manches Mal war ihr am Krankenbett der Mutter die Idee gekommen, dem Schicksal auf die Sprünge zu helfen.

Aber doch nicht bei deiner eigenen Mutter, hatte eine innere Stimme sie ausgebremst, die sich nicht ignorieren ließ.

Aber als sie dann die Gemeinheiten der Mutter mit den Gemeinheiten von Martha Schäufele austauschte, hielt sie nichts mehr zurück. Es war einfach, so einfach. Jeder wusste, dass die dicke Metzgersfrau gesundheitliche Probleme hatte. Als sie starb, fragte keiner nach, warum. Metzgermeister Schäufeles Trauer hielt sich in Grenzen. Anfangs jammerte er: »Wie soll ich das schaffen, den Verkauf, die Buchhaltung, das Personal? Das hat bisher alles meine Frau gemacht.«

»Aber, aber«, hatte Karin gesagt. »Das bekommen wir schon hin. Ich bin ja auch noch da.«

Und sie bekamen es hin.

Was die Liebe betraf, fühlte sich Karin, als hätte sie all die Jahre hinter Gefängnismauern verbracht. Nach dem Tod der Mutter wurde sie in eine Welt entlassen, die ihr fremd geworden war. Verloren fühlte sie sich. Sie war ein Nichts, ein Niemand, sie war eine alte Jungfer, ein liegen gelassenes, vertrocknetes Stück Obst, das keiner mehr haben wollte.

Bis Helmut kam. Wie eine Lichtgestalt tauchte er auf und brachte Sonne in Karins Dasein. Das war ein gutes

Jahr, damals. Erst bekam sie die Arbeitsstelle und kurz darauf begegnete ihr auch noch die Liebe. Es sah aus, als würde das Schicksal all das zurückzahlen, was es ihr bisher vorenthalten hatte.

War das ein fescher Kerl, der Helmut! Er war schlank, muskulös und sportlich. Wenn er Karin anschaute, blitzte ein Feuer in seinen Augen, das sie erregte, das sie mitriss in ein Leben, wie sie es sich heimlich in ihren dunklen Stunden am Bett der kranken Mutter erträumt hatte. Helmut war zehn Jahre älter als Karin, er war fröhlich, laut, spendabel, er nahm sie an der Hand, sie betranken sich auf den Weinfesten der Stadt, machten Ausflüge in die Straußenwirtschaften, er führte sie zu den bunten, lärmenden Fasnachtsveranstaltungen und ging mit ihr auf die Messe, wo er sich freute, wenn Karin kreischend in der Achterbahn saß.

Es war eine aufregende Zeit. Noch viele Jahre später lief ihr ein Schauer über den ganzen Körper, wenn sie daran dachte, wie prickelnd ihre Begegnungen sein konnten. Aber was war von diesem Helmut übrig geblieben? Dort saß er, am Kopfende des Tisches, und schlürfte missmutig Kürbiscremesuppe in sich hinein. Niemals hätte sie geglaubt, dass sich ein Mensch so verändern könnte. Als Kaspar auf die Welt kam, hatte es noch den Anschein, als wäre alles gut. Karin war fassungslos vor Glück. Sie hatte es doch noch geschafft, sich ein Leben aufzubauen, mit einer richtigen Familie. Sie kauften ein Haus in der Gartenstadt, Karin war im Paradies angekommen. Das kleine Häuschen war perfekt. Unter dem Dach gab es eine Kammer, die sie als Kinderzimmer ausbauten, im ersten Stock richteten sie das Schlafzimmer und ein geräumiges Bad ein und unten das Wohnzimmer und eine gemütliche Wohnküche. Von hier aus gab es einen direkten Zugang zum Garten. Alles war perfekt. Fast perfekt. Wenn nur nicht dieser ekelhafte Gestank gewesen wäre, den zu ertragen Karin fast übermenschliche Kräfte abforderte.

Gleich an ihrem ersten Tag in der Metzgerei hatte Schäufele, der damals noch selbst schlachtete, an einem Haken eine Sau aufgehängt und ihr die schleimigen Gedärme entfernt. Es stank nach Blut, Kot, Angst und einem dahinscheidenden Leben. Der Geruch erinnerte Karin an ihre alte sterbende Mutter, deren triefende Augen, den Zerfall des Fleisches, von dem nichts übrig blieb als Schleim und Gestank. Vom ersten Tag an war ihr der Geruch in der Metzgerei widerwärtig. Jeder Morgen wurde zu einer Herausforderung. Aber sie hielt durch, um zu überleben. Sie hatte gelernt, durchzuhalten, auf Teufel komm raus. Und Helmut freute sich, wenn sie ihm Fleisch mit nach Hause brachte, das sie ihm damals noch öfter zubereitete, auch wenn sie sich nicht mehr dazu überwinden konnte, selbst davon zu essen.

Zwei Jahre hielt das Glück mit Helmut, zwei kurze, schnell dahinziehende Jahre. Karin spuckte auf das Schicksal, auf das Leben. Nachdem Kaspar geboren war, erlosch Helmuts Feuer in allzu vielen Krügen Bier. Immer öfter verzog er sich in die Kneipe mit seinen Kumpels. Er konnte das Babygeschrei nicht ertragen. Und er fühlte sich von ihr vernachlässigt. Er hatte geheiratet, um Spaß mit ihr zu haben, aber statt mit ihm loszuziehen und das Leben zu genießen, hatte sie jetzt neben der Arbeit einen Säugling an der Brust hängen. Die Kneipe wurde seine zweite Heimat. Manchmal brachte Helmut seine Kumpels mit ins Haus.

Karin empörte sich. »Es ist mein Haus! Mein wahr gewordener Traum. Er hat kein Recht dazu, seine Saufkumpane mit hierher zu bringen.«

Die Kerle belagerten ihre gemütliche Küche, aßen Steaks und betranken sich. Und je flüssiger die Abende wurden, desto kühner wurden ihre Sprüche. Mit feuchter Aussprache versprühten sie nach Bier stinkende Weisheiten und fühlten sich stark und heldenhaft. Was sie nicht alles im Leben hätten erreichen können, wenn das Schicksal ihnen nur ein klein wenig mehr Glück in die Wiege gelegt hätte!

Als Kaspar fünf Jahre alt war, fiel Helmut von einem Dach.

»Ist es möglich, dass sich ein Mensch absichtlich von einem Dach fallen lässt?«, fragte sich Karin, als sie sah, wie Helmut sich immer mehr veränderte.

Es war, als hätte er nur darauf gewartet, sich gehen lassen zu dürfen. Endlich keine Verantwortung mehr übernehmen für sich und seine Familie, endlich seine Füße hochlegen und sich versorgen lassen. Mit größter Selbstverständlichkeit nahm er Karins Dienste an, als wäre es sein verbrieftes Recht. Ein alter Ekel meldete sich in ihr, wenn sie diesen Fleischberg anschaute, zu dem sich Helmut entwickelt hatte. Er wurde fett und abstoßend.

Helmut tat, als würde er ihren Ekel nicht bemerken. Wenn er allerdings betrunken war, schaute er sie in einer Verliebtheit an, die an einen alten, verbrauchten Kettenhund erinnerte. Wenn sie ihn dann von sich stieß, glaubte sie fast schon ein Jaulen zu hören, als hätte sie einen Knüppel nach dem alten Köter geworfen.

»Ausgezeichnet, deine Kürbiscremesuppe«, flötete Sandrine in das Schweigen hinein.

Keiner schien es nötig zu finden, darauf zu reagieren. Helmut glotzte das Muster der Tischdecke an, sein Kumpel Peter kratzte sich am Kopf und Kaspar träumte sich mal wieder in eine andere Welt. Er war groß geworden, der Sohn, groß und unnahbar. Karin hatte gehofft, irgendwann die Arbeit in der Metzgerei aufgeben zu können. Aber nach dem Unfall war Helmut zum Frührentner geworden. Von seiner Rente alleine konnten sie nicht leben, geschweige denn, die Raten für das Haus abzahlen. Also arbeitete sie weiter.

Karin schaute zu Helmut hinüber. Er sah aus wie ein gemästetes Schwein. Lustlos legte er den Löffel beiseite und setzte seine Hoffnung auf einen Hauptgang mit einem schönen Stück Fleisch.

»Freue dich mal nicht zu früh«, dachte Karin. Sie hielt ihn knapp mit Fleisch. Damit konnte sie ihn ärgern.

Auch Kaspar hatte sich verändert. Wie niedlich war er gewesen als Kind! Jetzt war er durch rosige Pickel verunstaltet und hing auf seinem Stuhl wie ein zu lange getrockneter Schinken, der grau und kraftlos die Blüte seiner Zeit überschritten hat. Wahrscheinlich hatte er Liebeskummer, aber Karin konnte es nur vermuten. Mit ihr redete er nicht über solche Themen.

Sandrine half Karin, die Suppenteller abzuräumen, dann servierte sie die Hauptspeise: eine große Platte mit Gemüse, Tofuwürfeln und Reis.

»Na, endlich was für Männer«, sagte Peter und spießte mit seiner Gabel direkt von der Platte herunter ein Tofustück auf, schob es sich in den Mund und sah aus, als würde ihm die berühmte Laus über die Leber laufen. Sein Gesicht wurde zusehends lang und länger.

Helmuts Augen verengten sich zu Schlitzen. Er stand auf, sein Kopf glühte rot und an den Schläfen pulsierten die Adern. Dann brüllte er los: »Ich lasse mir das nicht mehr bieten!«

Seine Gesichtshaut glühte noch röter, wenn das überhaupt möglich war, und Karin stellte sich vor, wie sein Kopf zerplatzen und das Zimmer mit winzigen Hirnfetzen einsprenkeln würde.

»Wenn du jemanden verarschen willst, dann suche dir einen anderen!«, schrie er.

Ach Gott, wie sie das alles satthatte! Peter warf seine Gabel hin und lief um den Tisch herum zu seinem Freund, um ihn zu beruhigen.

»Ich bringe sie um!«, drohte Helmut und ließ sich schwer auf seinen Stuhl zurückfallen.

Sandrine schaute verlegen zu Boden. Kaspar rollte die Augen, stand auf und verzog sich in sein Zimmer. Karin hatte hart geschuftet, sie hatte durchgehalten, hatte blutiges Fleisch verkauft, hatte jeden Morgen den Geruch der Metzgerei ertragen, um ihre Familie über Wasser zu halten und die Raten für dieses Haus in der Gartenstadt abzahlen zu können. So konnte es nicht weitergehen!

Die Rattenplage im Hinterhof der Metzgerei ließ sich nicht in den Griff bekommen. Die Polizeibehörde führte eine Überprüfung der hygienischen Verhältnisse in der Metzgerei durch. Die Nachbarn hatten sich beschwert. Die Beamten kamen ohne Voranmeldung. Sie schauten sich um und steckten Proben ein, unter anderem nahmen sie die kleinen präparierten Elztäler Würstchen mit. Metzgermeister Schäufele wurde es schlecht bei dem Gedanken, was auf ihn zukommen würde, sobald die Ergebnisse des Labors vorlagen. Aber zu seinem großen Erstaunen geschah nichts. Die Ergebnisse waren in Ordnung. Statt einer Anzeige bekam er eine Gratulation zu seinem ordentlich geführten Betrieb.

Sein Glück wurde etwas getrübt, als er erfuhr, dass Helmut, der Ehemann seiner Angestellten Karin, in dieser Woche gestorben war. Schade um den Mann, dachte er. Sie waren eine Zeit lang im gleichen Skatclub gesessen. Mit ihm als Partner hatte er oft gewonnen. Andererseits war er in den letzten Jahren immer seltener aufgetaucht im Club. Es hieß, er hätte gesundheitliche Probleme. Karin hätte ihm öfter ein schönes Stück Fleisch in die Pfanne legen sollen, dachte er.

Helmut hatte Elztäler Würstchen geliebt.

Den Arzt, der ins Haus kam, um den Totenschein auszufüllen, kannte Karin persönlich. Sie setzte sich mit ihm in ihre gemütliche Küche und lud ihn auf einen Kaffee ein. Die Leiche schaute er nur flüchtig an, dann füllte er das Formular aus und eilte zu seinem nächsten Hausbesuch. Die Lebenden warteten auf ihn.

Gemüseplatte mit Tofu und Reis

Zutaten:
2 Süßkartoffeln
2 grüne Paprika
1 Zucchini
6 mittelgroße reife Tomaten
1 Bund Frühlingszwiebeln
Olivenöl
Chilli
Kräuter
Salz
½ Becher Sahne

400 g Räuchertofu
Sojasoße
Pfeffer
Olivenöl

300g Basmati Reis
600 ml Wasser
Salz
Grüner Curry
Butter

Zubereitung:
Die Süßkartoffeln schälen, in schmale Stücke schneiden, in Olivenöl anrösten, Chilli dazugeben, Paprika, Zucchini, Tomaten würfeln, Frühlingszwiebeln klein schneiden, in die Pfanne legen, Sahne, Salz und Kräuter dazugeben, auf kleiner Flamme gar kochen.

Den Tofu in Würfel schneiden, in Olivenöl anbräunen, mit Sojasoße und Pfeffer würzen, am Ende unter das fertige Gemüse mischen.

Das Wasser für den Reis aufkochen, Reis und Salz dazugeben, 5 Minuten auf kleiner Stufe kochen, dann die Platte abstellen. Nach weiteren 5 – 10 Minuten die Butter in einer Pfanne erhitzen, den fertigen Reis hineingeben, mit dem grünen Curry bestreuen und unterheben.

BIRGIT HERMANN

Saure Leberle

Ulrike Kleiser, die Pauliwirtin, kam die steilen Steinstufen aus dem Keller herauf. Ihr Blick wanderte durch die leere Gaststube, um diese Zeit waren die Kaffeegäste bereits weg und die Abendbesucher noch nicht da. Sie trug einen Korb mit Zwiebeln, die Vorbereitungen für den Abend liefen schon; frische saure Leberle, so stand es heute im Werbeblock der Badischen Zeitung. Ulrike stellte den Korb auf den Tresen, um die Kellertüre zu schließen. Sie klemmte. Dabei schaute die Wirtin eher zufällig durch das hintere Fenster auf den Parkplatz am Haus. Da entdeckte sie zwei Personen, die sich den neuen BMW ihres Küchenhelfers besahen. Uniformierte. Die Polizei?

Ärger ahnend ging sie um die Theke herum, vielleicht war es klüger, Istvan, den Ungarn in der Küche, erst zu fragen, ob mit seinem neuen Wagen alles in Ordnung war. Er hatte ihn aus seinem letzten Heimaturlaub mitgebracht, ganz billig, so sagte er zumindest. Die Kleisers hatten sich nur vielsagend angeschaut und noch mehr ahnend geschwiegen. Doch seither stand er dort, der flotte BMW, für Winterreifen hatte es offensichtlich nicht mehr gereicht und seit Tagen schneite es.

Istvan war eine gute Hilfe in der Küche, ein lieber Kerl, aber manchmal ließ er sich von windigen Versprechungen sogenannter guter Freunde blenden. Sicherlich hatte er in seinem Dorf mit dem deutschen Gehalt angegeben und sich alles andrehen lassen, was Geld in die verwaisten Kassen seiner Kumpane spülte. So auch den BMW. Doch ihn zu warnen, dazu kam Ulrike nicht mehr. Die Tür ging.

Istvan hatte die Kartoffeln für die Brägele schon geschält, die Leberle in kleine Würfel geschnitten und in eine große Schüssel getan, als er Stimmen im Gastraum hörte. Er war alleine in der Küche; Michaela, die Jungwirtin, war eben weggefahren, um ihre Jungs vom Training zu holen und Paul, der Wirt, war noch im Büro nebenan. Istvan blickte durch das kleine Fenster in den Gastraum. Da sah er die beiden Männer. Vor Schreck ließ er das Messer fallen. Scheiße, Polizei!

Ihm war es, als brenne das Päckchen in seiner Hosentasche ein Loch in seine Oberschenkel. Wie hatten die Bullen nur davon Wind bekommen? Keinen Augenblick hatte er es weggelegt oder aus den Augen gelassen, ganz so, wie es ihm sein Cousin Bodog aufgetragen hatte. So lange solle er es bei sich behalten, bis Tamas, ein Kumpel aus Freiburg, sich meldete. Es war für ihn bestimmt. Doch Istvan war schon seit fünf Tagen wieder hier und Tamas hatte sich noch nicht gerührt, kein Anruf, keine SMS. Ob ihm etwas zugestoßen war? Standen deshalb die Polizisten dort draußen? Nur etwas Schnee über die Grenze bringen und Tamas würde ihm dafür die neuen Winterreifen liefern. Schnee hatte es genug draußen, doch dieser Schnee in seiner Hose schmolz nicht. So sehr er sich dies im Moment auch wünschte.

Da hörte er Ulrike sagen: »Der ist in der Küche, Sie können ihn selbst fragen, aber ich kann Ihnen bestätigen, dass er das Auto, seit er hier ist, keinen Meter bewegt hat.«

Istvan schoss die Hitze in den Kopf, er zupfte nervös am Kochkittel. Ulrike hatte soeben bestätigt, dass er nicht weg war, hatte sie ihm ein Alibi gegeben? Geben wollen? Sie war fast wie eine Mutter. Es war also noch nicht alles verloren, seine Chefin stand zu ihm. Tamas! Es musste etwas passiert sein! Was sollte er mit dem scheiß Pulver jetzt nur machen? Er konnte schlecht weglaufen, damit würde er sich nur verdächtig machen und die Polizisten würden ihm folgen. Sein Blick fiel auf die blutigen Leberlewürfel. Die rötliche Flüssigkeit könnte das Zeug aufsaugen. Ohne weiter zu überlegen streute er den Inhalt des Beutels darüber und vermengte es. Den blutigen Kochlöffel in der Hand empfing er die Beamten.

»Sind Sie der Halter des BMWs da draußen?«

Istvan nickte, die Antwort blieb ihm im Halse stecken. Hatte man seinen Wagen präpariert? Gar noch mehr von dem Zeug ohne sein Wissen dort versteckt? Der junge Mann senkte suchend seinen Blick, wo war der Drogenhund?

»Der TÜV ist abgelaufen.«

»Was? Äh, ach so. Weiß nicht.«

»Bringen Sie das in Ordnung, sonst gibt es eine saftige Strafe.«

Istvan sah, wie das Blut am Löffel heruntertropfte und verstand die Welt nicht mehr. Hatte er umsonst das Koks unter die Rinderleber gemengt? Noch ehe er sich rechtfertigen konnte, hatten die beiden die Küche mit der Wirtin verlassen und bestellten draußen in der Gaststube einen Kaffee. Im Geiste sah Istvan das grimmige Gesicht seines Kumpanen Tamas aus der Schüssel mit den blutigen Würfel schauen. Um das Trugbild zu zerstören, stieß er mit dem Löffel hinein. Er stocherte darin herum, aber es half nichts, das Pulver hatte sich planmäßig im Sud der rohen Leber aufgelöst.

»Häsch wieder emol Glück gha!«, warf ihm die Wirtin die erlösenden Worte, das Auto betreffend, an den Kopf, stellte den Korb mit Zwiebeln vor seine Nase und fügte hinzu: »Loss es laufe, d Gmeindrot hät sich scho agmeldet. Die sin pünktlich mit d Sitzung fertig, wenn's um's esse got. Die kumme selte gnueg zu is ruff noch Ruedeberg. Ma kinnt grad meine, mir seie en Abseitsposchte vu Neustadt.«

Istvan hatte im Moment ganz andere Sorgen. Er lief zum Kühlfach – nichts. Keine weiteren Leberle, er hatte alle klein geschnitten. Er konnte unmöglich den Gemeinderat bekoksen, wuchtete die Schüssel unter den Wasserhahn und brauste die vermeintlich bekifften Leberle ab, schüttete dann das Wasser aus. Da floss es dahin, das liebe Geld. Er würde den ganzen Winter zu Fuß gehen müssen. Hoffentlich konnte Tamas sein Dilemma verstehen.

»Ah, und wie das duftet«, schwärmte wenig später die Vorsitzende der CDU, als die dampfenden Leberle über den Tisch geschoben wurden, »wie daheim.«

»Da schlägt dein Hausfrauenherz wohl höher, was?«, sinnierte spitz der Rettungsassistent aus der Gegenpartei und schlug zu.

Jeder packte ordentlich saure Leberle über die goldglänzenden Bratkartoffeln und schaufelte gierig in sich hinein. Fast jeder. Zwei Damen aus den Reihen der Grünen zogen es vor, ihren Veggietag zu nehmen und verschmähten die Leberle zu Gunsten einer Salatplatte, ohne Schweineschinkenröllchen, versteht sich. Wer wusste denn schon, ob die aus ökologischer Haltung stammten. Der Rest der Versammlung bestellte ordentlich Gerstensaft dazu, denn wenn schon sich an der Figur versündigen, dann richtig.

Mit Schweißperlen auf der Stirn beobachtete der Küchenhelfer die illustre Gesellschaft im Gastraum durch die kleine Fensterluke über dem Kachelofen. Noch schien alles in Ordnung. Mehr als ein Stoßgebet hatte er gen Himmel gesandt, dass alles gut gehen möge. Denn auch ein Polizeibeamter saß unter dem Deckmantel der CDU im Gemeinderat. Gerade schaufelte sich der Neustädter Unternehmer aus der gleichen Fraktion eine zweite Portion auf den Teller, dazu bestellte er das nächste Bier. Eine ungute Mischung.

»Hey, das Spülwasser wird kalt«, ermahnte Michaela Istvan, »was starrst du so da hinaus? Da ist keine für dich dabei.«

Istvan schwieg und widmete sich seiner Arbeit. Angstschweiß tropfte derweil ins Spülwasser. Er wusste genau, auf was die junge Wirtin anspielte. Schließlich hatte sie die aufdringliche Dame, die glaubte, noch Geld für irgendwelche Dienste zu bekommen, abgewimmelt. Dabei hatte er nur mit der Frau geredet, getrunken und geraucht, ja, vielleicht auch ein bisschen gefummelt, mehr aber nicht.

Das Gelächter aus dem Gastraum wurde immer lauter, die Augen der Abgeordneten immer glänzender und gieriger, die Sprüche derber. Auch sonst benahmen sich die Herren und Damen Stadträte recht offenherzig und aufgedreht. Sogar parteiübergreifend. Die sonst üblichen Diskussionen hielten normalerweise den ganzen Abend an und grenzten die Fraktionen über die Versammlung hinaus ab. Doch jetzt drehten sich keine Für- und Gegenargumente um den Ausbau der derzeit heiß debattierten Windräder. Im Gegenteil, die Blicke, besonders die der Herren, hafteten an der üppigen Oberweite einer SPD-Rätin. Dort hatte sich ein Soßenfleck heimisch gemacht, der nun alle unseriösen Bemerkungen, bis hin zur flächendeckenden Ausbreitung der Nahwärme, über sich ergehen lassen musste.

»Sag mol, hän die in d Sitzung scho vorglüht?«, bemerkte Michaela beim Blick durch das Spähfenster und sah Istvan fragend an. Das Vorglühen galt nur unter Jugendlichen vor dem Besuch einer Party als hip. Für Gemeindevertreter gehörte sich solch ein Benehmen eher nicht. Istvan zuckte scheinbar lässig die Schultern, innerlich hoffte er, dass keiner der aufgedrehten Räte schlappmachte. Denn es war offensichtlich, dass die Leberle den Koks schon auf-

genommen hatten, ehe er versucht hatte, die Reste abzu-
spülen. Nicht auszudenken, wenn einer Herzrasen bekäme
und auch noch der Notarzt kommen müsste. Man würde ihn nicht nur hochkant rausschmeißen, er dürfte hinter schwedische Gardinen wandern. Aus der Traum vom
Geldverdienen in Deutschland! Wieder drückte ihm die
Angst Schweißperlen auf die Stirn, seine Hände zitterten
und er zerschlug ein Glas. Als Michaela ihn fragend an-
blickte, wich er aus und ging hektisch in den Kühlraum,
so, als suche er etwas. Dabei sah er sich nach Paul, seinem
Chef, um. Dieser rührte nun den zweiten Schwung Leberle
aus der Schüssel in die Pfanne mit den glasig gedünsteten
Zwiebeln, ließ sie anrösten und löschte sie mit Weißwein
und Essig ab. Dazu kamen diverse Gewürze, das Geheimnis eines jeden Wirts, nur er durfte das Gericht vollenden.
Lediglich die Vorarbeit oblag dem Helfer.

Istvans Smartphone summte, ein Blick darauf ließ sein
Herz einen Takt aussetzen. Tamas! Er werde gegen Mitternacht in Freiburg losfahren. Istvan solle sich bereithal-
ten, die Übergabe Winterreifen gegen Päckchen finde auf
dem Parkplatz unterhalb des Kirnerhofes in unmittelba-
rer Nähe der Dorfwirtschaft statt.

Heute war nicht sein Tag!

Mit Entsetzen sah er nun zu, wie Paul die Leberle zuerst auf seinen, dann auf Ulrikes und Michaelas Teller
häufte. Sein Chef spürte wohl den Blick im Nacken und
drehte sich zu Istvan um. »Wie viel willsch?«, fragte er,
ehe er eine Portion auf seinen Teller rutschen ließ.

»Danke Chef, heute nicht. Mein Magen, nicht gut.«

»Was isch mit dir? Ebbis stimmt do mit dem Kerle it.
Der isch ganz denäbbe. Morge bring ich ihn zum Arzt«,
beschloss Michaela, der das Verhalten und unablässige
Schwitzen des Küchenhelfers dubios vorkam.

»Ha jetzt, iss was rechts, dann wird's besser. Willsch
en Schnaps?«, versuchte Paul den Burschen aufzupeppen.

Den konnte Istvan jetzt tatsächlich gebrauchen. Am besten zwei oder drei.

Während er sich nach einigen Magenbitter schwertat, seine Zunge im Zaun zu halten, legte das restliche Pauli-Team nach dem Genuss der sauren Leberle einen Aktionismus an den Tag, bzw. die Nacht, dass es den Ungarn graute. Noch nie war man auf die Idee gekommen, kurz vor Mitternacht die ganze Küche auf Hochglanz zu polieren. Doch die drei schienen sich einig und putzten was das Zeug hielt, während der Gemeinderat doch tatsächlich daranging, die Sitzungsprotokolle nochmals auszupacken. Nur der Polizist, er hatte am nächsten Tag Frühdienst, und die Veggiedamen machten sich kopfschüttelnd auf den Heimweg. Der Soßenfleck hatte eine neue Idee geboren: das eigene Neustädter Nahwärmenetz! Auch dem Bürgermeister schien die Idee zu gefallen, er müsste sich nicht mehr um die Windräder winden, könnte es somit der Touristikbranche recht machen und dennoch seinen Umweltbeitrag leisten. Gas aus der stillgelegten Deponie, Hackschnitzel vom städtischen Holzlager, die Kläranlage mit ihrem Klärschlamm und die Papierfabrik mit der Abwärme, alles an einem Platz, unmittelbar unter der Gutachtalbrücke. Die Ohren der Versammlung glühten.

Es schien, als sei Istvan der Einzige, der sich sorgte. Immer wieder blickte er auf die Uhr. Tamas war sicherlich schon losgefahren. Zum wiederholten Mal ging er vor die Tür, um eine zu rauchen, als nach und nach die Stadträte sich dazugesellten und ihn, den Küchenhelfer, anschnorrten. Istvan machte gute Miene zu bösem Spiel und teilte.

Da kam der Bauingenieur der Bürgerliste auf die Idee, Nägel mit Köpfen zu machen und den geplanten Nahwärmeenergiepark von oben, von der Gutachtalbrücke aus, zu begutachten.

Obwohl Nacht, war man sich gleich einig, die Gelegenheit beim Schopf zu packen, so jung und passend komme

174

man nicht mehr zusammen und die städtische Führung ging daran zu bezahlen. Istvan war erleichtert, keine unliebsamen Zeugen, wenn Tamas auftauchte. Doch damit löste er sein Problem nicht; das Koks war weg. In den Köpfen und Mägen der Stadträte bewegte es sich nun durch den östlichen Rudenberg der Gutachtalbrücke zu. Istvan wagte nicht daran zu denken, was passieren könnte. Keiner war mehr fähig einen Wagen zu lenken, obwohl sich ganz gesetzeskonform nur die ans Steuer setzten, die alkoholfrei getrunken hatten.

Istvan schwieg. Andere Sorgen drückten ihn. Er zog die letzte Zigarette aus der Schachtel. Ein Blick in die Küche verriet ihm, dass auch das Pauli-Team aufgehört hatte zu putzen und sich nun über den restlichen Magenbitter hermachte. Beschwingt wünschten sie ihm eine gute Nacht, er solle bitteschön noch abschließen, wenn er ausgeraucht habe.

Istvan harrte der Dinge, warf immer wieder einen Blick auf sein Telefon. Doch es blieb stumm.

Mitten auf der Brücke hielt der erste Wagen der CDU-Fraktion an, ihm folgten sowohl SPD, wie Bürgerliste und die verbliebenen Grünen. Die Damen und Herren schälten sich mühsam aus den Sitzen. Auch wenn um diese Zeit nur selten ein Auto über die Brücke raste, es konnte nicht schaden, die Warnblinker zu setzen. Im Nu glich die Gutachtalbrücke einer blinkenden Discolichterkette, die sich von Weitem gesehen irgendwo in der Luft hoch über dem Tal befand. Etwas Aufmerksamkeit konnte nicht schaden, es war immerhin eine fraktionsübergreifende Ortsbegehung und der Beginn einer innovativen, regenerativen Energiewende.

»Boa, isch des kalt do obbe. Do zieht d Wind durch wie Hechtsuppe«, bemerkte die Rentnerin aus der Christlichen Union und beugte sich wie alle anderen über das Geländer, um – nichts zu sehen.

»Un jetzt setzt au no Nieselrege i«, konterte der Gastronom aus dem Jostal, senkte aber ebenfalls seinen Blick in das dunkle Nichts, um nichts zu verpassen.

»So hoch!«, rief die grüne Kursleiterin für Babymassage, sammelte ihre Spucke, spitzte den Mund und sah ihrem Produkt nach, bis es sich in der Tiefe verlor.

»Des war z wenig«, brüskierte sich der Bauer aus dem Hochtal, »guck emol weg!«

Was dann folgte, kann man nur als Weitpinkelwettbewerb der männlichen Stadträte, begleitet von durchdringendem weiblichen Gelächter und Händeklatschen, bezeichnen. Die nasse Kälte ließ die Rätinnen zusätzlich hüpfen. In Anbetracht der Minustemperaturen resümierte der Eiskonditor vom Titisee in seinem Schwarzwalditalienisch: »Wenn des unte isch, weisch, dann häsch du Eiszapfen im Schnee stecke.«

»Gelati«, stellte der Reisebüroleiter der Bahn sachlich fest.

»Si, ma non dolce.«

»Nai, eher herb. Rothausherb.«

Den Platz des visionären Nahwärmekraftwerks konnte jedoch keiner sehen. Er lag in absoluter Tiefe und Dunkelheit. Das einzig reale Gebäude im Talgrund war, etwas stadteinwärts gelegen, die Kläranlage, deren Klärbecken und Türme sich vom Einheitsschwarz leicht abhoben, noch weiter nördlich stieg der Dampf der Papierfabrik aus dem Untergrund, sichtbar durch die Lichter der dahinter liegenden Stadt.

Plötzliches Reifenquietschen auf der talwärtigen Fahrbahn riss die nächtlichen Ortsbegeher aus ihrem spaßigen Treiben. Ein Lkw, unweit von ihnen, kam ins Schlingern und drohte auf die Gruppe zuzurasen. Glatteis? Der Fahrer riss das Lenkrad im letzten Moment herum und kollidierte mit einem Pkw, der ebenfalls die Gegenfahrbahn in Richtung Mitte verlassen hatte.

Wenig später war die Gutachtalbrücke noch heller: ausgeleuchtet von der Feuerwehr, die versuchte, einen Toten aus den Trümmern seines Fahrzeuges zu befreien. Krankenwägen und Notarztwagen taten ihr Übriges, um die Szenerie zu vervollständigen. Drei nagelneue BMW-Winterreifen lagen verstreut auf der Fahrbahn, einer hatte sich noch zwischen Fahrersitz und Rückbank des Pkws verkeilt. Er hatte, so vermutete man später, dem Fahrer beim Aufprall das Genick gebrochen.

Blass, man könnte auch annehmen, es wäre das ungünstige blaue Licht, das in ihre Gesichter fiel, standen die Räte nun schlagartig stocknüchtern geworden am Fahrbahnrand. Ein Sanitäter fragte nach ihrem Befinden und ob jemand Hilfe benötige. Dann traf das Polizeiauto ein. Einer der Streifenbeamten erkannte die Gemeinderäte samt ihrem Oberhaupt und ging auf die verdatterte Gruppe zu.

»Wa isch passiert?«

»Kei Ahnung, mir hän's nu quietsche und krache ghört«, stotterte der Unternehmer aus Neustadt und strich sich über seinen runden Bauch, als müsse er die Leberle daran hindern, den Rückweg anzutreten.

Der Polizist ließ seine Einsatzstiefel über den Boden gleiten. »Es isch arschglatt. Des muess jetzt erscht azoge ha. Vor einere Stund war no alles in Ordnung. Do bin ich selber durchfahre.«

»Jo, mir sin uff em Ruckweg vom Pauli gsi. Wo mir losgfahre sin, hän mir au no nix gmerkt vu dem Glattis. Aber des isch halt e Kaibebruck«, bestätigte der Bauer aus dem Hochtal und warf einen kontrollierenden Blick auf seinen Hosenladen, der, Gott sei Dank, wieder sittlich verschlossen war. Die Beamten nahmen die vagen Zeugenaussagen auf. Niemand fragte, warum die Stadträte auf der Brücke herumstanden. Offensichtlich ging man davon aus, dass der Zusammenprall sie aus ihren Wägen gelockt hatte. Der Ordnung halber ließen sie alle Fahrer in den Alkomaten blasen, der jedoch ein vorbildliches Ergebnis lieferte: Kein Alkohol!

Der Lkw-Fahrer stand unter Schock, auch später konnte er sich nicht mehr erinnern, Personen und Blinklichter an der Leitplanke gesehen zu haben. Seine Erinnerung reichte nur so weit zurück, dass er den Wagen auf der Gegenseite auf sich zurasen sah und versuchte auszuweichen. Was keiner in Frage stellte, der Lkw-Fahrer hätte schlecht nach rechts ausweichen können, dort ging es knapp hundert Meter in die Tiefe. 97, um genau zu sein.

Der Einzige, der wusste, warum er auf die Gegenfahrbahn geraten war, konnte nichts mehr sagen. Weder seine heruntergefahrenen Winterreifen, wie es die Polizei vermutete, noch die überfrierende Nässe auf der dem Wind ausgesetzten Brücke waren schuld, dass er von seiner Fahrbahnseite abgekommen war. Einzig eine wild aufgescheuchte Gruppe, die mit eingeschalteter Warnblinkanlage eine Art Tanz am Brückengeländer vollführte, hatte ihn irritiert und vom rechten Weg abkommen lassen.

Unterdessen hatte Istvan beschlossen, der Geschichte den Rücken zu kehren. Ihm war klar geworden, dass selbst wenn Tamas ihn verstehen würde, demnächst eine Gruppe unangenehmer Männer auftauchen und ihre Ware fordern würde. Tamas war kein größerer Stern am Kokainhimmel als er selbst, Istvan. Auch nur ein Handlanger. Die Hintermänner hatten sogar die Macht, ihnen die Arbeitserlaubnis entziehen zu lassen. Der eine oder andere saß nämlich am richtigen Hebel auf den Ämtern. Aber das war eine andere Geschichte, mit der Istvan nichts mehr zu tun haben wollte. Er ging wie er gekommen war, mit leeren Händen und ohne Gepäck, in die eiskalte Nacht hinaus.

Die Idee mit dem Nahwärmeenergiepark schlummert unterdessen, wie so viele gute Ideen, in den Schubladen der Gemeinde. So, als wäre sie nie geboren worden, denn keiner wagte es, die Erinnerung an jene seltsame Nacht aufzufrischen.

Suuri Leberle

Zutaten für 2 Personen:
2 Scheiben frische Kalbs- oder Rinderleber
1 kleine rote Zwiebel oder 2-3 Schalotten
etwas Mehl
Butterschmalz zum Anbraten
trockenen Weißwein (Riesling)
1 Lorbeerblatt, 1 Nelke
etwas Sahne
Salz, Pfeffer
eine Prise Zucker
Weißweinessig

Zubereitung:
Die Zwiebel fein würfeln. Die Leber in Streifen schneiden und mit Mehl bestäuben.
In einer Pfanne die Zwiebel in Butterschmalz anbraten, die Leber dazugeben und scharf anbraten.
Den Bratensatz mit Wein ablöschen, Nelke und Lorbeerblatt hinzufügen, etwas einkochen lassen. Dann noch einen Schuss Sahne hinzufügen, wieder etwas köcheln lassen.
Mit Salz und Pfeffer würzen. Mit Weißweinessig und Zucker abschmecken.

ANNE GRIESSER

Ode an einen Zwiebelrostbraten

Moosmayers Nerven zitterten wie die Barthaare einer Katze auf der Jagd. Sein Magen knurrte wie ein liebeshungriger Ochsenfrosch und seine Beine wackelten wie die frische Sülze seiner Großmutter Ingeborg. Und wäre der Kommissar an diesem frühen Samstagnachmittag nicht gleichzeitig am Verhungern und völlig von der Rolle gewesen, hätte er diese herrlichen Vergleiche auch umgehend in seinem roten Büchlein mit der Aufschrift *Aphorismen & Literarisches* notiert. Doch an diesem goldenen Herbsttag in der Ortenau waren ihm seine poetischen Ambitionen ausnahmsweise gänzlich schnuppe.

Leichenblass betrat er das nahe gelegene Wirtshaus. *Gasthof Rebstock* las er, und der Duft von frisch Gebratenem stieg ihm in die Nase. Vor Hunger wurde ihm fast schlecht – er hatte seit über 30 Stunden nichts gegessen – das Los eines viel beschäftigten Kommissars. Dennoch musste er sich jetzt zusammenreißen.

Der Wirt, ein Mann in den besten Jahren, mit gepflegtem Vollbart und blitzsauberer Kochjacke, begrüßte ihn höchstpersönlich und bot ihm einen Schnaps, sowie die Speisekarte an. Offenbar führte er den maroden Zustand des Neuankömmlings mit geübtem Auge auf dessen Hunger zurück.

Kommissar Moosmayer brachte ein gezwungenes Lächeln zustande, nahm den Schnaps dankbar an, ignorierte jedoch schweren Herzens die Karte, da er Wichtigeres zu klären hatte. Er ließ seinen Blick durch die Wirtsstube wandern, die gut besucht war, extrem gut sogar, der halbe Ort schien sich hier zu tummeln.

»Gemeindeversammlung«, erklärte der Wirt mit wohltönender Stimme. »Sie besprechen das geplante Dorffest im kommenden Jahr.«

Moosmayer nickte und nippte. Und nippte. Und nippte noch einmal.

Lag es also am Schnaps, einem hervorragenden Zibärtle, dass sich seine Nerven nach und nach beruhigten? Oder lag es an der friedlichen Atmosphäre im Landhotel, an dem einlullenden, monotonen Stimmengewirr? An der Sonne, die vereinzelte Strahlen in die Wirtsstube schickte?

Moosmayer entspannte sich, sein Atem ging langsamer. Hätte sein Magen nicht weiter geknurrt und wäre sein Anliegen nicht so unangenehm gewesen, er hätte sich hier wohlfühlen können.

»Ähm«, räusperte er sich und stand auf. »Moosmayer ist mein Name. Kriminalpolizei. Wer von Ihnen kennt einen älteren Herrn mit Glatze, kariertem Hemd, Jeans – und einem Laubbläser?«

Das Stimmengewirr ebbte schlagartig ab. Alle Köpfe drehten sich zu Moosmayer um, gut vierzig Augenpaare starrten ihn an. Junge, alte, wässrige, blaue, grüne und bebrillte. Manche blickten verwundert, andere neugierig. Einige nahmen einen besorgten Ausdruck an.

Schließlich erhob sich ein stattlicher Herr, strich sich zweimal über den Schnurrbart und sagte: »Heinz Finkelgruber.«

Moosmayer wusste nicht, ob es sich dabei um den Namen des Laubbläsers handelte, oder ob der Stattliche sich selbst vorstellte. Deshalb winkte er ihn an seinen Tisch. »Sie sind ...?«

»... der Ortsvorsteher unseres Dorfes.«

Moosmayer nickte und bat seinen Gesprächspartner, ihm zu erklären, wer der Laubbläser sei. Mit jovialer Stimme gab der Stattliche Auskunft, es klang, als hielte er eine politische Rede.

Der Ortsvorsteher:

»Ein kostbares Mitglied unserer Gemeinde! Jawohl! Heinz Finkelgruber engagiert sich aufs Trefflichste für unser Dorf. *Sauberkeit und Ordnung* – das hat er sich auf die Fahnen geschrieben, unser Heinz. Und das nicht nur vor seinem eigenen Häuschen, nein, im ganzen Ort. Heinz Finkelgruber sorgt für den makellosen Zustand der öffentlichen Anlagen und Gehwege, unentgeltlich, wohlgemerkt. Ja, da staunen Sie, Herr Kommissar, nicht wahr? Wo findet man das heute noch? Ehrenamtliches Engagement fürs Gemeinwohl! In Zeiten, da jeder nur an sich denkt, seine Rechte für selbstverständlich nimmt, aber von Pflichten nichts wissen will?

Bei uns auf dem Land, ist die Welt noch in Ordnung!

Freilich, ein paar Spannungen gibt es auch hier, das lässt sich ja nicht vermeiden, wenn Menschen mit unterschiedlichen Neigungen zusammenleben.

Der Heinz Finkelgruber, zum Beispiel. Von ihm hat jeder schon profitiert. Da muss einer nur in Urlaub fahren – der Finkelgruber ist da und kümmert sich. Wozu hat er schließlich den schönen Aufsitzrasenmäher? Und um *Kehrwochen* muss sich bei uns keiner mehr Gedanken machen, seit der Heinz seinen Bläser hat! Kein Blättchen liegt bei uns auf der Straße. Jetzt im Herbst, da läuft er zur Hochform auf.

Dass er sich dabei nicht immer an die vorgeschriebenen Ruhezeiten hält, nun, das kann im Eifer des Gefechtes schon mal passieren. Aber, mal ehrlich, wer braucht heute noch eine Mittagsruhe?

Gut, am Sonntag will man es vielleicht schon mal ein bisschen stiller haben. Aber: *Das Laub richtet sich nicht nach dem Tag des Herrn,* sagt der Finkelgruber. *Es fällt auch sonntags.*

Ich habe ihn ein paar Mal ermahnt – und zweimal habe ich seinen Laubbläser in meinem Schuppen weggesperrt. Das erste Mal am Weißen Sonntag meiner Nichte, das zweite Mal erst letzte Woche, als wir Besuch von meiner Schwiegermutter hatten. Da hätten Sie den Heinz mal erleben sollen, Herr Kommissar! Fuchsteufelswild ist der geworden! Wenn es um seinen Bläser geht, versteht er keinen Spaß. Hat mir sogar gedroht, die Polizei zu rufen. Dass er damit ernst macht, hätte ich aber nicht gedacht. Und dass Sie gleich einen Kommissar schicken – also, finden Sie das nicht selbst ein bisschen übertrieben, Herr Moosmayer?«

»Ähm«, räusperte sich Moosmayer und hob zu einer Antwort an, doch der Ortsvorsteher ließ ihn nicht zu Wort kommen.

»Josepha«, rief er. »Komm doch mal rüber und erzähl dem Kommissar, was für ein braver Nachbar der Heinz Finkelgruber ist!«

Eine verhutzelt wirkende alte Frau humpelte heran, nickte mehrmals und begann mit brüchiger Stimme zu reden.

Die Nachbarin:

»Ja freilich. Der Heinz. Der beste Nachbar, den man sich denken kann! Immer freundlich und hilfsbereit. Wissen Sie, ich bin ja auch nicht mehr die Jüngste – und der Heinz, der trägt mir immer die Einkaufstaschen ins Haus. Also, zumindest, wenn er nicht gerade beschäftigt ist. Seit er seinen Laubbläser hat, ist er ja meistens am Rumwerkeln. Alles picobello beim Heinz! Der Garten, das Haus, der Gehweg. Sieht man selten, bei einem Junggesellen.

Sind Sie verheiratet, Herr Kommissar? Nein? Dachte ich's mir! Sie haben auch so einen unsteten Blick, das haben Junggesellen oft, als wären sie auf der Suche nach irgendwas und wüssten nur nicht, wonach.

Nun, der Heinz hat diesen Blick nicht mehr. Seit er den Laubbläser besitzt.

Hä? Wie bitte? Also bei mir müssen Sie schon schreien, Herr Kommissar. Ich hab mal wieder mein Hörgerät vergessen und ohne bin ich taub wie ein Fisch. Aber was rede ich da – sind Fische überhaupt taub?

Was wollen Sie denn vom Finkelgruber?

Also, ganz so laut müssen Sie auch wieder nicht brüllen. Wissen Sie, ich kann auch ein wenig von den Lippen ablesen.

Gestern Abend, da hat er noch recht lange geblasen. Auch auf meinem Gehweg. *Das Laub kennt keine Grenzen*, hat er gesagt. *Siehst du, Josepha, das sind Birkenblätter. Die kommen von dir zu mir rüber.*

Zum Dank, oder vielleicht auch aus schlechtem Gewissen, weil meine Blätter sich nicht benehmen können und einfach auf seine Seite flattern, habe ich ihm einen Hähnchenschlägel angeboten. Mit Pilzsoße und Knöpfle. Alles selbst gemacht. Wissen Sie, ich leide unter Gastritis, manchmal kommt das ganz plötzlich, dann ist an Essen nicht zu denken. Wäre ja schade gewesen, um die gute Mahlzeit.

Was schauen Sie denn so, Herr Kommissar? Jetzt sagen Sie nicht, dass da ein falscher Pilz ins Ragout geraten ist! Ich sehe ja nicht mehr so gut – und die Pilze habe ich selbst gesammelt. Da kann schon mal …

Dem Heinz ist doch nichts passiert?

Ach, jetzt haben Sie mir aber einen Schrecken eingejagt! Nein, was für eine dumme Idee von mir. Heute morgen habe ich ihn ja noch blasen hören. Wissen Sie, der Laubbläser ist so laut – den höre ich sogar ohne Hörgerät. Können Sie sich das vorstellen, Herr Kommissar? Ohne Hörgerät!«

»Ähm«, räusperte sich Moosmayer. »Nein, von einer Pilzvergiftung weiß ich nichts. Machen Sie sich keine Sorgen, ich will nur …«

Er stockte. Offenbar sprach er zu leise, denn Josepha beachtete seine Worte nicht, griff nach seinem Arm und sagte: »Sie müssen etwas essen, Herr Kommissar. Sie sind ja ganz blass.«

Eine Antwort wartete sie nicht ab, sondern bestellte einen Zwiebelrostbraten mit Spätzle und Salat und der Wirt verschwand widerwillig in der Küche. Man sah ihm deutlich an, dass er lieber dem Gespräch gefolgt wäre.

»Ohne Hörgerät!«, wiederholte die Alte und schüttelte den Kopf. »Ich hab schon den Alfred gebeten, dass er mal nachschaut, ob man an der Lautstärke des Bläsers etwas regeln kann. Wissen Sie, der Alfred ist hier im Dorf unser Mechaniker. Wenn einer etwas reparieren kann, dann ist er es. Komm doch mal rüber, Alfred!«

Noch bevor Moosmayer einschreiten konnte, hatte Josepha einen mürrisch dreinblickenden Mann herbeizitiert, der nur zögernd an den Tisch des Kommissars trat.

»Erklär dem Herrn von der Polizei doch mal das Problem mit dem Laubbläser.«

Der Mechaniker:

»Was soll ich da groß verzähle? Der Herr Kommissar isch sicher nit da, um sich von mir technisches Gschwätz azuhöre.

Der Heinz, der losst doch sowieso niemand an sein heilige Bläser no. Ei einzigs Mol, do war was defekt. Aber Sie kapiere des jetzt eh nit, wenn ich Ihne des erklär, Herr Kommissar!

Ich habs repariert, provisorisch zumindest, aber ich hab ihm glei gsait, dem Heinz, dass des nit sicher isch! Ich hab ihm gsait, er müsst's eischicke – aber des könnt halt ä paar Woche dauern, bisser den Bläser dann zurückkriegt. Do hätte Sie ihn ämol sähe solle! *Des Laub richtet sich nit nach dem Dienschtplan von denne Faulpelz in der Firma,* hätter gmeint. *Die Blätter falle jetzt, nit im Winter.*

Also ehrlich, Herr Kommissar, ich hab ihn gwarnt! Des könnt bös ende, hab ich gsait. Ich hab ihm dann zwar so ä Teil eibaut – aber richtig verschweiße konnt mer des halt nit, an derre Stell. Wie gsait, des isch zu kompliziert für en Laie wie Sie.

Jedenfalls, wenn dem Heinz jetzt sin Laubbläser um die Ohre gfloge isch – also do übernehm ich kei Verantwortung. Ich nit!«

»Ähm«, setzte Moosmayer an, aber der Mechaniker hatte gesagt, was er zu sagen gedachte, stand auf und ging zurück zur Gemeindeversammlung, die mittlerweile nicht mehr ganz so fröhlich klang.

Aus der Küche drang der würzige Duft von gebratenem Fleisch und gerösteten Zwiebeln und Moosmayers Magen schlug Kapriolen. Es war zum Verrücktwerden! So nahe war er dem Zwiebelrostbraten, aber er konnte ihn jetzt unmöglich essen, denn zuerst musste er ...

In diesem Moment kam ein schlanker, junger Mann auf ihn zu, reichte ihm die Hand und stellte sich ein wenig verlegen vor: »Uwe Knöttel ist mein Name. Schriftsteller. Darf ich Sie etwas fragen, Herr Kommissar?«

Der Schriftsteller:

»Sie kennen doch sicher Inspektor Columbo, oder? Die Serie mit Peter Falk? Die kennt doch jeder! Und da gibt es diese eine Folge mit den Hunden, die kennt auch jeder. Die geht um zwei Dobermänner, ganz reizende, harmlose Hunde, können keiner Fliege etwas zuleide tun – bis – ja, bis ihr Besitzer sie zu perfekten Mordmaschinen umprogrammiert. Ein einziges Wort, nämlich *Rosebud,* genügt, um aus den harmlosen Hunden gierige Killer zu machen.

Warum ich Ihnen das erzähle, Herr Kommissar?

Nun ... Ach, es weiß ja sowieso jeder hier im Dorf: Der Heinz Finkelgruber und ich, na ja, wir sind nicht gerade ein Herz und eine Seele. Sehen Sie, ich weiß nicht, ob Sie sich jemals darüber Gedanken gemacht haben, aber ein Schriftsteller im Schreibfluss braucht absolute Ruhe. Jedes Klingeln, Brummen, jedes Kindergeschrei ist da tödlich. Mein Telefon steht immer auf lautlos, wenn ich arbeite.

Ach, Sie schreiben selbst? Dann wissen Sie ja, wovon ich rede!

Also anfangs, da hab ich noch versucht, ganz vernünftig mit ihm zu verhandeln. Aber: keine Chance. *Das Laub richtet sich nicht nach Ihren kreativen Ergüssen,* sagt der Finkelgruber. *Und überhaupt, das ist doch kein Beruf: Schriftsteller!*

Verstehen Sie, Herr Kommissar? Da war jede Diskussion zwecklos. Seit der Finkelgruber den Bläser hat, habe ich kein Wort mehr geschrieben. Kein Wort!

Im Café, das funktioniert bei mir einfach nicht. Mein Gott, es geht doch um meine Existenz!

Trotzdem – und das müssen Sie mir glauben, Herr Kommissar – trotzdem war es nur ein Spiel, sonst nichts. Also ... ich hab dem Heinrich von Kleist, meinem Bullterrier, beigebracht, auf das Geräusch und das Wort *Laubbläser* zu reagieren. Und wirklich, ich hätte es selbst nicht gedacht, aber es funktioniert! Wenn er den Laubbläser hört, dann geht mein Heinrich ab wie Schmidts Katze.

Sie als Hobbyautor, Herr Kommissar, Sie verstehen mich. Es war ja nur eine heimliche Freude, eine kleine Rache im Verborgenen. So etwas braucht man manchmal, als sensibler Mensch. Wissen Sie, meine Nerven liegen blank und ich schlafe auch schlecht seit meiner Schreibblockade. Anders kann ich es mir jedenfalls nicht erklären, dass ich vergessen haben soll, den Zwinger abzuschließen. Seit gestern abend ist er weg, mein Heinrich von Kleist. Spurlos verschwunden.«

»Ähm«, sagte Moosmayer und war drauf und dran mit der Faust auf den Tisch zu hauen. Vor Frust, aus Zorn, er wusste es selbst nicht so recht, doch just in diesem Moment brachte der Wirt höchstpersönlich seinen Zwiebelrostbraten herein. Der Duft ließ Moosmayers Hand sinken und in seinem Mund lief das Wasser zusammen.

Ob er vielleicht doch ein paar Bissen essen konnte, bevor er reinen Tisch machte? Es schadete ja niemandem ... niemandem mehr. Es kam auf ein paar Minuten nicht an und sein Magen gurgelte derart laut, dieser Duft ... ah. Dem Fleisch sah man an, wie weich es war, wie es gleich auf der Zunge zergehen würde, dazu die würzigen Zwiebeln ...

Eine Frau trat an seinen Tisch. An jeder Hand hing ein heulendes Kind, zwei Buben, vielleicht sieben und acht Jahre alt. »Na los, Moritz«, gab sie dem größeren einen Schubs. »Erzähl dem Kommissar, was ihr angestellt habt!«

Moritz:

»Wir wussten doch nicht, dass es so schlimm ist! Dass da gleich die Polizei kommt!

Weißt du, Herr Kommissar, alle, wirklich alle, zumindest alle Erwachsenen, sagen doch immer, dass der alte Finkelgruber die größte Plage im Dorf ist. Und dass man ihm seinen blöden Laubbläser in den ... also, in den Hintern schieben sollte, dem Hundsfott, dem elenden.

Es war doch nur Juck- und Niespulver, das wir unter das Laub gestreut haben! Ziemlich viel, das schon, aber er hats doch nicht besser verdient, das sagen alle!

Werden wir jetzt verhaftet, Herr Kommissar?«

Moosmayer tat, was er schon viel früher hätte tun sollen: Er hieb seine Faust mit aller Gewalt auf den Tisch, sodass sein Zwiebelrostbraten, noch unangetastet, aber mittlerweile mit genau der richtigen Temperatur für den Verzehr, auf dem Teller hüpfte.

»Ruhe!«, rief er und gut vierzig Augenpaare starrten ihn an. Junge, alte, wässrige, blaue, grüne und bebrillte. Alle blickten erwartungsvoll.

»Wir brauchen einen Krankenwagen! Und einen Notarzt! Obwohl die nur noch feststellen werden, dass sie zu spät kommen.

Ich ... ach, verflucht! Müde, überarbeitet und hungrig wie ich bin, habe ich draußen auf der Straße einen alten Mann mit Glatze und kariertem Hemd überfahren. Er ist mir mit seinem Laubbläser direkt vor den Wagen gelaufen. Ich hatte keine Chance.

Zwanzig Minuten habe ich versucht, ihn wiederzubeleben.

Haben Sie mir noch einen Schnaps – ich fürchte, ich stehe unter Schock.«

Viele der Augenpaare, die auf ihn gerichtet waren, bekamen nun einen warmen Glanz. Manche blickten erleichtert. Einige sehr erleichtert.

Lob des Landlebens, notierte Kommissar Moosmayer am nächsten Tag in sein rotes Buch mit der Aufschrift *Aphorismen & Literarisches*. Und einen Vierzeiler mit dem Titel *Ode an einen Zwiebelrostbraten*.

Der Ortsvorsteher hatte die Dinge geregelt: »Ich nehme den Unfall auf meine Kappe. Nicht, dass man Ihnen Alkohol am Steuer nachsagt, Herr Kommissar! Sie haben ja mittlerweile das ein oder andere Zibärtle getrunken.«

Die Schäden an Moosmayers Wagen reparierte der Mechaniker noch vor Ort.

Die alte Josepha raunte ihm zu, dass sie aus sicherer Quelle wisse, dass der Finkelgruber keine Erben habe, das Haus fiele wohl an die Bank, es sei noch nicht abbezahlt.

Und ob Kommissar Moosmayer nicht zufällig ein neues Domizil suche?

Er beschloss, den Vorschlag zu erwägen. Nicht zuletzt, weil die Mutter von Moritz und Lorenz ihm mehrfach zugelächelt hatte, wobei sich zwei äußerst hübsche Grübchen auf ihrer Wange zeigten. Und die Vorstellung, sich regelmäßig mit einem echten Schriftsteller auszutauschen, reizte ihn schon sehr.

Die Rechnung für Rostbraten und Zibärtle ging natürlich aufs Haus.

Schwarzwälder Zwiebelrostbraten mit Rotweinsoße und Kartoffelwürfeln

Zutaten für 4 Portionen:

4 Rumpsteaks
4 große Zwiebeln
2 EL Mehl
Butterschmalz zum Braten
16 mittelgroße Kartoffeln (festkochend)
Salz, Pfeffer, Cayennepfeffer
Kräuterzweige zum Garnieren

Für die Rotweinsoße:
1 Zwiebel
1 EL Tomatenmark
1 EL Butter
400 ml Rotwein
100 ml Cassis-Likör
1 EL Balsamico-Essig
50 ml Sahne
Pfeffer, Salz, Paprika (edelsüß)

Zubereitung:
Zuerst die Kartoffeln schälen und in kleine Würfel schneiden. In Salzwasser halbgar kochen, danach gut auskühlen lassen.
Die Rumpsteak waschen, mit Salz und Pfeffer würzen und mit Mehl bestäuben. Butterschmalz in einer Pfanne erhitzen und die Steaks darin von beiden Seiten anbraten. Danach im Backofen warm stellen.

Für die Rotweinsoße die Zwiebel fein hacken, in Butter andünsten. Tomatenmark hinzufügen und mit Rotwein ablöschen.

Cassis und Balsamico-Essig hinzufügen und ca. 5 Min. köcheln lassen. Mit Salz, Pfeffer und Paprika würzen, die Sahne dazugeben und einkochen lassen, bis eine sämige Soße entstanden ist.

Die Kartoffelwürfel in der Pfanne anbraten, in der zuvor das Fleisch war (ohne sie auszuspülen), damit die Kartoffeln das Fleischaroma annehmen können. Evtl. mit Salz und Pfeffer nachwürzen.

Die 4 großen Zwiebeln in dünne Ringe schneiden, im Butterschmalz kräftig rösten, bis sie schön braun sind. Mit Salz und Cayennepfeffer würzen.
Die Steaks auf dem Teller anrichten, Rotweinsoße darüber verteilen und obendrauf die gerösteten Zwiebeln geben. Kartoffelwürfel dazulegen und mit Kräuterzweigen garnieren.

GITTA EDELMANN

Das Pilzgericht

Hallo? Ja, ich bin's. Tut mir leid, mir könne hit Abend nit zu diner Geburtstagsfeier komme. Mei Schwiegervatter isch letscht Nacht g'schtorbe.

Genau, schon fascht 80.

Rüschtig, ja.

Nei, nit des Herz. Eher die Leber oder so. Naja, der hätt scho ganz gern einer g'pfetzt. Meischtens auch nit nur einer und dann wurd er richtig grantig. Dabei war's sonst scho schwierig mit ihm. Man soll über Tote ja nit schlecht schwätze, aber ...

Absolut, und ich hab in der letschten Zeit viel an die Tante Mine denke müsse. »Alt und jung unter einem Dach tut nit gut«, hätt sie immer g'sait. Und isch lieber ins Altersheim gezoge als zu uns. Mir hän ihr des obere Stockwerk angebote, als die Zwillinge zum Studium ginge. Zwei Zimmer, Bad und Kochnisch wär doch schön für sie g'wese. Und ä eigene Wohnungstür hämmir auch eingesetzt. Na, die kam dann ebe minem Schwiegervater zugut, der hätt kei solche Skrupel g'habt wie mine Tante. Hätte mir mal lieber für uns au ä Wohnungstür ang'schafft!

Ja, stimmt, er hätt uns finanziell unter die Arme g'griffe, als der Rudi arbeitslos wurd. Sonscht hätte mir des Haus verlore. Allerdings hätt er dann genauso auf der Straß g'sesse. Aber schließlich, wenn er von ebbes gnue g'habt hätt, dann Geld. Und was für ä Genuss für ihn,

194

uns immer wieder aufs Butterbrot zu schmiere, was wir ihm zu verdanke hätte! Und dass des Haus jetzt sin Eigetum wär.

Bitter klingt des? Du häsch ihn ja kaum kennt. Häsch du nit mitkriegt, wie der uns schikaniert hätt? Der Rudi, der war manchmal so ebs von fertig! Wenn der nit wieder ä Job g'funde hätt, der wär mir direkt iigange. Nichts konnt er dem Alte recht mache. Mir hätt er immerhin ab und zu »genießbar« hing'nuschelt.

Na, bim gemeinsame Esse natürlig. Glaubsch du, mein lieber Schwiegervater hätt obe allein gesse? »Du kochsch doch sowieso für euch, da brauch ich nit noch mit meinem Herd Strom verbrauche«, hätt er g'sait. Lieber wärs ihm g'wese, ich hätt pünktlich mittags um zwölfe s Esse uf de Tisch g'stellt wie sei selige Gattin, aber ich bin ja um die Zit mit Esse auf Rädern unterwegs und der Rudi kommt abends au erscht nach der fünfe.

Na klar – dem hätt's g'schmeckt! So wie der zug'schlage hätt! Und immer Extrawünsch. »Beim nächsten Mal nimm aber fetteres Fleisch« oder »Du weißt doch, dass ich Broccoli nit mag. Mach mir lieber Blumenkohl. Aber mit weißer Soß!« Ob mir Blumekohl möge, hätt er nit g'fragt. Und Koschtgeld hätt er au keins zahlt, weil mir ja sowieso alles erbe. Na, ich bin g'spannt.

Teschtamentseröffnung? Morge.

Belohnt? Kannsch du laut sage. Für die letzte acht Jahr hämmer einiges verdient. Die Zwilling sin auch nur noch selte gekomme, so wie der Alt immer auf ihne rumg'hackt hätt. Jetzt sind sie beide da – mit ihre Männer und dem Butzele. Süß, sag ich dir, die Klei isch einfach süß! Sie kann scho fascht laufe und Mama sage und Papa und Ba – des isch ihr Ball und …

Klar kannsch vorbeikomme. Sie bliibe bis zur Beerdigung.

Wann? Äh, tja, des isch no nit so ganz klar. Nach der Autopsie.

Ja, du häsch scho richtig g'hört. Der Arzt hätt g'meint, es könnt mit dem Pilzragout von geschtern z'sammehänge. Hab ich dir des nie verzählt?

Na, siehsch. Total wild war der uf Pilz. De Rudi und mich kannsch ja jagen damit. Mir esse nit ämol Zuchtchampignons.

Nee, gekaufte Pilz hätt ich dem nie vorsetze könne. Selbscht g'pflückt im Wald hätt er die.

Ausgekannt? Ich doch nit. Aber er. Ä echter Spezialischt war der. Andererseits sehe sich manche Pilz so ähnlig, also da kann scho ma ä Fehler passiere. Natürlig isch er sit siner OP nimmer allein in der Wald gange. Konnt sich ja nimmer bücke. Wenn Pilzwetter war – so warm und feucht wie jetzt grad – musst ich glei morgens mit ihm los. Zwei Stunde durch de Wald und »jetzt pflück mal die Grünlinge da und den Hallimasch dort« oder »abschneide, nit rausreiße«.

G'scheucht. Des kannsch laut sage.

Immerhin war er nach der OP nimmer so schnell zu Fuß. Da konnt ich ihm besser us'm Weg gehe. Der konnt doch sinne Pfote nit bei sich behalte! Hätt wohl denkt, mit dem Haus hätt er glei sämtliche Rechte mitgekauft.

Was, dir hätt er au mal in de Hintern g'pfetzt? Dann kannsch dir vielleicht vorstelle ...

Nei, natürlich isch so e kleiner Pfetzer nit schlimm. Aber wie würdsch du dich fühle, wenn dei Mann zur Arbeit isch und du liegsch mit Migräne im Bett und plötzlich steht dei Schwiegervater nebe dir und macht de Badmantel uff. Ohne ebs drunter. Was denksch du, worüber ich mich ufreg! Der ging uf mich los! Des war so vor drei, vier Jahr. Ich war wie erstarrt. Und stark war der Mann noch! Hätt ich bei so em Alte nit denkt.

Nei, letztendlich hätt er's nit geschafft. Abg'schlafft, wenn du verstehsch. Und dann hab ich ihm noch's Knie dagege g'rammt und bin ab. Immerhin hätt des Bad ä Schlüssel.

Hättscht du des dinem Mann verzählt? Na, siehsch, ich au nit. Der hätt gnue am Hals. Ich hab des immer allein hing'kriegt.

Wie genau es passiert isch? Ja, also ich bin morgens mit ihm in die Pilz gegange und er hätt mir genau gezeigt, welche ich pflücke soll. Abends hab ich dann gekocht – Broccoliauflauf für de Rudi und mich und für de Alt die Pilz. De ganze Topf hätt er leer gesse, die Soß noch mit Brot uftunkt. Dann isch er nach obe gegange, weil er noch fernsehen wollt und ihm unser Apparat nit groß gnue isch. Ahnsch du, warum mir kei neuer kaufe?

Weiter? Ja, also.

In der Nacht hätt er wohl Bauchschmerze g'habt. So richtig mit Durchfall und Erbrechen. Hätt man hit morge noch g'sehe – ich sag dir! Irgendwann isch er wohl ohnmächtig g'wore und als der Rudi morgens hochging – der

bringt ihm immer die Zeitung – lag er tot im Fernsehsessel. Der Fernseher war noch an. Volle Lautstärk, wie
immer. Deshalb hämmir auch nachts nichts g'hört, mir
schlafe schon seit Jahre nur mit Ohrestöpsel!

Natürlig macht man sich Vorwürf. Aber – wer konnt
denn ahne ...

Was meinsch? Ä alter Bock? Was soll des heiße, du
kommsch da drüber nit weg. Hätt er bei dir auch mal ...?

Na, dann kannsch froh sin. Ich konnt mich ja wehre. Aber,
stell dir vor, als d'Steffi zu minem Geburtstag bei uns war,
hätt sie doch hier übernachtet. Und als sie morgens aus
der Dusche kam, hätt der Alt ihr aufg'lauert in sinem
graue Badmantel. Ich kam grad vom Einkaufe, da hab ich
sie schreie g'hört. *Mama!*, hätt sie g'brüllt. Mama, als wär
sie noch ä kleins Maidli. Er hätt sie ziemlich fescht packt,
aber zu zweit ware mir doch stärker. Und dann hätt er
g'sait: »Wenn ihr was sagt, erbt ihr keinen Pfennig und
das Haus seid ihr auch los!« Und g'lacht hätt er, stell dir
des vor, g'lacht.
    Was sagsch? Vor Gericht hätt ich ihn bringe solle? Du
häsch Humor! Wie denn, ohne Beweise? Und was wär
dann mit dem Haus?
    Ja, ja, ich muss au glei los, mir sehe uns am Zischdig im
Kirchechor. Adje.

Leise legt sie den Telefonhörer auf. Ihr Blick fällt auf den
bereitgestellten Wäschekorb. Jetzt muss sie nur sicherheitshalber noch schnell den Anorak waschen. Vielleicht
sind da in der Tasche noch Spuren von dem Pilz. Grünlich
hat er ausgesehen, knollig unten am Stiel und mit einer
Manschette. Unter einer Eiche hat sie ihn entdeckt, und
als ihr Schwiegervater sich umdrehte, um gegen einen

Baum zu pinkeln, wie er es so gerne tat, hat sie den Pilz abgerissen. Nicht sauber abgeschnitten, nicht herausgedreht. Abgerissen mit klopfendem Herzen und in die Jackentasche gesteckt. Er hat ungefähr so ausgesehen wie ein Grünling. Oder wie der grüne Knollenblätterpilz, den sie sich neulich auf der Farbtafel im alten Brockhaus angeschaut hat. Ganz sicher ist sie sich nicht gewesen. Sie hat ihn einfach mitgekocht und abgewartet.

Ja, der Alte hat sich endlich verantworten müssen. Vor Gericht. Vor dem Pilzgericht. Und das Todesurteil war vollstreckt.

Pilzragout

Zutaten:
250 g geputzte, frische Pilze (alternativ auch aus dem Glas)
1 Zwiebel
100 g durchwachsener Speck
etwas Öl
200 ml süße Sahne
2-3 Scheiben Scheibletten
etwas Salz, etwas Pfeffer

Zubereitung:
Zwiebel und Speck kleinschneiden und in etwas Öl anbraten. Die klein geschnittenen Pilze dazugeben und mitgaren.
Mit Sahne ablöschen und aufkochen lassen. In der Soße die Scheibletten zergehen lassen – sie dicken an und geben Würze. Nach Belieben mit Salz und Pfeffer abschmecken.

Dazu passen am besten Salzkartoffeln.

HANS PETER ROENTGEN

Gans mit roten Beeren

Die Soße sah aus wie Plastiksprengstoff und so schmeckte sie auch. Die Gans war angebrannt und die Wohnung
roch danach.

Das war meine erste Gans, damals. Heute weiß ich,
dass man das Fett regelmäßig abschöpfen und die Gans
mit Rotwein übergießen muss. Plastiksprengstoff stelle
ich nicht mehr her. Und auch die Füllung besteht nicht
mehr nur aus Äpfeln.

Steffi hätte die Gans gemocht. Sie war unser Küken,
damals, Anfang der Siebziger, und aß alles, was ich kochte. Mein Essen schätzte sie. Mich leider nicht. Und heute
ist sie nicht dabei, obwohl sie meine Füllung aus Obst,
Beeren und Kastanien sicher genießen würde.

Dafür kommen die anderen. Seit fünfzehn Jahren bra-
te ich Gänse. Immer an Martini, am 11.11. Das lasse ich
mir nicht mal von Martin ausreden. Martin schätzt es gar
nicht, wenn man seine Wünsche nicht respektiert. Er ist
das nicht gewohnt. Wer nicht nach seiner Pfeife tanzt, hat
nichts zu lachen.

Nur bei der Gans macht er eine Ausnahme. »An Martini oder gar nicht«, habe ich ihm erklärt und so muss der
Freiburger Reich-Ranitzki seine Termine eben verlegen,
wenn er mitessen möchte.

Diesmal habe ich einen teuren Wein gekauft. Rot wie
die Bandiera Rossa, die rote Fahne, von der wir damals
sangen, und fast genauso alt. Nicht von Aldi. Martin
wird das schätzen. Toskana, eine Weinbaugenossen-
schaft, auch von ehemaligen Genossen. Wohin hat es uns
alle verschlagen, die wir damals linken Ideen anhingen?
Heute keltern wir Wein, schreiben Zeitungsartikel oder
programmieren Webseiten. Und tief im Innern, dort, wo

wir die alten Ideale begraben haben, dort trauern wir um die große Zeit, als wir alle eine Familie waren und sicher, dass uns die Zukunft gehören würde. Und dass sie ganz anders sein würde als das Land unserer Eltern.

Ich habe Steffi verehrt. Sie verehrte Martin. Und wir alle waren ihr großes Vorbild. Sie war ja erst dreizehn und wir so ganz anders, nicht spießig, sondern aufregend und es gab Hasch und *Mari Jane*, Marihuana. Junge Mädchen konntest du damals damit beeindrucken. Martin hatte auch LSD, *Lucy in the Sky with Diamonds*.

Ich schütte die tiefgefrorenen Johannisbeeren, Himbeeren und Brombeeren in die große Schale. Sie werden viel Saft abgeben, sobald sie auftauen. Bananen dazu und Rosinen. Dann schneide ich die Äpfel klein, zwei Boskop, zwei Golden Delicious. Etwas Rotwein darüber, damit die Äpfel nicht an der Luft braun werden. Und die Kastanien.

Jetzt ziehen lassen. Ich setze mich hin, für heute Abend ist die Arbeit fertig. Morgen werde ich die Gans füllen. Doch dann fällt mir noch der Obstler ein, ich hole ihn und gieße ein großes Glas zu den Früchten. Sonst tue ich das nicht, aber morgen kann es gar nicht genug Alkohol sein.

André hat es mir erzählt, da lag er schon in der Klinik und der Tod schaute aus seinen Augen. André war mein bester Freund und vor drei Tagen wurde er begraben. Die Nieren, sie bekamen keine Flüssigkeit mehr, vertrockneten und das Wasser sammelte sich im Bauch. Ich komme in das Alter, in dem ich Todesanzeigen studieren sollte. Und immer weniger Menschen reden mich mit meinem Spitznamen an: Schnüffi.

André, warum hast du es mir nicht früher gesagt? Martin hatte seinen Stoff als Lockvogel benutzt. Heute glaube ich, dass er selbst nie LSD genommen hat. Eine Honigfalle, Sex gegen Stoff. Obwohl das eigentlich gar nicht nötig war.

Er hat Steffi auf dem Gewissen. Jetzt weiß ich das.

Damals briet ich noch keine Gänse. Aber die Idee mit dem Obst und dem Fleisch hatte ich schon. Hackfleisch anbraten, Kartoffeln, Paprika und Beeren dazu. *Stefans Special* nannte Steffi das. Stefan und Steffi, unsere Namen passten so gut, aber es klappte nie mit uns.

Ich trinke den Rotwein aus, genehmige mir noch einen großen Obstler und dann geht es ins Bett. An morgen will ich jetzt nicht denken, sondern schlafen. Also gut, noch ein Obstler, sicher ist sicher. Und Prost auf dich, Steffi, ruhe in Frieden, und auf dich, André, bald komme ich auch.

Am Morgen sitze ich vor meiner Teekanne, trinke eine Tasse nach der anderen und starre aus dem Fenster. Das Fenster starrt zurück, als wolle es mir die Vergangenheit widerspiegeln. Steffi, tat es weh, als du gesprungen bist? Du warst dreißig, als du erstmals die Stimmen hörtest. Sie kamen aus dem Radio und beschimpften dich. Das hast du erzählt, wenn du die Tabletten nicht genommen hast.

Der Obstler ist leer, aber den Wodka habe ich nicht angebrochen, gestern Abend, und das ist gut. Denn den brauche ich noch. Steffi, ich habe es wirklich erst vor Kurzem von André erfahren! Warum hast du es mir nicht früher gesagt, André?

Ich stehe auf und fühle mich, als wäre ich achtzig. Martin hat mich nie ernst genommen.

Das Fett am Steiß der Gans schneide ich weg. Ich setze die Sauce an, Honig, Rotwein, Sambal Oelek und Senf, vermische es und pinsele damit das Innere der Gans aus. Dann schöpfe ich das Obst ab und fülle die Gans. Verschließe sie mit Spießen. Jetzt noch die Haut außen mit der Sauce einpinseln.

Dass mein Papa Schweißer war, gefiel allen. Arbeiter waren unter linken Studenten so beliebt wie heute die schwedische Königsfamilie im Goldenen Blatt. Mit meiner Tankwartlehre gehörte ich zum Adel, um den sich die SdAJ, die Jugendorganisation der DKP, bemühte. Ein revolutionäres Subjekt, ich war konkurrenzlos unter all den Studenten und Gymnasiasten. Weswegen Chris mit mir ins Bett stieg. Dass sie mit dem Proletariat schlief, verschaffte ihr ungeahnte Orgasmen.

Doch später war sie mit Martin zusammen. Der ist jetzt umgeben von jungen Dingern, die glauben, sie könnten Karriere als Literatinnen machen, wenn sie zu dem Freiburger Reich-Ranitzki ins Bett steigen. Der Mundgeruch hat und einen Bauch, als wäre er im neunten Monat. Chris tut, als würde es sie nicht stören.

Heute Nacht wird Martin bezahlen. Locke wartet schon, ich habe ihm einen Hunni in die Hand gedrückt und wenn er um zwei vor der Tür steht, kriegt er mehr.

Steffi sprang aus dem Fenster im neunten Stock – und Martin ist schuld.

Heute bin ich wieder der ungebildete Prolet, keinen Sinn für Literatur, liest nur Krimis und die kauft er auch noch bei Amazon. Heute bin ich kein revolutionäres Subjekt mehr.

Aber die Gans lockt sie dennoch. Sie werden kommen. Wie jedes Jahr.

Früher war ich ihr Star. Bis zu der Sache mit Biermann.

Der Früchtecocktail hat bereits Saft gezogen. Die Beeren sind aufgetaut. Ich gebe etwas Honig dazu, den hatte ich vergessen. Nicht zu viel, nur eine Spur und eine Stange Vanille.

Ober- und Unterhitze, Umluft, 180 Grad. Die Gans unter Flügeln und Beinen mit der Gabel einstechen, damit das Fett ablaufen kann. Den Rotwein mit Kräutern der Provence mischen, den Vogel in den Bräter legen, mit dem Gemisch übergießen und mit Alufolie abdecken, damit er nicht austrocknet.

Biermann, das war dann das Ende, das Ende meiner Karriere als revolutionäres Subjekt. Martins *Girlies* wissen vermutlich nicht einmal, wer Biermann war. Ich vergesse immer, wie viele Jahre mittlerweile vergangen sind. Damals war ich sechsundzwanzig, nächstes Jahr werde ich pensioniert. Fast vierzig Jahre liegen dazwischen. 1976 lag der Zweite Weltkrieg nur dreißig Jahre zurück und schien mir doch weit, weit weg. Und Biermann ist für junge Leute heute so weit weg wie für mich damals die Kriegsjahre.

Biermann war ein Liedermacher. Einer, der in der DDR wegen seiner kritischen Lieder Auftrittsverbot hatte. Und ausreisen durfte er natürlich nicht. Wollte er auch nicht, er liebte die DDR, auch wenn er sie verspottete.

Dann hat ihn die IG Metall zu einem Konzert in die Bundesrepublik eingeladen. Niemand glaubte, er würde eine Ausreisegenehmigung bekommen, doch Honecker genehmigte das. Warum, wurde bald klar. Denn nach dem Konzert haben sie ihm die Wiedereinreise verboten und ihn ausgebürgert.

Er wollte zurück, glaubte an das andere, das bessere Deutschland und das sah er in der DDR. Keine Nazis in den leitenden Positionen wie in der Bundesrepublik, stattdessen Leute, die unter Hitler im KZ gesessen waren. Er wollte zurück.

Martin und ich wollten, dass sie ihn wieder aufnahmen. Ausbürgerung und Einreiseverbot, das gab es bei den Nazis, aber doch nicht in einem sozialistischen Staat! Wir organisierten eine Unterschriftensammlung, die wir Honecker schicken wollten. Um ihn zu bitten, die Ausbürgerung zurückzunehmen und Biermann wieder einreisen zu lassen. Es war ein höflicher Text, damals bat man den Regierungschef noch untertänigst, wenn er der Chef eines sozialistischen Bruderlandes war.

Doch schon die Bitte war zu viel. Das war Verrat, das nutzte den Feinden, den Rechten. Chris hat getobt.

Die Zeitschaltuhr stelle ich auf dreißig Minuten und setze mich wieder an den Tisch. Der Tee ist alle, ich setze neuen auf.

Steffi war so jung und so gierig auf das Leben. Und das Leben, das waren *wir* für sie. Schon erwachsen, aber dennoch cool. Obwohl man das damals noch nicht cool nannte. Höchstens fortschrittlich und progressiv. Martin hat das erbarmungslos ausgenutzt.

Ich schäle die Kartoffeln. Sieben Leute, da sollten zwei Kilo reichen. Früher waren wir acht, da war André noch dabei. Die Uhr klingelt, ich hole die Gans heraus, vorsichtig, aber noch ist es nicht problematisch. Wenn sie länger im Rohr war, muss ich aufpassen, dass sie nicht einreißt. Dann gieße ich langsam das Fett ab, das oben schwimmt. Es kommt in eine eigene Schüssel, die Sauce soll sich nicht damit vermischen, sonst habe ich wieder Plastiksprengstoff. Etwas Sauce lasse ich drin, die Gans wieder in den Bräter und mit dem Rotwein übergießen. Zurück ins Rohr. Die Küche hat sich aufgeheizt, jetzt kann ich der Gans eine Dreiviertelstunde Ruhe gönnen, bevor ich erneut das Fett abschöpfe und sie mit Rotwein übergieße.

Biermann hatte die Arbeiterklasse beleidigt und deshalb wurde ihm die DDR-Staatsbürgerschaft aberkannt. Die SED war die Partei der Arbeiter und deren Leitung der Generalstab. Deshalb hörten alle auf ihr Kommando. Deshalb durfte man in der SDAJ nichts organisieren, ohne dass die Leitung es angeordnet hatte. Eine nicht genehmigte Unterschriftensammlung, die Honecker bittet, Biermann wieder einreisen zu lassen, war ein Anschlag gegen den Sozialismus.

Damit war Schluss mit multiplen Orgasmen in meinem Bett, weil ich kein revolutionäres Subjekt mehr war.

Martin übte Selbstkritik, zog seine Unterschrift zurück und distanzierte sich. Bei einem DKP Verlag bekam er seinen ersten Vertrag. Einige Zeitungen besprachen sein

Buch. Und Chris stieg mit ihm in die Kiste. *Cherchez la femme* sagen die Franzosen und sie haben recht, obwohl das heute keiner mehr wahrhaben will.

Heute gibt es immer noch die SDAJ. Manchmal sehe ich ihre Aufkleber an Ampeln und dann werde ich ganz nostalgisch. Man sollte sie unter Naturschutz stellen wie die aussterbenden Tierarten. Ich wette, das eigene Denken ist dort nach wie vor fortschrittsfeindlich.

Die Kartoffeln sind fertig. Butter dazu, Milch, und mit dem Pürierstab hinein, bis der Kartoffelbrei sämig ist. Äpfel klein schneiden, mit etwas Wasser und wenig Zucker und Zimt aufsetzen. Sie sind bald gar, brauchen nur fünf oder zehn Minuten und dann werden sie auch gequirlt. Natürlich könnte ich Apfelmus aus dem Glas nehmen und Kartoffelbrei aus der Tüte, das wäre viel weniger Arbeit. Aber das Gänseessen ist mein Tag der Nostalgie.

Marion kommt als Erste, das war auch damals schon so. Ich mische das Apfelmus mit dem Kartoffelbrei im Verhältnis eins zu eins und schmecke es ab. Ein bisschen mehr Mus muss ich noch hinzufügen.

Willi kommt kurz darauf, umarmt Marion, Küsschen links, Küsschen rechts, setzt sich und erzählt, dass er vor einem Monat drei neue Stents am Herzen bekommen hat. Eigentlich soll er Fett meiden, aber heute wird er eine Ausnahme machen. »Und Obst ist gesund«, fügt er hinzu und leckt sich die Lippen.

Martin und Chris kommen zusammen und ich frage mich, ob Martin nicht mehr genügend Frischfleisch aus dem Literaturclub bekommt. Vielleicht ist er aber auch nostalgisch gestimmt und gibt deshalb Chris ihre Chance?

Ich tische die Gans auf, Himmel und Erde, und für die, die weder Himmel noch Erde lieben, gibt es Baguette. Fred kommt zu spät, wie üblich, und bringt seine neueste Flamme mit. Sie ist schwanger und es ist Freds fünftes Kind, mit vier Frauen. An ihm liegt es nicht, wenn die Deutschen aussterben.

Sie erzählt, dass Fred ihr geholfen habe, sich endlich von ihrem Mann zu trennen und ihm die Kinder zu überlassen. »Endlich!«, sagt sie und ich gebe ihr anderthalb Jahre mit Fred. Na gut, vielleicht auch drei, Fred ist schließlich auch über sechzig.

Martin schaut ihn giftig an, denn Fred ist ein schöner Mann, groß, schlank, mit dunklem lockigen Haar, das immer noch voll ist. Frauen lieben ihn. Dass sein Intellekt nicht ganz so bemerkenswert ist wie sein Körper, stört sie nicht. Dass seine Treueschwüre nicht länger halten als Billigstrümpfe vom Discounter beklagen sie erst, wenn es vorbei ist.

Ich hole die Geflügelschere, sie ist scharf geschliffen. Gänse zu zerteilen ist nicht einfach. Aber der Geflügelschere kann diese hier nicht lange widerstehen.

Martin hat sich bereits vom Rotwein eingeschenkt und strahlt Zufriedenheit aus. Gut so. Das wird dein letzter Abend, an dem du deine Selbstzufriedenheit zur Schau stellen kannst! Er ereifert sich über Regiokrimis, die es jetzt auch in Freiburg gibt, und beklagt den Untergang der Literatur. Solche Klagen stimmt er gerne an und davon kann er gut leben. Der Untergang des Abendlandes ist in literarischen Kreisen immer gerne gesehen.

Aber heute wird noch etwas anderes untergehen.

André hat mir erzählt, dass Martin Steffi *Mari Jane* und LSD verschafft hat. Sie hat es regelmäßig konsumiert und deshalb hörte sie dann Stimmen, als sie dreißig war. Die Ärztin hat ihr Psychopharmaka verschrieben, aber die hat sie nur unregelmäßig genommen. Psychopharmaka waren auf der schwarzen Liste, in den Neunzigern, und Martin hat sie ihr ausgeredet. Was die Stimmen gefreut hat.

Sie sprang aus dem Fenster und war sofort tot. Neunter Stock in Weingarten und André sagte: »Gott sei Dank, so hat sie nicht lange gelitten.«

Der Abend schreitet voran, ich trinke heute keinen Rotwein. Ich muss wach bleiben. Natürlich fällt es auf, aber ich entschuldige mich mit einer Therapie, die ich im Vagen lasse. Das versteht heute jeder und alle breiten begeistert ihre Leiden aus, was die Ärzte sagen und wie unfähig diese sind und wie knapp sie dem Tod von der Schippe gesprungen sind.

Martin, du wirst bald noch ganz andere Leiden beklagen können, aber ich glaube nicht, dass du sie öffentlich erzählen wirst. Nein, das glaube ich nicht.

Er hat schon etliche Gläser intus, seine Sprache klingt verschwaschen und Chris schaut bös. Als er sich erneut ein Glas einschenkt, sagt sie leise: »Martin«, aber Martin lacht nur und meint: »Man lebt nur einmal!« Wie recht er damit hat, weiß er noch gar nicht.

Ich würde ihm ja gerne Wodka in den Wein schütten, doch das würde auffallen. Der Wodka muss warten.

Dann lehnen sich alle zurück, ich bringe die Reste hinaus und Marion hilft mir. Chris schwört auf die Gleichberechtigung und würde niemals Geschirr anrühren. Und Martin steht weit über so niederen Dingen wie Teller hinaustragen.

Ich hole die Obstschalen aus dem Schrank, Marion füllt sie begeistert. Ich drücke ihr die Vanillesauce und die Schlagsahne in die Hand und endlich geht sie aus der Küche. Schnell den Wodka in die eine Schale, noch einen extra Nachschlag von dem Obst und ich trage drei Schalen ins Esszimmer. Die mit dem Wodka bekommt Martin, Chris und Marion die anderen. Marion läuft schon wieder in die Küche und holt die anderen Schalen.

Martin strahlt und schüttet sich reichlich Vanillesoße über seinen Obstsalat, sodass die große Schale fast überläuft. Chris stoppt es im letzten Moment.

»Kaffee? Espresso?«, schlage ich vor und Martin, Chris und Willi wählen Espresso, Fred und seine neue Flamme möchten Kaffee.

Marion folgt mir wieder in die Küche. Ich setze den Espresso auf und den Kaffee. Marion schicke ich mit der Milch und den beiden Kaffeetassen zurück und dann gieße ich die Tropfen in den Espresso. Jetzt nur nicht die Tassen verwechseln! Aber alles funktioniert.

Wir reden von alten Zeiten. Was bleibt uns anderes übrig? Martin schwärmt von früher, als Literatur noch etwas galt und ich denke an sein erstes Buch im DKP Verlag.

Willi, Fred und seine neue Flamme verabschieden sich und Marion will unbedingt abwaschen. Ich verbiete es ihr. Leicht beleidigt geht sie auch.

Chris drängt zum Aufbruch. Aber Martin hat sich wieder das Glas gefüllt. »Ist das wirklich nötig?«, zischt Chris.

»Du kannst auf dem Sofa schlafen«, schlage ich vor. Die K.-o.-Tropfen wären vermutlich gar nicht nötig gewesen. Er sackt zusammen und ich helfe ihm aufs Sofa.

Chris kocht. »Dieses Arschloch!«, faucht sie.

»Keine Angst, ich passe auf ihn auf. Du kannst ganz beruhigt gehen!«

»Beruhigt? Beruhigt ist anders«, sagt sie, aber sie geht in den Flur und zieht ihren Mantel an. Dann umarmt sie mich, was sie immer tut, und küsst mich auf den Mund, was sie sonst nie tut. »Du bist lieb«, sagt sie, aber ich nehme es nicht ernst, sie hat auch einiges getankt.

Sie bleibt in der Tür stehen und schaut mich nachdenklich an.

»Keine Angst«, sage ich, »ich lass ihn schlafen und morgen schick ich ihn samt Kater zu dir zurück.«

Sie zuckt mit den Schultern, lacht leicht verzweifelt auf und sagt: »Außerdem bist du dumm!« Dann geht sie.

Ich gehe zurück ins Zimmer. Martin schnarcht mit offenem Mund. Ich rufe Locke an und hoffe, dass er ansprechbar ist. Er wohnt im Nachbargebäude im Keller und ja, er ist ansprechbar.

»Hast du den Stoff?«, fragt er und ich glaube, er ist fast schon auf Turkey. »Natürlich«, versichere ich ihm.

Kurz darauf klingelt es, ich halte die Pastiktüte mit dem weißen Pulver bereit und einen Hunni auch. Er dreht ihn zusammen, zieht eine Linie mit dem Stoff und inhaliert mit dem zusammengedrehten Geldschein. Erleichtert seufzt er auf.

»Fünfhundert«, sagt er. »Fünfhundert hast du gesagt!«

»Fünfhundert«, sage ich. »Wenn es vollbracht ist.«

Locke holt die Spritze raus und das Band zum Abbinden. Er zittert etwas, aber ich helfe ihm. Er zieht sein Blut auf und dann binden wir Martins Arm ab und injizieren ihm das Blut.

»Sollte reichen«, erklärt Locke. »Also her mit der Kohle!«

»Und du hast wirklich AIDS und Hepatitis?«, frage ich.

»Brauchst'n Attest oder was?« Er kommt drohend auf mich zu.

Ich beeile mich, die Fünfhundert herauszuziehen. Er grabscht sie aus meiner Hand. Die Plastiktüte mit dem restlichen Stoff hat er schon eingesteckt.

»Wenn du wieder mal Blut brauchst, sag Bescheid.« Er grüßt mit dem Zeigefinger an die Schläfe. »Immer zu Diensten, Kumpel.« Und dann verschwindet er schnell.

Ich gehe in die Küche, wasche die Teller ab, trockne sie ab und lege das saubere Besteck in die Schublade.

Martin mit AIDS und Hepatitis.

Ich trockne auch die Geflügelschere und dann betrachte ich sie. Schön scharf ist sie. Nichts kann ihr widerstehen. Ich gehe mit ihr ins andere Zimmer und setze mich auf den Stuhl gegenüber dem Sofa. Klappe die Schere auf und zu.

AIDS dauert ja. Aber ist nicht angenehm. Andererseits, die Schere lockt.

»Steffi«, sage ich. »Steffi, warum bist du wirklich gesprungen?«

Was für eine Frage, ich weiß, warum sie gesprungen ist. Weil Martins Drogen sie verrückt gemacht haben.

Martins Schnarchen bricht ab.

»Steffi«, sagt er. »Steffi wollte nie mit mir schlafen.« Seine Stimme klingt vorwurfsvoll. Dann öffnet er die Augen.

Ich glaube ihm kein Wort.

Und er starrt auf die Geflügelschere, die sich öffnet und schließt.

Gans mit roten Beeren
(Gans à la Freiburg-Weingarten)

6-8 Portionen. Achtung: scharf!

Am Abend vorher:

Obstsalat ansetzen mit Rotwein, genügend, dass man die Gans füllen kann. Da man im November/Dezember selten frische Früchte bekommt, nehme ich je eine Packung Himbeeren, Brombeeren, Heidelbeeren tiefgefroren, schneide zwei Äpfel, zwei Bananen hinein, füge zwei Handvoll Rosinen hinzu, Feigen und Kastanien. Den Obstsalat mit Rotwein abschmecken, sobald die Früchte aufgetaut sind.

Die Gans im Kühlschrank auftauen, wenn man eine gefrorene verwendet.

Am nächsten Tag:

Zu gleichen Teilen Sambal Oelek (indonesisches Gewürz, notfalls geht auch eine Chilisoße), Honig und scharfen Senf mischen, Kräuter der Provence dazu. Es sollte eine mittelgroße Schale, ca. 0,5 Liter - 1 Liter, angesetzt werden. Gut rühren, damit sich Honig, Senf und Sambal Oelek mischen. Das Ergebnis ist eine gut streichfähige Paste.

Mit dem Lebensmittelpinsel die Gans innen gut einstreichen.

Die Gans an einem Ende zunähen oder mit Spießen verschließen.

Über die andere Öffnung die Gans mit den Früchten füllen und auch diese Öffnung verschließen. Mit der Gabel in die Ansätze der Flügel und Beine stechen, damit später das Fett ablaufen kann.

Die Gans außen mit der Paste einstreichen. Den Backofen mit auf 180 Grad aufheizen.

Die Gans in einen großen Bräter legen, groß genug, dass sie ganz hineinpasst. Etwas Rotwein hinzufügen. Gans und Bräter mit Alufolie so abdecken, dass sie gut abgeschlossen sind.

Die Gans in den Ofen schieben, insgesamt sollte man 4-5 Stunden Bratzeit einrechnen.

Nach den ersten 45 Minuten den Bräter kurz herausholen. Jetzt hat sich eine ganze Menge Fett gesammelt, dieses abgießen. Achtung: Ganz oben schwimmt die Sauce ohne Fett, die sollte erst abgeschöpft oder abgegossen werden, um Fett und Soße zu trennen.

Danach die Gans mit Rotwein, gemischt mit Kräutern der Provence, übergießen.

Die Gans wieder abdecken und in den Ofen schieben.

So etwa alle 1-1,5 Stunden den Prozess wiederholen.

Am Schluss die Soße nochmals abgießen. Die Gans dann offen mit 200 Grad ca. 10 Minuten bräunen.

Die Soße mit Joghurt oder Crème fraîche abschmecken, mit Mehl oder Mondamin eindicken und aufkochen lassen.

Die Gans mit der Geflügelschere aufteilen und servieren.

Himmel und Erde

Parallel dazu schneidet man Kartoffeln und Äpfel klein für die Himmel und Erde. Ca. 6 Äpfel und die gleiche Menge Kartoffeln. Die Kartoffeln kochen. Das Wasser abgießen, Butter an die Kartoffeln und Milch. Dann die Kartoffeln mit dem Rührstab oder dem Stampfer zu Kartoffelbrei verarbeiten.

Die klein geschnittenen Äpfel mit wenig Wasser kochen lassen, bis sie weich sind. Dann ebenfalls mit Rührstab oder Stampfer zu Apfelmus verarbeiten. Apfelmus und Kartoffelmus mischen.

ANNETTE DRESSEL

Silvius

Mathilda lag im Krankenhaus. »Ich werde nicht sterben! Verlass dich darauf!«, hatte sie am Telefon gesagt.

Als Gertrude Meier starb, stellten die Ärzte einen plötzlichen Herzstillstand fest. Die Operation war gut verlaufen, aber die Krise in der darauffolgenden Nacht hatte sie nicht überstanden. Frau Meier starb mit siebenundsechzig Jahren. Sie bekam ein einfaches Grab auf dem Freiburger Hauptfriedhof, bei der Trauerfeier saßen ein paar vereinzelte Menschen in den Bänken, einer davon war Silvius. Wäre jemand misstrauisch gewesen, hätte er sich gefragt, warum Silvius auf die Trauerfeier gekommen war. Wer war dieser Mann? Was hatte er mit Frau Meier zu tun?

Gertrude Meier war fünf Jahre zuvor zum ersten Mal in seiner Praxis erschienen. *Praxis* war natürlich ein hochgestochenes Wort für das winzige Etablissement, das er sich angemietet und an dessen Klingelschild er eine kleine Tafel angebracht hatte. Silvius Mülfering, Heilpraktiker, Naturheilkunde, Homöopathie. Besonders gut lief sie nicht, die Konkurrenz in Freiburg war einfach zu groß, an jeder Ecke konnte man einen Heilpraktiker finden. Aber immerhin, er hatte sich einen kleinen, treuen Kundenstamm aufgebaut, mit dem er es schaffte, bescheiden über die Runden zu kommen. Ein paar außerordentliche Erfolge konnte er außerdem vorweisen: Eine Migränepatientin, von den Ärzten seit Jahren vergeblich behandelt, wurde durch sein Zutun beschwerdefrei. Ein Patient mit schlimmer Neurodermitis, dem bisher keine Salben, keine Tabletten Linderung, geschweige denn Heilung verschafft hatten, wurde durch seine Behandlung innerhalb von

216

sechs Monaten gesund. Der Mann war ihm vor Dankbarkeit um den Hals gefallen. Für Silvius bedeutete es den größten Triumph, einen Kranken der klassischen Medizin entreißen zu können. Er hätte nie freiwillig ein Krankenhaus betreten.

Jetzt war Mathilda krank. Als Silvius nach Hause kam, war sie schon weg, ein Krankenwagen war gekommen und hatte sie in die Notaufnahme gefahren.

Silvius lief voller Panik durch die Wohnung. Er hatte Angst, Angst um Mathilda. Er liebte sie sehr. Ihr hatte er es zu verdanken, dass er nicht endgültig auf der Straße gelandet war.

Es war eine schlimme Zeit gewesen, damals. Er dachte nicht gerne daran zurück. Wenn er sich an die Trostlosigkeit des Obdachlosenheimes erinnerte, in dem er die frostkalten Nächte in einem Raum mit so vielen alkoholisierten Männern verbringen musste, schüttelte es ihn. Zugegeben, einige von ihnen waren feine Kerle, aber mit ansehen zu müssen, wie sie sich selbst kaputtmachten, schmerzte ihn.

Mathilda lag im Krankenhaus. »Ich werde nicht sterben«, hatte sie am Telefon gesagt. »Bitte besuche mich.«

Er würde zu ihr gehen müssen. Seit er dreizehn Jahre alt war, hatte er es vermieden, ein Krankenhaus zu betreten. Für ihn waren das virenverseuchte Institutionen, die erfüllt waren von Leid, von kaltem wissenschaftlichen Denken, in denen kein Geist zu finden war, zumindest kein guter. Allein bei dem Gedanken, ein solches Gebäude zu betreten, fühlte er sich von allen Seiten angegriffen und ausgeliefert. Wie sollte man sich gegen einen solch übermächtigen Feind schützen?

Gertrude Meier war nie ernstlich krank gewesen, wurde von ihren Chefs wegen ihrer robusten Natur sehr geschätzt.

Auf sie konnte man sich verlassen. Diese Widerstandsfähigkeit verdankte sie ihrer Großmutter, die damals, als sie noch ein Kind gewesen war, gesagt hatte: »Die Natur hat uns alles gegeben, was wir brauchen.« Später war Gertrude Sommer für Sommer losgezogen, um Kräuter zu sammeln und Holunderbeeren einzukochen. Ihre Tochter Irene hasste es, mit ihr stundenlang durch Wald und Wiesen zu laufen.

Einmal hatte Gertrude die Zwiebeln der Herbstzeitlosen gesammelt und Irene mit den Blüten spielen lassen. Das war unverzeihlich! Noch Jahre später machte sie sich Vorwürfe, was da hätte passieren können. Das Kind hatte sich die Finger abgeschleckt und alleine das reichte, dass der Kleinen speiübel wurde. »Mit Kräutern ist nicht zu spaßen«, mahnte sie. »Sei achtsam!«

Als Erwachsene war Irene dann den Ärzten hinterhergerannt, hatte Tabletten geschluckt und sich zum wahren Hypochonder entwickelt. Seit sie die Umschulung zur Krankenschwester gemacht und eine Stelle in der Universitätsklinik bekommen hatte, war es noch schlimmer geworden. Als Gertrude sich im Jahr vor ihrem Tod eine Grippe einfing, schimpfte Irene mit ihr, weil sie sich weigerte, Tabletten einzunehmen. »An einer Grippe sind schon Menschen gestorben«, warf sie ihr vor.

Zum Heilpraktiker war Gertrude gegangen, weil sie seit einigen Jahren mit einem Hautjucken geplagt war. Silvius Mülfering war ihr empfohlen worden.

Sie mochte ihn. Er war ein netter junger Mann, der immer ein freundliches Lächeln auf den Lippen trug. Seine zuvorkommende Art ließ Gertrude über das unkontrollierte Augenzucken hinwegsehen, mit dem der junge Mann geschlagen war. Ja, das machte ihn umso sympathischer, weil es ihn ein wenig unbeholfen und schüchtern wirken ließ.

Silvius mochte Gertrude wegen ihres Starrkopfes und ihrer Aversion gegen die moderne Medizin. Besonders beeindruckend fand er ihr Wissen über Heilkräuter, mit dem sie ihn immer wieder überraschte. Als sie das Hautleiden in den Griff bekommen hatten, kam sie weiterhin zu ihm in die Sprechstunde. Silvius wusste, dass sie kam, um zu reden, und da er viel von ihr lernte und sie nie langweilig war, freute er sich, sie zu sehen und nahm auch kein Honorar für diese Besuche. Es gab immer ein Zipperlein hier, ein Zipperlein dort, das ihr einen Grund gab, zu kommen. Aber nie war es etwas Ernsthaftes. Vielleicht hatte er deshalb den Schmerz, der sie in ihrem Unterleib plagte, nicht ernst genommen? Wenn sie von diesem Schmerz berichtete, lachte sie gleichzeitig, als wollte sie sich dafür entschuldigen.

»Gertrude, bei deiner Statur wirst du neunzig Jahre alt«, sagte Silvius.

»Das will ich hoffen«, antwortete sie. »Ich habe nicht mein Leben lang geschuftet, um anschließend meine Rente zu verschenken.«

Er gab ihr ein paar hoch potenzierte Kügelchen und meinte, sie solle in der darauffolgenden Woche wiederkommen. Aber der Schmerz blieb, dumpf, aushaltbar, permanent mahnend. »Manchmal, wenn ich nachts aufwache, denke ich, ich sollte doch einmal zu einem Arzt gehen«, sagte sie vier Wochen später. Sie musste das winzige Zucken bemerkt haben, diesen kleinen Ruck, der durch Silvius ging, denn sie konnte ihm anschließend nicht in die Augen sehen.

»Ja, vielleicht solltest du dem nachgehen«, sagte er ohne Überzeugung.

Gertrude winkte nur ab und sagte: »Ich wüsste ohnehin nicht, zu wem ich gehen sollte.«

»Lass uns etwas anderes probieren«, sagte Silvius und versuchte, Zuversicht und Kraft in seine Stimme zu legen. »Ich habe noch einmal nachgelesen und mich mit einem Kollegen ausgetauscht. Hier, diese Kräutertabletten werden in der chinesischen Medizin verwendet.« Er reichte ihr ein Döschen und zwinkerte ihr über den Schreibtisch, hinter dem er saß, zu.

»Mein Kollege hat damit außerordentliche Erfolge erzielt.«

Silvius wusste, würde er Mathilda jetzt, in dieser schweren Zeit, nicht beistehen, dann wäre sie bitter enttäuscht von ihm. Die ersten zwei Tage hatte er sich noch mit wichtigen Terminen herausreden können. Wahrscheinlich hatte sie ihn sofort durchschaut. Sie hatte ihn getröstet und gesagt, in zwei Tagen wäre sie ja schon wieder zu Hause. Aber nach drei Tagen war sie immer noch in der Klinik und es war nicht absehbar, wie lange das noch gehen würde. Stundenlang hatte er mit ihr telefoniert, nachdem der Arzt die schlechte Nachricht gebracht hatte.

»Ich komme morgen«, versprach er. »Morgen Nachmittag. Vielleicht wird es auch Abend, ich kann es noch nicht genau sagen, aber ich komme.«

Dann war der Abend da und nach einem einsamen Abendessen senkte sich über Silvius eine solche Schwere, dass er nicht mehr aus seinem Sessel herauskam. Eine Müdigkeit überfiel ihn, die ihn lähmte, die es ihm unmöglich machte, aufzustehen, sich anzuziehen und den Weg ins Krankenhaus in Angriff zu nehmen. Ich gehe morgen hin, gleich morgen früh, dachte er.

Silvius war dreizehn Jahre alt, als ein Riss sein Dasein veränderte. Er kam von der Schule nach Hause und schon im Treppenhaus wusste er, was es zum Essen geben würde. Der feine Geruch nach Apfel, Zimt und Vanille verriet ihm, dass seine Mutter einen Ofenschlupfer zubereitet hatte. Allein das Wort Ofenschlupfer zerging Silvius auf der Zunge. Es klang nach Wärme, nach Zuneigung und Behütetsein. Zuvor würde es eine Suppe geben, um den ersten Hunger zu stillen, die Küche wäre warm und heimelig von der Hitze des Backofens, die Mutter und er würden es sich gemütlich machen, er würde von der Schule erzählen, sie von der Kollegin, die immer so verrückte Sachen anstellte.

Es war das letzte Mal, dass seine Mutter einen Ofenschlupfer für ihn buk. Es war dieser Geruch, den er für immer mit ihr verband.

Am nächsten Tag hatte sie einen Termin im Krankenhaus, wegen einer Zyste am linken Eierstock. Ein kleiner Eingriff, hieß es. Zwei Tage Aufenthalt, nicht mehr. Sie füllte den Kühlschrank und kochte zwei Mittagessen für ihren Sohn vor. Am Abend nach der Operation telefonierte er noch mit ihr. Sie war etwas schläfrig, was auf die Narkose zurückzuführen war, aber es ging ihr gut. Am nächsten Tag bekam er sie nicht ans Telefon. Es hatte, so hieß es, eine Komplikation gegeben, aber er solle sich keine Sorgen machen, sie sei in guten Händen.

Zwei Tage später war sie tot. Sie hatte sich im Operationssaal einen Keim eingefangen, der da eigentlich nicht sein durfte, und mit dem die Ärzte und Schwestern überhaupt nicht gerechnet hatten. Dreizehn Jahre war er alt, als er in ein Heim abgeschoben wurde. Der Vater fühlte sich nicht dazu in der Lage, sich um den Jungen zu kümmern, für eine Pflegefamilie war er zu alt. Keiner wollte ihn haben. Er war den Ränken der anderen Kinder hilflos ausgeliefert. Behütet, wie er aufgewachsen war, hatte er keine Chance, das System der Hierarchie, das die Kinder und Jugendlichen in langen Jahren der Heimunterbringung aufgebaut hatten, zu verstehen, geschweige denn darin zu bestehen.

Von dieser Zeit behielt er ein Augenzucken, das ihn immer dann überkam, wenn es besonders unpassend war.

Silvius hörte in seinem Inneren eine Stimme, die ihn drängte, Gertrude zum Arzt zu schicken. Es war nur ein

Flüstern, leise aber penetrant. Nachts, wenn er Schlaf suchte, schlich es sich ein, zaghaft, wie ein Gast, der vor langer Zeit aus dem Haus geworfen wurde und nun zurückkehrte, weil er hoffte, der Konflikt, an dem er keine Schuld hatte, könnte nun begraben werden. Wäre die Stimme fordernder gewesen, weniger zaghaft, vielleicht wäre sie erhört worden.

»Nein, nein, wir bekommen das in den Griff«, sagte Silvius, und Gertrude schaute ihn dankbar an. Das war es doch, was sie hören wollte: Die Bestätigung, dass sie auf dem richtigen Weg war, dass alles gut lief.

Und dann war sie tot. Der Notarzt kam, der Krankenwagen holte sie ab, aber es war zu spät.

»Nur eine kleine Operation wäre nötig gewesen, um ihre Gesundheit wiederherzustellen«, sagte Irene, als er sie einige Wochen später traf.

Er hatte Gertrudes Tochter bisher nur aus Erzählungen gekannt. Es war ihm schwergefallen, sie anzurufen und um ein Gespräch zu bitten, aber er wollte wissen, was in Gertrudes letzten Stunden geschehen war.

»Sie war schon immer sehr eigenwillig und auf mich hat sie ja nie gehört«, erklärte die Tochter. »Unter dem Messer des Operateurs ist sie gestorben. Wenn sie früher etwas unternommen hätte, würde sie noch leben.«

Silvius fiel in ein Loch, er fiel tiefer und tiefer, fand keinen Halt mehr, nirgends, bei niemandem. Er hatte Gertrude in den Tod getrieben.

Tagelang saß er in seiner Wohnung, hatte weder Kraft, sich etwas zu kochen, noch sich zu waschen, noch sich in irgendeiner Weise sinnvoll zu beschäftigen, geschweige denn zu arbeiten. Der Vermieter versuchte, ihm zuzureden, er solle sich zusammenreißen, Geld für die Miete besorgen. Aber es ging nicht. Silvius konnte nicht. Er war in einen Sog geraten, der ihn mitriss, in dem er keine helfende Hand ergreifen konnte, auch wenn er es gewollt hätte.

Der Vermieter schaute ihm nicht in die Augen, als er ihm die Nachricht überbrachte, dass er ihn vor die Türe setzen müsse. Mit einem Rucksack voller Kleider und einem Schlafsack stand er schließlich da und wusste nicht wohin. Es war November, der Winter stand bevor. Die kalten Nächte verbrachte er in der Obdachlosenunterkunft oder vor dem überdachten Seiteneingang am C&A. Er suchte ein Vergessen im Alkohol, wie die anderen Obdachlosen auch, versuchte, mit Wein und Schnaps die trostlose Realität hinter sich zu lassen, aber er vertrug den Alkohol nicht. Zum Glück. Als Schnapsleiche hätte er Mathilda wahrscheinlich nicht kennengelernt, sie hätte sich vor ihm geekelt.

Seine schlimmste Zeit stand ihm noch bevor. Es war um Weihnachten herum, die Tage waren kurz, die Kälte und die Dunkelheit griffen nach ihm, raubten ihm jeden Lebensmut. Er richtete sich mit zwei Kumpanen am C&A ein und betrank sich, obwohl er wusste, dass es ihm am nächsten Tag übel ergehen würde.

»Welch ein verpfuschtes Leben«, schimpfte er. »Diese beschissene Welt hat mich ausgestoßen! Keiner will mich haben. Ich bin ein Verlierer, vom ersten Moment meiner Geburt an ein Verlierer!«

»Pass doch auf, du Schnapsleiche!«, rotzte ihn ein Passant an, dem er aus Versehen Bier auf den Mantel kippte, als er mit der Flasche in der Hand wild mit den Armen fuchtelte. Silvius hatte sich noch nie in seinem Leben geprügelt, selbst im Heim hatte er es geschafft, den Raufereien aus dem Weg zu gehen. Aber an diesem Abend überkam es ihn, er konnte nichts dagegen tun, er stürzte sich auf den Mann.

»Quatsch mich nicht so saudumm an!«, brüllte er. Und er spürte eine unbändige lustvolle Kraft, als er auf den

Mann einprügelte. Nie hätte er geglaubt, dass er solch eine Wut empfinden könnte. Eine Wut auf einen Mann, den er nicht kannte, der ihm im Grunde nichts getan hatte.

Erst auf der Polizeiwache kam er wieder zu sich. Er konnte sich nicht erinnern, wie er hierhergekommen war. Grob fasste ihn ein Beamter und stieß ihn rückwärts, sodass er auf einem der schlichten Stühle zu sitzen kam. Er hätte dem Beamten, der aussah, als würde er kurz vor seiner Pensionierung stehen, eine solche Kraft nicht zugetraut.

»Ich möchte mich anzeigen«, sagte Silvius.

»Das wird schon der andere tun, den du gerade bearbeitet hast«, antwortete der Alte.

»Nicht das. Ich habe eine Frau umgebracht.«

Der Beamte verdrehte die Augen. »Du bist betrunken«, sagte er.

»Ich bin schon wieder viel zu nüchtern«, erwiderte Silvius und schaute sich in dem Büro um, das mit seinem grell-weißen Licht die Trostlosigkeit seines Lebens zu unterstreichen schien.

»Wann soll das gewesen sein?«

»Vor einem Jahr, im November. Gertrude Meier. In der Uniklinik ist sie gestorben.« Silvius zitterte.

Ein junger Polizist kam herein und flüsterte dem Alten etwas zu, der sich daraufhin an Silvius wandte: »Du hast Glück gehabt. Dem Mann, den du verprügelt hast, geht es den Umständen entsprechend gut. Nicht mal eine Anzeige will er aufgeben.«

»Ich habe eine Frau umgebracht«, sagte Silvius und hörte an seiner Stimme, dass er doch noch nicht nüchtern war. »Ich habe sie davon abgehalten, zum Arzt zu gehen.«

Der junge Polizist schaute den anderen fragend an, aber der Alte wischte den Kommentar von Silvius einfach beiseite. »Bring ihn in die Ausnüchterung. Morgen sehen wir weiter.«

Am nächsten Morgen überprüfte der junge Polizist, der sich als Sascha Krieger vorstellte, noch einmal seine Personalien. »Wieso glauben Sie, dass Sie schuld am Tod dieser Frau sind?«, fragte er unvermittelt.

Silvius, den schreckliche Kopfschmerzen plagten, schüttelte nur den Kopf. »Lassen Sie mich in Ruhe!«, forderte er.

Krieger schaute ihn, verdreckt und abgewrackt wie er war, ruhig an, dann stand er auf und holte aus einer Manteltasche ein Röllchen Aspirin.

»Wollen Sie eins?«

»Am besten gleich zwei«, sagte Silvius und seine Augen zwinkerten unkontrolliert.

Früher hätte Silvius niemals diese Tabletten geschluckt, aber früher hätte er auch nicht so viel getrunken. Als die Wirkung der Arznei einsetzte, entspannte er sich und schaute den Polizisten dankbar an.

»Eigentlich dürfen Sie das nicht«, sagte er. »Ich könnte Sie anzeigen.«

»Wie wäre es mit einem *Danke vielmals*?«, antwortete Sascha Krieger.

»Bekomme ich jetzt meine Anzeige?«, fragte Silvius.

»Hören Sie, Herr Mülfering. Das Gefängnis ist keine Urlaubsinsel. Sie wünschen sich nicht wirklich, dort zu landen!«

»Sie hätte nur eine kleine Operation gebraucht, ein paar Tage früher, dann wäre sie noch am Leben«, sprach Silvius mit rauer Stimme.

Der junge Beamte machte sich Notizen, dann stand er auf. »Sie können jetzt gehen«, sagte er.

»Wollen Sie mich nicht da behalten?«

»Es gibt keine Anzeige, ich kann Sie nicht hierbehalten.«

»Wo soll ich hin?«, fragte Silvius.

Der junge Polizist schaute ihn bedauernd an. »Ich kann Ihnen nicht helfen.«

Silvius schaffte es, die verhassten Weihnachtstage hinter sich zu bringen, ohne sich noch einmal zu betrinken. Inzwischen war es kälter geworden, es schneite, und Silvius hielt sich während der Öffnungszeiten in der Stadtbücherei auf. Auf der Empore bei den Regalen Geschichte, Politik und Religion stand ein Automat, aus dem man sich für wenig Geld heißes Wasser herauslassen konnte. Er entnahm einer kleinen Papiertüte, die er mitgebracht hatte, getrocknete Kräuter und streute sie in die Tasse.

Mathilda stand hinter ihm und wartete darauf, an den Automaten zu kommen. »Das riecht gut«, sagte sie, als das Aroma der Zitronenmelisse durch den Raum zog.

»Die letzten Überreste des Sommers«, antwortete Silvius.

»Hast du einen Garten?«, fragte Mathilda.

Silvius zwinkerte aufgeregt. Diese Frau, die ihn so ungezwungen ansprach, sah gut aus.

»Nein, ich kenne ein paar Stellen im Wald, wo sie wächst«, antwortete er.

»Ich wusste gar nicht, dass man sie auch als Wildpflanze findet«, erwiderte sie.

Silvius wandte sich von ihr ab. Er schämte sich wegen seines verlotterten Aussehens und des unkontrollierten Zuckens seiner Augen. Mit dem dampfenden Tee setzte er sich an einen der Tische und packte ein süßes Stückchen aus, das er sich beim Bäcker geholt hatte.

»Ich will ja nicht nerven«, sagte Mathilda, die kurz darauf mit einer Tasse Kaffee neben ihm stand. »Aber die anderen Tische sind alle besetzt. Stört es dich, wenn ich mich dazusetze?«

Silvius schwitzte. Der Duft, den Mathilda an sich hatte, erinnerte ihn an eine andere Welt, in der es noch Frieden gab, und das Gefühl von Freundschaft und Zusammengehörigkeit.

»Setz dich«, forderte er sie auf und sein Herz klopfte, als wäre er ein Pubertierender, der zum ersten Mal die Liebe kennenlernt. Er holte sein Taschenmesser heraus, schnitt sein süßes Stückchen in zwei Teile und schob es in die Mitte des Tisches.

»Hier, nimm.«

»Bist du sicher?«, fragte Mathilda.

»Ja. Geteilte Freude ist gleich vierfache Freude, das potenziert sich.«

Mathilda lachte und sah dabei wunderschön aus.

Eine Woche später sah er sie wieder.

»Hallo«, sagte sie.

Silvius hatte nicht zu hoffen gewagt, dass sie sich an ihn erinnerte.

»Schön dich zu sehen«, fuhr sie fort. »Das trifft sich gut, ich habe gerade am Marktstand Kuchen gekauft. Darf ich dich einladen?«

Silvius hatte sich ein Buch über Ernährungsfragen aus dem Untergeschoss geholt. Mathilda zeigte interessiert darauf und erzählte ihm von einer Fastenkur, die sie gerade hinter sich hatte. Sie redeten eine halbe Stunde miteinander, die sich für Silvius anfühlte wie zehn Minuten. Am Ende lud sie ihn zum Essen ein.

»Ich habe nur eine kleine Wohnung, ziemlich bescheiden«, sagte sie. »Aber ich mag sie, sie ist gemütlich.«

»Nun ja, meine Behausung beim C&A ist auch etwas bescheiden«, antwortete er und freute sich, dass er sie zum Lachen brachte. Es fühlte sich gut an, miteinander lachen zu können.

Für den Besuch kaufte er sich im Second-Hand-Laden eine neue Hose, ein Hemd und einen warmen Pullover, danach ging er ins Faulerbad und duschte lange, sehr lange. Vielleicht war es ja möglich, noch einmal von vorne anzufangen, sich ein Leben aufzubauen?

Pünktlich zur abgemachten Zeit stand er vor Mathildas Haus. Es dauerte ein Weilchen, bis sie auf sein Klingeln reagierte, aber Silvius hatte es nicht eilig. Er fürchtete sich vor seinen Hoffnungen. Er musste sich zwingen, nicht davonzulaufen. Als er die Wohnung betrat, schlug ihm ein unverkennbarer Duft entgegen. Er hatte nicht gewusst, wie sehr er diesen Geruch vermisst hatte. So sehr, dass ihm die Tränen in die Augen traten und er sich für einen Moment fühlte wie der dreizehnjährige Junge, der zum letzten Mal seine Mutter im Zustand der Kraft und Gesundheit sah, der noch ahnungslos sein durfte, was ihn in naher Zeit erwartete. Es roch nach frisch gebackenem Ofenschlupfer mit Vanillesoße. Mathilda konnte nicht ahnen, wie sehr sie ihn damit in den Tiefen seiner Seele berührte.

Es wurde ein verzauberter Abend.

»Stört es dich nicht, dass ich ein obdachloser Penner bin?«, fragte er, während sie die Linsensuppe löffelten, die Mathilda als Vorspeise auf den Tisch gestellt hatte.

»Wenn ich mit dir spreche, dann merke ich, dass du nicht wirklich ein Penner bist.«

Ihrem offenen Blick sah er an, dass sie meinte, was sie sagte. Er brach sich etwas von dem frisch gebackenen Brot ab und erfreute sich an dem knusprigen Geräusch. Es stimmte, was sie sagte, er war kein Penner. Aber erst dadurch, dass sie es aussprach, wurde es wahr. Und dann öffnete Mathilda die Backofentür, holte die süße Hauptspeise heraus und Silvius ließ sich in den Geruch des warmen Ofenschlupfers sinken und entkam einen Abend lang der Tristesse seiner Wirklichkeit.

Wenn Sascha Krieger nicht schon seit Langem mit Finn Höferland befreundet gewesen wäre, hätte er den kaum wahrnehmbaren Stich, den Silvius Mülferings Geschichte in ihm ausgelöst hatte, einfach beiseitegeschoben. Finn arbeitete als Krankengymnast in der Uniklinik. Als er sich Anfang Januar mit ihm auf ein Bier im *Deutschen Haus* traf, überlegte er nicht lange. Nach einem kurzen Begrüßungsgeplänkel und guten Neujahrswünschen fragte er: »Kannst du mir die Akte von Gertrude Meier besorgen?«

Finn kannte Sascha gut genug, um zu wissen, dass der Freund einen solchen Wunsch nicht leichtfertig aussprach.

»Wenn ich erwischt werde, dann muss ich bei dir einziehen«, antwortete er. »Als Arbeitsloser kann ich mir die Miete nicht mehr leisten.«

»Solange du mit dem kleinen Zimmer hinter der Küche vorlieb nimmst, kein Problem«, antwortete Sascha.

»Hm, schlechter Tausch, dieses dunkle Loch gegen meine von der Sonne verwöhnte Traumwohnung im Vauban.«

»Dir gehen doch die vielen Kinder, die dort herumrennen, schon länger auf die Nerven«, konterte Sascha. »Bei mir herrscht Grabesstille.«

Finn lachte und stieß mit Sascha an. »Erzähl mir wenigstens, was Sache ist.«

»Es gibt eigentlich nichts zu erzählen«, sagte Sascha. »Wahrscheinlich ist sowieso nichts dran.«

Finn gab ihm einen Klaps. »Bist du mal wieder an einer verirrten Seele dran? Du hättest Pfarrer werden sollen.«

Sascha lachte. »Wenn meine Freundin mich verlassen sollte, überlege ich mir das.«

Silvius und Mathilda hatten einen ganzen Sommer, um sich kennenzulernen. Sie trafen sich an der Dreisam, sie spazierten über den Kanonenplatz Richtung St. Ottilien, über Günterstal nach St. Valentin oder auf die Zähringer Burg. Silvius entdeckte in Mathilda eine Frau, mit der er sich über Gott und die Welt unterhalten konnte, und die, er konnte es kaum fassen, gerne mit ihm zusammen war. Sie sah in ihm nicht einen gescheiterten Tunichtgut, sondern einen Mann, mit dem sie reden, lachen, schweigen konnte und der ihr die Sommerabende mit seiner Anwesenheit verzauberte. In Silvius regte sich Zuversicht. Er fing sogar wieder an zu arbeiten. Im Kiosk im Stadtgarten suchten sie eine Aushilfe. Silvius ging hin, unterhielt sich mit dem Inhaber und bekam den Job auf Anhieb. Es bereitete ihm großen Spaß, die Menschen, die sich im Park trafen, zu beobachten, wie sie mit ihren Kindern und Freunden zum Picknick auf der Wiese saßen, sich bei ihm Kaffee, Eis oder kalte Getränke holten. Es tat ihm gut, das Lachen der Menschen, das Bellen der Hunde und das Gezwitscher der Vögel zu hören und es erfüllte ihn mit Freude, die blühenden Beete, Bäume und Sträucher zu sehen und zu riechen.

Im Herbst fragte Mathilda ihn, ob er bei ihr einziehen wollte. Probeweise natürlich erst einmal. Silvius erzählte ihr daraufhin seine ganze Geschichte, die ihm zuvor nur in Bruchstücken über die Lippen gekommen war. Allzu groß war seine Angst gewesen, dass sie ihn danach nicht mehr sehen wollte.

»Das ist schlimm«, sagte sie, als er fertig war.

Und dann zog er bei ihr ein und es war gut. Alles war gut, bis zu dem Tag, an dem sie ins Krankenhaus eingeliefert wurde.

Er würde sie besuchen müssen. Er wusste, dass seine Angst vor den Keimen und Erregern kindlich krankhaft war. Aber er konnte ihr nichts entgegensetzen.

Sascha Krieger hatte in Gertrude Meiers Krankenakte nichts Auffälliges entdecken können. Sein eigener Vater musste erst sterben, bis er die Spur entdeckte. Er starb nach einer unbedeutenden Operation, die zunächst ohne

Komplikationen verlaufen war, an einem plötzlichen Herzversagen. Seine Mutter war untröstlich.

»Er war doch immer gesund«, klagte sie und wischte sich mit einem Tuch die Tränen ab. »Sein Herz war das eines Fünfzigjährigen, das hat sein Arzt noch vor wenigen Wochen gesagt. Wie kann er jetzt tot sein?«

Sascha rief Finn an.

»Es tut mir unendlich leid«, sagte Finn. »Dein Vater war so voller Tatendrang. Wie konnte das geschehen?«

»Weißt du etwas über die Krankenschwester, die in der Nacht Dienst hatte, als mein Vater starb?«, fragte Sascha.

»Krieger, Polizeirevier Süd am Apparat. Spreche ich mit Herrn Mülfering?«

Silvius erschrak. War es so weit, holte ihn jetzt die Vergangenheit ein? Jetzt, da er ein neues Zuhause gefunden hatte, da er dabei war, sich ein neues Leben aufzubauen?

»Herr Mülfering?«, hörte er die Stimme des Polizisten nachhaken.

»Ja«, antwortete Silvius.

»Ich bräuchte eine Aussage von Ihnen. Darf ich Sie bitten, zu uns aufs Revier zu kommen?«

»Wann?«

»Geht es heute Vormittag?«

Silvius machte sich ein schnelles Frühstück. Der Tee schmeckte bitter, das Brot war trocken und der Honig schmeckte nach Zucker. Anschließend machte er sich auf den Weg.

Eine Polizistin führte ihn in das kleine Büro. Sascha Krieger erhob sich von seinem Stuhl und bat Silvius, Platz zu nehmen. Silvius' Augen zuckten unkontrolliert und verärgert nahm er wahr, dass sich auf seiner Stirn kleine Schweißperlen bildeten.

»Es tut mir leid, Ihnen Umstände zu machen«, sagte der junge Polizist.

Silvius schüttelte nur den Kopf.

»Kennen Sie Irene Meier, die Tochter von Gertrude Meier?«

»Nein«, sagte Silvius.

»Aber Sie haben mit ihr gesprochen nach dem Tod ihrer Mutter.«

»Ich habe sie angerufen, sie gebeten, sich mit mir zu treffen. Ich wollte wissen, wie Gertrude gestorben ist.«

»Sie hat Ihnen nicht die Wahrheit gesagt«, sagte der Polizist. »Gertrude Meier ist nicht während der Operation gestorben, sondern in der Nacht darauf. Die Operation war ohne Komplikationen verlaufen.«

Silvius versuchte, sein Gegenüber anzuschauen, aber er konnte seinen Blick nicht fixieren.

»Herr Mülfering, beruhigen Sie sich. Sie waren nicht schuld an Gertrude Meiers Tod. Irene Meier hatte in jener Nacht Dienst auf der Krankenstation, auf der ihre Mutter lag. Frau Meier ist an einem Herzstillstand gestorben, aufgrund einer Überdosierung eines Medikaments, das sie gar nicht brauchte.«

Silvius holte ein Taschentuch aus seiner Jacke und wischte sich den Schweiß ab. »Aber es war ihre Mutter. Wie konnte sie das tun?«

Krieger schüttelte den Kopf. »Wer weiß, was in den Menschen vorgeht? Das war die erste Tote, die Irene Meier auf dem Gewissen hat. Mein Vater war einer der folgenden.« Der junge Polizist rang einen Moment darum, die Fassung zu bewahren, dann sprach er weiter. »Wie viele es insgesamt sind, wissen wir noch nicht. In der Klinik hat man Irene Meier zwar als Unglücksbringerin bezeichnet, weil es in ihrer Schicht vermehrt zu Todesfällen gekommen war, aber auf die Idee, das zu überprüfen, kam niemand.«

»Ich bin gar nicht schuld?«, fragte Silvius und schaute den Polizisten an, ohne dass das geringste Zucken sein Gesicht verunstaltete.

Sascha Krieger grinste traurig. »Ich freue mich für Sie.«

Silvius musste nun alles erzählen, was er bezüglich Gertrude Meiers Tod wusste, dann unterschrieb er das Protokoll und konnte gehen.

Kaum hatte er das Polizeirevier verlassen, rief Mathilda an. »Wo warst du gestern, warum bist du nicht gekommen?«, fragte sie. »Ich brauche dich.«

»Ja, ich komme, jetzt sofort.«

Er spürte eine Kraft in sich, die ihn trug, die ihn führte. Er stieg auf sein Fahrrad und fuhr die Stefan-Meier-Straße entlang. Auf der Brücke nebelten ihn die Abgase eines polnischen Lkws ein. Silvius traute sich kaum zu atmen. »Darf so eine Dreckschleuder überhaupt noch auf deutschen Straßen unterwegs sein?«, fragte er sich. Er bog in die Breissacher Straße, dann rechts, noch einmal links, und schon war er da.

Vor dem Krankenhaus stellte er sein Fahrrad ab und ging ohne zu zögern hinein. »Nicht stehen bleiben, nicht nachdenken!«, ermahnte er sich. Doch seine Gedanken konnte er nicht bremsen. Welche Bakterien und Viren schwirrten hier herum? Gab es hier auf der Station auch Lungenkranke? Er war empfindlich mit seiner Lunge. »Egal, geh weiter! Mathilda braucht dich«, spornte er sich selbst an. Die Düfte der Kantine kamen ihm entgegen: Roch es hier etwa nach Zimt und Apfel? Er dachte an Mathilda, wie sehr er sie liebte und wie wohl er sich mit ihr fühlte. »Aber mit dem Duft verbreiten sich natürlich auch andere Dinge«, überlegte er. »Das Heimtückische an den Krankheitserregern ist ja, dass man sie anscheinend nicht spüren kann. Aber ich kann sie spüren.« Er fühlte, wie sie sich auf seiner Haut breit machten.

Er krempelte die Ärmel herunter. War das klug? Legte er damit nicht eine schützende Decke über die Übeltäter? Wenn es nach ihm ginge, würde man am Eingang Mundschutztücher für die Besucher verteilen. »Andererseits«, kam es ihm in den Sinn, »gegen die Kälte der wissenschaftlichen Medizin würde das natürlich auch nicht helfen.« Er lief die Flure entlang, die nach Desinfektion rochen. Das erinnerte ihn an einen Artikel, den er kürzlich gelesen hatte. »Wie viele Erreger sind schon immun gegen die Desinfektionsmittel?«, fragte er sich. »Zum Glück habe ich daran gedacht, den Bergkristall einzustecken. Kristalle haben eine große Kraft, sie sind mächtige Hüter des Lebens.« Am Hals trug er zusätzlich die Kette eines Heilers, bei dem er einige Jahre zuvor gewesen war. »Das Silber des Anhängers schützt den Hals«, hatte der Heiler gesagt. »Hier ist der Mensch besonders hilflos gegen Angriffe, hier versteckt sich die Schilddrüse, die so tapfer ihre Leben spendenden Hormone produziert und doch so verletzlich ist.«

Mitten in diese Gedanken hinein fand er sich plötzlich vor der richtigen Tür wieder. Er verweilte einen Moment, atmete durch, klopfte, dann öffnete er vorsichtig und trat ein.

Mathilda lag bleich im Bett. Als sie Silvius erblickte, richtete sie sich auf und lächelte.

»Da bist du! Mein Held, du bist gekommen!«

Ofenschlupfer

Zutaten:
4 altbackene Brötchen
4 Äpfel
50 g Rosinen
½ l Milch
1 - 2 Eier
2 - 3 EL Zucker
¼ TL Zimt
Semmelbrösel
Butterflocken

Zubereitung:
Brötchen und Äpfel in dünne Scheiben schneiden.
Milch, Zucker, Zimt und Eier verquirlen.
Abwechselnd Brötchen, Äpfel und Rosinen in eine gefettete Auflaufform legen, die verquirlte Milch darübergießen, mit Semmelbröseln und Butterflocken bestreuen.
Bei 180 ° C etwa ¾ Stunde im Backofen backen.

Vanillesoße
½ l Milch
1 Ei
1 EL Zucker
1 Pr Salz
1 Vanilleschote
1 gestrichener EL Stärkemehl

Die Vanilleschote ausschaben. Die Stärke mit dem Zucker mischen und mit wenig kalter Milch anrühren. Danach rührt man alle Zutaten mit der restlichen kalten Milch an und bringt die Masse unter ständigem Rühren zum Kochen. Während des Abkühlens ab und zu umrühren, damit sich keine Haut bildet.

Alles eine Frage der Zeit

»Darf ich noch ein Stück dieser köstlichen Schwarzwälder Kirschtorte haben?« Paul Steiner hielt seinen Teller hoch und machte ein schmatzendes Geräusch.

»Aber gerne doch, liebster Paul.« Käthe Sauerbrey schmachtete den Endsiebziger an. Sie war so vertieft, ihn anzuhimmeln, dass ihr die Schwarzwälder beinahe von der Tortenschaufel gefallen wäre.

Paul nahm ein Gäbelchen und stach ein Stück der Torte ab.

»Deliziös, meine Liebe, wirklich. Sie haben sich selbst übertroffen.« Er schmatzte, leckte sich über die Lippen. »Schmecke ich da etwa das gute Schwarzwälder Kirschwasser heraus?«

Käthe nickte. Ihre Lippen verzogen sich zu einem breiten Grinsen. »Möchten Sie ein Gläschen? Vierzehn Grad ist die ideale Trinktemperatur. Drei Esslöffel Kirschwasser sind in der Torte.«

Paul nickte und schaufelte sich noch ein Stückchen in den Mund.

»Was halten Sie davon, wenn wir noch einen kleinen Spaziergang in Freiburgs Altstadt unternehmen? Ich würde mir so gerne wieder mal das Stadttheater anschauen. Vielleicht könnten wir zusammen ...« Sie ließ den Rest des Satzes offen.

In Pauls Augen funkelte es. Er ergriff Käthes Hand, hauchte ein Küsschen darauf. »Sehr gerne. Kommen Sie.«

Käthe drückte sich den Hut verwegen in die Stirn. Sie wählte den mit der Pfauenfeder, die kühn abstand und bei jedem Schritt wippte. Dann hakte sie sich bei Paul unter und forschen Schrittes gingen sie los. Triumphierend nickte sie ihrer Nachbarin Josefine Hölzer zu, die gerade geschäftig im Vorgarten herumwuselte. Paul winkte lächelnd. Er hatte sich Käthe abgewandt und formte das Wort *morgen* in Josefines Richtung.

Josefine soll vor Neid platzen. Jetzt bin ich mit Paul unterwegs und nicht sie, dachte Käthe.

»Kommen Sie, Paul«, sagte sie überlaut. »Wir machen uns einen schönen Nachmittag.«

Die beiden schritten zügig voran.

»Welch ein Glück, dass die Wege der Altstadt nicht mit dem Auto befahrbar sind, sodass man als Fußgänger ganz ungehindert durch die vielen hübschen Straßen und Gässchen flanieren kann.« Paul blieb kurz stehen und putzte sich geräuschvoll die Nase.

»Und wenn wir doch müde Füße bekommen, können wir mit der Straßenbahn nach Hause fahren«, antwortete Käthe beschwingt. Sie hatte immer noch das entgeisterte Gesicht ihrer Nachbarin vor Augen. Es freute sie diebisch, dass sich Josefine ärgerte.

Sie überquerten den Rotteckring und tauchten nun in die Fußgängerzone ein. Der Nachmittag verging viel zu schnell. Paul verabschiedete sich formvollendet mit einem Handkuss von Käthe, als er sie bis zu ihrer Haustür brachte.

*

»Darf ich noch ein Stück dieser köstlichen Schwarzwälder Kirschtorte haben?« Paul hielt seinen Teller hoch und machte ein schmatzendes Geräusch.

»Aber gerne doch, liebster Paul.« Josefine Hölzer schmachtete ihn an. »Dass Sie an meinen Geburtstag gedacht haben. Ich freue mich!«

»Natürlich, so etwas vergesse ich nicht«, antwortete Paul, der keine Ahnung hatte. Er beglückwünschte sich selber, dass er immer Geschenkchen in der Tasche mit sich herumtrug.

»Ich habe noch etwas für Sie, einen kleinen Moment.«
Paul ging zur Garderobe, kramte in den Manteltaschen und zog eine kleine Schwarzwälder Quietscheente heraus.

»Bitteschön. Für Sie. Alles Gute zum Geburtstag.«

Josefine klatschte begeistert in die Hände. »Das Entchen sieht ja zum Anbeißen aus mit dem Bollenhut und in der Schwarzwaldtracht. Sehen Sie nur den roten Schnabel!« Josefine öffnete ihre Glasvitrine. »Es wird einen Ehrenplatz erhalten.« Spontan drückte sie Paul einen Kuss auf den Mund, der sich das gerne gefallen ließ.

»Schauen Sie mal, Paul, was ich da für Sie habe.« Die Vitrinentür stand noch offen und Josefine holte eine Flasche hervor, auf der *Original Kirschwasser* stand. »Ein kleiner Digestiv für Sie? Die feinen Süßkirschen sind handverlesen. Ein paar Wildkirschen sind auch dabei. Kosten Sie das typische Aroma. Ein paar Löffelchen habe ich in den Teig der Torte gegeben.« Josefine lächelte verschmitzt.

»Hm, das ist ein gutes Tröpfchen.« Paul streckte sich, stand auf und schüttelte sein Hosenbein. »Wollen wir einen Spaziergang machen? Ich hätte mal wieder Lust auf den schönsten Turm der Christenheit, unser Münster. Dann können wir auch ein bisschen über den Markt bummeln.«

»All diese Stufen! Wie viele sind es noch mal?« Josefine leckte mit der Zunge den letzten Rest ihres Kirschwassers aus dem Glas.

»Das weiß ich ziemlich genau: Vom Boden bis zur obersten Plattform sind es 329 Stufen. Ich hatte kürzlich eine Broschüre in der Hand.« Paul schob sich das Gebiss mit der Zunge fest.

Mit einem lauten Knall flog die Haustür auf. Josefine und Paul sahen sich erschrocken an.

»Was machst du denn hier, Käthe? Wie kommst du hier rein?«

»Hast du vergessen, dass du mir mal einen Schlüssel gegeben hast? Für den Fall der Fälle. Ich habe x-mal geklingelt, aber ihr habt ja nichts gehört.«

»Wir wollten gerade einen Spaziergang zum Münsterturm unternehmen.« Paul schlug die Augen nieder und betrachtete angestrengt seine Fingernägel.

»Wunderbar, da gehe ich doch glatt mit.« Käthe zwinkerte mit dem linken Auge und verzog dabei den Mund. Sie ignorierte den bösen Gesichtsausdruck Josefines, lächelte Paul zu, der gerade aufsah und ihr Lächeln erwiderte.

Die beiden Damen nahmen Paul in die Mitte und hakten sich unter. Flotten Schrittes marschierten sie in die Altstadt, ohne ein Wort miteinander zu wechseln. Paul versuchte zwar so etwas wie ein Gespräch in Gang zu bringen, aber die beiden Damen schwiegen beharrlich. Erst als sie am Münster angekommen waren, meinte Käthe: »Und, Josefine, traust du dir zu, die vielen Stufen zum Turm zu nehmen? Was ist mit Ihnen, Paul?«

»Aber sicher doch.« Josefine antwortete schnippisch. Auch Paul wollte sich keine Blöße geben und brummte etwas Unverständliches.

»Immerhin bin ich erst 75 und gut zu Fuß, du Giftspritze.«

»Bäh, das habe ich jetzt gehört.«

Paul ging auf das Hauptportal des Münsters zu, schwenkte dann rechter Hand zum Eingang des Turmes um.

»Wollen wir zur Glöcknerstube hochgehen? Es sind nur zweihundertundfünf Stufen! Meine Damen, ich lasse Ihnen den Vortritt.«

»Sind Sie denn überhaupt schwindelfrei, liebster Paul?«, erkundigte sich Käthe.

»Und wie sieht es mit Ihrer Kondition aus?«, wollte Josefine wissen.

Beide Damen sahen ihn fragend an. So blieb Paul gar nichts anderes übrig, als zu nicken. Er meinte: »Natürlich. Die paar Stufen schaffe ich schon.«

Langsam nahm er Stufe um Stufe. Der Aufgang war eng und Käthe schnaufte schwer. Die drei Herrschaften kämpften sich Treppe um Treppe aufwärts, unterbrochen von kleinen Pausen. Keiner wollte dem anderen eingestehen, dass es sehr anstrengend war. Irgendwann erreichten sie die Türmerstube. Nicht ohne Stolz atmeten sie auf. Josefines Blutdruck normalisierte sich und Käthes rotes Gesicht nahm wieder seine übliche Farbe an. Paul atmete schwer. Sie sahen sich in dem engen Turmzimmer um. Holzbalken, ein alter Wasserbehälter und ein junges Mädchen, das an der Kasse saß.

»Möchten Sie noch ein Stückchen weiter?«

»Danke, nein, das möchte ich meinen Damen nicht mehr zumuten. Wir müssen ja wieder über zweihundert Stufen nach unten«, meinte Paul. Er zeigte eine Reihe falscher Zähne. Sein Puls hatte sich so weit beruhigt, dass er den Abstieg wagen konnte.

»Wir könnten ihn aus dem Fenster werfen, diesen Charmeur, diesen Herzensdieb ...«

»... und Schwindler«, flüsterte Josefine. »Dann ist er Matsch, wenn er aufschlägt. Und sieht nicht mehr gut aus. Weißt du, Käthe, warum Selbstmörder ihre Brillen vorher abnehmen?«

Die Angesprochene zuckte mit den Schultern. Dann drehte sie sich um, ging auf Paul zu. »Wollen wir wieder runtergehen?«

Die Damen kicherten und zwinkerten sich verschwörerisch zu – obwohl sie sich doch eigentlich gar nicht leiden konnten.

*

240

Ein paar Tage vergingen und Paul verweilte an den geraden Tagen bei Josefine und an den ungeraden bei Käthe. Beiden machte er offensichtlich den Hof. Ganz Kavalier der alten Schule.

»Wie schön Sie heute wieder aussehen, Käthe oder Josefine«, je nach Wochentag.

»Wirklich bezaubernd, liebste Käthe oder Josefine«, je nach Wochentag.

»Wie hübsch Sie wieder die Kaffeetafel gedeckt haben, mein Käthchen oder Josefinchen …«

Alles hätte so schön sein können, wenn die Damen ihm nicht jedes Mal Schwarzwälder Kirschtorte serviert hätten. Langsam konnte er keine Kirschen und keine Sahne mehr sehen. Nur vom Schwarzwälder Kirschwasser konnte er nicht genug bekommen.

Es war ein klarer Sonntag. Die Sonne schickte schon einige warme Strahlen. Es wurde Frühling.

Paul döste gerade in seinem Fernsehsessel vor sich hin, als das Telefon läutete. Das mobile Handy lag auf dem Tisch. So musste er sich nur ein bisschen aus der Decke schälen und die Hand ausstrecken.

»Josefinchen! Wie schön Ihre Stimme zu vernehmen.«

Seine Fröhlichkeit flachte ab, als er hörte: »Es tut mir leid, mein lieber Paul, aber mir ist heute etwas dazwischengekommen. Ich kann Sie leider nicht bewirten. Sehen wir uns am Dienstag?«

»Natürlich, gerne. Das ist aber schade, dass es heute nicht klappt. Ich werde Sie vermissen.«

Als das Gespräch mit ein paar Floskeln beendet wurde, atmete Josefine auf. Auch Paul schnaufte tief. Ein Lächeln überzog sein Gesicht, er drückte einen Knopf und kurz darauf flötete er in die Sprechmuschel: »Liebste Käthe. Ich habe solche Sehnsucht nach Ihnen, dass ich nicht bis morgen warten möchte. Können wir uns schon heute sehen?«

»Aber natürlich, mein Lieber«, tönte es aus dem Apparat. »Ich habe nur keine Torte. Die wollte ich erst morgen frisch für Sie backen.«

Welch ein Glück, dachte Paul. *Gott sei Dank! Keine Torte.*

»Dann bin ich gegen fünfzehn Uhr bei Ihnen. Freue mich.«

Paul pfiff fröhlich vor sich hin, als er Aftershave auflegte und sich die Krawatte band. Sollte er den grauen Anzug oder doch lieber den blauen Anzug tragen? Er entschied sich für den grauen, dazu passte die rote Krawatte hervorragend. Er übte im Spiegel einen verwegenen Gesichtsausdruck, warf sich selbst eine Kusshand zu, um sich auf den Weg zu machen.

»Ich kann es noch. Gelernt ist gelernt!«, sagte er laut. Er benetzte den Zeigefinger und strich sich über die Augenbrauen.

»Kommen Sie herein.« Käthe schubste ihn in Richtung Wohnzimmer und drückte ihn in den Sessel. »Schnäpschen?«

Als Paul nickte, reichte sie ihm ein Glas, bediente sich selbst und sagte: »Ex!«

Paul tat wie geheißen und kippte den Schwarzwälder Kirsch in einem Zug hinunter. Er kicherte albern, tatschte Käthe auf den Po und ließ es sich gefallen, als ihm auf die Finger geklopft wurde. Käthe ließ sich ebenfalls in einen Sessel plumpsen, sagte nichts, schaute ihn nur an.

Nach ein paar Minuten sank Paul in sich zusammen, kicherte wieder, lallte. »Ich bin a bissl müd, hihi.«

Träumte er, oder sah er neben Käthe nun auch Josefine stehen?

»Du bist ein Schwerenöter, Paul. So etwas mögen wir gar nicht. Aus dem Alter solltest du schon heraus sein. Eine Frau gegen die andere ausspielen. Das ist eines Gentlemans nicht würdig!«

Und Käthe fiel ein: »Heute geht es nach unseren Regeln.«

Paul richtete sich auf. Er fühlte sich vollkommen betrunken, unfähig, einen Handgriff zu tun. Er konnte nicht aufstehen, nur dumm herumkichern.

»Hast du wirklich geglaubt, du kannst uns hinters Licht führen? Es gleich mit zwei Damen aufnehmen? Da hast du dich geschnitten, du Casanova, du!«

»Dabei hätte ich mich wirklich in dich verlieben können«, sagte Käthe, »so galant, wie du warst. Wir haben ein bisschen recherchiert.«

»Stimmt«, fiel ihr Josefine ins Wort. »So blöd sind wir nicht, dass wir das Internet nicht bedienen könnten. Im Seniorenclub haben die uns gezeigt, wie das geht.«

Paul lief nun ein Speichelfaden aus dem Mundwinkel. Er glotzte dumm.

»Und weißt du, was wir gefunden haben?« Käthes Worte waren ganz leise. Sie beugte sich zu Paul hin, hielt sich an den Stuhllehnen fest und zog die Augenbrauen nach oben.

»Du warst wegen Heiratsschwindelei im Gefängnis! Jetzt bist du wohl zu alt dazu …«

»… immerhin bald achtzig«, fiel ihr Josefine abermals ins Wort. Käthe nahm den Satz wieder auf. »Es war wohl nur eine Frage der Zeit, bis du uns beide …«, sie stockte, »abgezockt hättest.«

»Aber nicht mit uns, du Schürzenjäger. Uns beide hast du beglückt. An geraden Tagen Käthe und an den ungeraden mich. Pfui Teufel!«

»Aber jetzt ist genug. Bei uns hat es sich ausgesüßholzraspelt.« Josefine war ehrlich erzürnt.

»Noch ein Schnäpschen? Schwarzwälder Kirsch hast du doch so gerne. Gib mir mal das Glas, Käthe.«

»Ich mach schon«, sagte die Angesprochene. Sie hielt Paul das Glas an die Lippen und flößte ihm den Alkohol ein. »Brav schlucken, du Frauenheld.« Käthe und Josefine sahen sich an. »Du links, ich rechts.«

Mit einem Ruck hoben die beiden Frauen Paul an, zogen ihm das Jackett und die Krawatte zurecht. Schleppten ihn zur Tür.

»Komm schon, Paulchen, ein Schritt vor den anderen. Mach dich doch nicht so schwer.« Josefine griff Paul unter die Achsel.

»Wir werden dich jetzt nach Hause bringen und dich in deinen Sessel setzen. Leider wirst du dort an Herzversagen sterben. Der Polizei sagen wir, dass du einfach zu viel Sahnetorte gegessen hast.«

Käthe fummelte in Pauls Hosentasche und zog einen altmodischen Schlüssel hervor. Es war zwar anstrengend, aber schließlich schafften sie es, ihn die Straße entlangzuführen und in seinen Sessel zu bugsieren.

»Im Schnaps war Morphium. Weißt du, wir wollten, dass du in deinen letzten Minuten noch fantasieren kannst. Schließlich ist Morpheus, nachdem das Opiat benannt wurde, der Gott der Träume.«

»Schwestern sollten zusammenhalten, gerade, wenn es um Männer geht, nicht wahr, Käthe?«

Pauls Blick wurde glasig. Sein Kinn fiel nach unten. Die beiden Frauen klatschten sich ab und zogen leise die Haustür zu.

Schwarzwälder Kirschtorte

Zutaten:
Biskuitteig:
5 Eier (Größe M)
175 g Zucker
1 Päckchen Vanillezucker
125 g Weizenmehl
2 gestrichene TL Backpulver
50 g Speisestärke
15 g Kakao
etwa 1 Messerspitze gemahlener Zimt

Kirsch-Füllung:
1 Glas Sauerkirschen (350 g)
30 g Speisestärke
etwa 25 g Zucker
etwa 3 EL Kirschwasser

Sahne-Füllung:
1 Päckchen weiße Gelatine
5 EL kaltes Wasser
800 g kalte Schlagsahne
40 g Zucker
1 Päckchen Vanille-Zucker

Zum Verzieren:
100 g Zartbitter Raspelschokolade
50 g Belegkirschen

Vorbereiten:
Boden der Springform fetten und mit Backpapier belegen. Backofen vorheizen.
Ober-/Unterhitze: etwa 180°C
Heißluft: etwa 160°C

Zubereitung:

Biskuitteig:

Eier in einer Rührschüssel mit einem Mixer auf höchster Stufe eine Minute schaumig schlagen. Zucker mit Vanillezucker mischen, unter Rühren in einer Minute einstreuen und die Masse weitere zwei Minuten schlagen. Mehl mit Backpulver, Speisestärke, Kakao und Zimt mischen und kurz auf niedrigster Stufe unterrühren. Teig in der Springform glattstreichen und auf dem Rost in den Backofen schieben.

Backzeit: etwa 25 Minuten

Springformrand entfernen, Boden auf einen mit Backpapier belegten Kuchenrost stürzen, Springformboden entfernen und Biskuitboden erkalten lassen.

Kirsch-Füllung:

Sauerkirschen in einem Sieb gut abtropfen lassen, Flüssigkeit dabei auffangen und 250 ml abmessen. Speisestärke mit Zucker und 4 EL von der Flüssigkeit anrühren. Übrige Flüssigkeit zum Kochen bringen, die angerührte Stärke in die vom Herd genommene Flüssigkeit einrühren, kurz aufkochen, Kirschen unterrühren und kalt stellen. Mit Kirschwasser abschmecken.

Sahne-Füllung:

Gelatine mit Wasser in einem kleinen Topf anrühren, 5 Minuten zum Quellen stehen lassen und unter Rühren erwärmen, bis sie gelöst ist. Sahne fast steif schlagen. Erst etwa 2 EL der Sahne mit der aufgelösten Gelatine verrühren, dann sofort die Gelatinemasse unter die Sahne schlagen, Sahne steif schlagen. Zucker mit Vanillinzucker mischen und unterrühren.

Von dem Biskuitboden das mitgebackene Backpapier vorsichtig abziehen und den Boden zweimal waagerecht durchschneiden. Unteren Boden auf eine Tortenplatte legen und die Kirschmasse und 1/3 der Sahnecreme daraufstreichen. Mittleren Boden auflegen, leicht andrücken und mit der Hälfte der restlichen Sahnecreme bestreichen. Oberen Boden auflegen und leicht andrücken. 3 EL der Sahnecreme in einen Spritzbeutel mit Sterntülle füllen und beiseitelegen. Tortenoberfläche und -rand mit der übrigen Creme einstreichen. Mit der Creme aus dem Spritzbeutel verzieren.

Verzieren:
Torte mit Raspelschokolade und Kirschen verzieren. Die Torte mindestens 2 Stunden in den Kühlschrank stellen.

Der Frauenversteher

Die Kunst des Zuhörens zählte zu seinen größten Tugenden. Zuhören, ohne sein Gegenüber zu unterbrechen. Zuhören, bis eine kleine Pause entstand. Im richtigen Moment eine gezielte Frage stellen, eine, die dem Gesprächspartner zu verstehen gab, dass er ganz bei ihm war, ihm folgte, auch wenn er schwieg. Seine Augen verrieten keine Regung, keine Emotion, sie sogen alles auf, waren wie dunkle Brunnen, in denen jeder Unrat versank. Seine Mundwinkel zuckten allenfalls, aber selten, kaum wahrnehmbar.

Die Frauen waren verrückt nach ihm.

» Rosinenschnecke nennt er mich. Rosinenschnecke!

Nach seiner Leibspeise. Er wiegt mittlerweile über 370 Pfund. Da wird einem doch übel, oder?«

Ein angedeutetes Nicken. Nur ganz sacht. Seine leisen, zarten Bewegungen drückten viel mehr Anteilnahme aus als die großen Gesten. Seine Ruhe half den Frauen, sich zu entspannen.

Sie liebten ihn dafür.

» Wissen Sie, ich leite Fasten-Kuren. Am Schluchsee. Kampf-Fasten, um genau zu sein. Hardcore-Verschlankung. Kein Schnickschnack, kein ausgeklügelter Diät-Plan. Nur Sport und Hungern. Die ersten zehn Tage gibt es ausschließlich Wasser. Frisches Schwarzwälder Quellwasser natürlich, nicht das tote Zeug aus der Leitung. Da macht die Hälfte meiner Patienten schon schlapp. Zumindest beim ersten Mal. Ich habe aber viele Wiederholungstäter. Und wenn es dann mal klappt, was zugegebener-

maßen selten vorkommt, dann ist es ein Wahnsinnserfolg. Waaahn-sinn.

Ja. Und dann so ein Ehemann. Ein Elefant. Ein Nilpferd! Das geht einfach nicht, das sehen Sie doch ein?«

Er liebte seinen Beruf. Zumindest glaubte er das. Genaugenommen wusste er nicht so recht, was Liebe bedeutete. Irgendetwas mit Sex und Anschmachten.

Sex fand er wunderbar. Wenn er hart und wild war. Das mit dem Anschmachten war nicht so sein Ding.

Die Frauen vergötterten ihn.

»So, und jetzt spitzen Sie mal die Ohren. Folgendes war mein Plan –

Sie können doch schweigen, oder?«

Geduld gehörte ebenfalls zu seinen Tugenden. Er hatte Zeit. Niemals drängte er sein Gegenüber. Es kam ihm gar nicht in den Sinn, das zu tun. Irgendwann kamen sie schon auf den Punkt. Alle.

»Ich brauchte natürlich einen Vorwand, um ihn in den Kurs zu locken. Freiwillig wäre er nie gekommen. Ich bat ihn, mir ein paar Sachen vorbeizubringen – und dann habe ich ihn vor der gesamten Gruppe überrumpelt. Er hatte keine Chance.«

Sein Lächeln setzte er selten, aber gezielt ein. Er wusste, dass es melancholisch wirkte, ein wenig traurig, weltentrückt. Dass es ihm einen geheimnisvollen Zug verlieh, seinem Gesicht Tiefe gab.

Die Frauenherzen flogen ihm zu.

»Ich sehe, dass Sie mich verstehen. Das freut mich sehr, denn Ihr Urteil ist mir ... nun ja, besonders wichtig.

Also, ich habe ihn extrem hart rangenommen. Wenn sich die anderen von den Strapazen des Tages, dem »Black-Forest-Iron-Man« mit Wandern, Gymnastik, Schwimmen und Radfahren erholten, schickte ich ihn zum Holz hacken. Natürlich hätte er zusammenbrechen können, das war mir schon klar – bei seinem hohen Blutdruck. Aber er hielt durch. Ich hab mich selbst gewundert.«

Er wäre sicher ein guter Psychologe geworden. Aber das hätte ihn gelangweilt. Der Kitzel hätte gefehlt. Der Thrill.

»Nach zehn Tagen gibt es zum ersten Mal was zu essen. Für jeden so viel und was er will. Nicht zur Belohnung, wie Sie jetzt vielleicht vermuten, nein, zur Abschreckung. Damit die Patienten einen Ekel vor sich selbst und ihrer Fresssucht entwickeln. Nach dem langen Fasten wird den meisten sowieso speiübel. Das gehört zum Konzept.«

Mit der Zeit hatte er sich zu einem wahren Meister im Unterdrücken von Gähnanfällen entwickelt. Einmal kurz die Augen schließen (was tiefste Anteilnahme ausdrückte), dreimal unauffällig durchatmen – und die Gefahr war gebannt.

»Natürlich hätte mein Plan auch schiefgehen können. Deshalb habe ich mich ja abgesichert und Sie hinzugezogen. Für alle Fälle.«

Wenn seine Aufmerksamkeit sich tatsächlich steigerte, war es für sein Gegenüber nicht ohne Weiteres ersichtlich. Er verstand es, im rechten Moment den Kopf zur Seite zu neigen und die Lippen zu spitzen. Das verlieh ihm einen leicht spöttischen Ausdruck, der in der Regel als Anerkennung interpretiert wurde.

»Aber, was soll ich sagen: Alles paletti! Auf meinen Rüdiger ist Verlass! Er durfte als Erster an den Futtertrog – schließlich war er auch der Fetteste. Und wie erwartet, schnappt er sich die Rosinenschnecke, in die ich die Walnussschalensplitter eingebacken habe.

Das geschieht immer mal wieder, die Sache mit den Nussschalen. Sogar in der Industrie. Wer sollte da auf die dumme Idee kommen, ich hätte etwas damit zu tun?

Normalerweise passiert ja auch nicht viel. Man beißt sich halt die Zähne daran aus. Aber mein Rüdiger schlingt natürlich die ganze Schnecke auf einmal runter – diese Gier, widerlich.

Er würgt, hustet, läuft rot an – genau wie in meinen kühnsten Träumen. Nach ein paar Minuten war alles vorbei.

Der perfekte Mord, oder?«

Das leise Heben einer Augenbraue verunsicherte die Damen oft ein wenig. Aber diese zarte Irritation machte sie nur noch verrückter nach ihm.

»Also. Sie sehen sicher ein, dass ich Ihnen somit nicht das volle Honorar zahlen kann, jetzt, da ich Ihre Dienste gar nicht mehr brauche?

Wir könnten allerdings ... Nun ja. Ich wäre nicht abgeneigt ... Sie müssen jetzt nicht gehen – der Abend ist noch jung.«

Der Höhepunkt eines jeden Gesprächs war der Moment, in dem er aufstand. Wenn sich sein schlanker Körper mit grazilen, schlangenhaften Bewegungen hinter die Gesprächspartnerin schob. Wenn er ihr die linke Hand auf die Schulter legte. Eine Geste, die die Vertrauensbasis zwischen ihnen festigte. Die den Frauen einen Vorgeschmack gab auf das, was folgen würde.

Mit der Rechten zog er dann die bereits entsicherte Waffe aus der Tasche, auf die er zuvor den Schalldämpfer montiert hatte.

Die Kugel ging auch diesmal sauber von schräg oben durch den Hinterkopf, machte nicht mehr Sauerei als nötig, schließlich war er ein Profi. Einen einmal angenommenen Auftrag führte er auch dann zu Ende, wenn der Auftraggeber mittlerweile an einer Rosinenschnecke erstickt war.

Danach blickte er sich im Wohnzimmer nach einer Trophäe für seine Sammlung um. Sein Blick fiel auf das Gedeck, das vor ihm stand.

Die Rosinenschnecke, die noch unangetastet dalag, warf er vorsichtshalber weg. Den schönen Teller ließ er in seinen Aktenkoffer gleiten. Zu Hause stellte er ihn, zufrieden mit sich und der Welt, neben das große, grüne Porzellansparschwein.

Rosinenschnecken

Zutaten:

600 g Mehl
1 Päckchen Hefe (42g)
1 Ei
350 ml Milch
100 g Butter
100 g Zucker
1 Prise Salz
350 g Aprikosenmarmelade
250 g Rosinen
2 EL Rum
1 Päckchen Vanillezucker

Zubereitung:

Für den Teig ein wenig Mehl, Hefe und Milch zu einem Vorteig verrühren und ca. 10 Min. gehen lassen. Dann Zucker, Butter, Salz und Ei hinzugeben und gut durchkneten, bis ein glatter Teig entstanden ist. Ca. 2 Stunden gehen lassen.

250 g Aprikosenmarmelade zusammen mit dem Rum in einem Topf kurz erwärmen, bis sie zähflüssig geworden ist.

Teig auswellen, gleichmäßig mit der Rum-Aprikosenmasse bestreichen und die Rosinen darauf verteilen.

Den Teig mit einem scharfen Messer in ca. 3 cm breite Streifen schneiden und diese Streifen zu Schnecken rollen. Die Schnecken auf ein mit Backpapier belegtes Backblech setzen und noch einmal gehen lassen. Im vorgeheizten Backofen bei 190 Grad so lange backen, bis die Schnecken goldgelb sind.

Aus dem Ofen nehmen, noch heiß mit der restlichen Aprikosenmarmelade bestreichen, ein wenig abkühlen lassen und mit Vanillezucker bestäuben.

Ein, zwei Leichen zum Dessert

Sie (Anna): Natürlich ist es zu Hause gemütlicher und meine Küche ist sehr praktisch eingerichtet, aber ich fand es trotzdem eine gute Idee, nach all den Jahren, es sind immerhin fünfzig, davon neunundvierzig verheiratet, unglaublich, wenn man mal vom allererersten Jahr absieht, so was wie Romantik, Zeit nur für uns, hatten wir eigentlich nie. Denn da kamen zügig die Kinder, eins, zwei und dann noch mal drei und als das erste, meine Tochter Sabine, groß war und schon zwei Enkelkinder da waren, war das letzte gerade in der Pubertät, daher dachten wir uns, also erst ich, dann auch Horst, es wäre schön …

Er (Horst): … Weihnachten mal anders zu feiern. Anna hat es die ganzen Jahre immer toll gemacht, das muss man ihr lassen. Dekoration, Geschenke, das Essen, die Weihnachtskekse und der ganze Kram.

Sie: … einmal nur zu zweit zu sein. Es war immer so ein Rummel, immer standen die Kinder im Mittelpunkt, erst die eigenen, dann die Enkel, so wie wir es ja haben wollten, aber als ich so zurückdachte, konnte ich mich gar nicht mehr erinnern, wie er wirklich war, wenn er gerade nicht der funktionierende Vater und Opa und mittlerweile sogar Uropa war. So hatte ich die Idee, wir beide könnten mal ohne die große Schar feiern, Weihnachten …

Er: … mal anders.

Sie: … nur zu zweit. Tja, eigentlich hätte ich es ahnen können. Wir hatten uns schon lange nichts mehr zu sagen, aber da waren immer mindestens noch fünf Münder um uns herum, in letzter Zeit oft zehn, die irgendwas plapperten, da verdrängt man das halt.

Er: Ich dachte die ganzen Jahre, wir verstünden uns gut. Vielleicht nicht perfekt, aber gut genug. Ich habe nicht damit gerechnet!

Sie: Und wenn ich mich an den Anfang erinnere: Wir hatten damals eine Radtour gemacht und schliefen auf einem Feld irgendwo unterwegs im Heu, ich weiß es noch wie heute. Wir unterhielten uns ganz ernsthaft über – das mag vielleicht ein bisschen morbide klingen – den Tod.

Er: Abseits von dem, was man aus der Bibel gelernt hat, macht sich ja jeder so seine Gedanken. Jeder hat seinen ganz eigenen Glauben. Das Ungewöhnliche war, dass wir beide genau die gleichen Vorstellungen hatten. Das war wirklich unglaublich.

Sie: Es war der romantischste Abend meines Lebens, wie wir so dalagen, ich in seinen kräftigen Arm gekuschelt, die Sterne funkelten über uns und er erzählte mir, dass er glaube, wir würden, wenn wir tot wären, aufsteigen, aber nicht gleich, ein paar Tage wären wir noch in der Nähe. Ich setzte mich auf und sah ihn verblüfft an. Ich hatte genau die gleiche Vorstellung, was vielleicht daher kam, dass ich, als mein geliebter Großvater starb und ich an seinem Bett saß und weinte, exakt dieses Gefühl hatte, dass er noch im Raum war. Ich stellte mir vor, er schwebte kurz unterhalb der Decke, unsichtbar, aber doch deutlich zu fühlen.

Er: Das Tollste war, dass wir uns beide so eine Theorie zurechtgelegt hatten. Dass der Tote, solange er in der ersten Zeit noch in der Nähe ist, sogar Gegenstände bewegen kann. Irgendwie beeinflussen.

Sie: Als ich damals bei Großvater am Bett saß, fiel ein Kreuz von der Wand, ganz plötzlich, ohne jeden Grund, und ich wusste, das war er, er gab mir ein Zeichen, dass er an mich dachte, zum Trost, und Horst gestand mir an jenem Abend im Heu, er glaube das auch.

Er: Ja, es war wirklich ungewöhnlich. Aber solche Übereinstimmungen werden manchmal doch sehr überschätzt. Nicht dass unsere Ehe so schlecht gewesen wäre, wir waren viel zu beschäftigt, um allzu viel aneinanderzugeraten, aber außer jener Übereinstimmung damals, also ich weiß nicht, ob da viel mehr war?

Sie: Ich fand, so ein Weihnachten nur zu zweit, als wären wir noch jung, das wär's. Ein kleines Haus im Schnee, Idylle, Romantik, ein offener Kamin … vielleicht könnte das eine Art zweiter Chance sein für uns, vielleicht würden wir uns sogar wieder ein bisschen ineinander verlieben.

Er: Ich wage zu behaupten, ohne den offenen Kamin wäre das alles nicht passiert.

Sie: Meine Tochter hat es uns ausgesucht, im Internet, und es war dann in der Realität sogar noch schöner als auf dem Foto. Ein alter Schwarzwälder Bauernhof mit tief runtergezogenem Dach und einer herrlich gemütlichen Küche. Etwas niedrig, aber wir sind ja nicht besonders groß. Die hatten früher alles unter einem Dach, da lebten Tiere und Menschen dicht nebeneinander und heute ist es umgebaut und aus dem Stall wurde eine Garage, da konnten wir unser Auto abstellen. Die Vermieterin, eine nette Frau in den Vierzigern mit apfelroten Wangen, hatte alles vorbereitet, Scheite neben dem Kamin und jede Menge Konserven als Vorrat, falls uns mal das Essen ausgeht. Die Konserven allerdings kann man nur über eine steile Leiter erreichen, denn sie lagern in einem Speicher über der Garage, da sich der Keller gerade im Ausbau befindet, es soll ein neuer Boden rein und später dann mal eine Sauna.

Er: Das mit der steilen Leiter ist ein Detail, das ich sehr mag.

Sie: Nicht dass ich an Sex auf einem Tigerfell gedacht hätte, aber ich muss zugeben, nach all den Jahren hastig hastig hatte ich mir schon ein paar genüssliche Vorstellungen zu dem Kamin gemacht. Ein ruhiger Nachmittag, erst ein gemütlicher Spaziergang draußen, dann das Knistern des Feuers, wir ganz allein, alle Zeit der Welt …

Er: Tatsächlich kann ich diesbezüglich noch voll meinen Mann stehen, voll!

Sie: Und dann lief irgendwie alles schief. Es fing, wie hätte es anders sein können, mit den Geschenken an. Ich habe sie die ganzen Jahre geduldig ertragen, diese praktischen Sachen, aber musste das dieses Mal auch sein? Ein elektrisches Bratenmesser!

Er: 250 Watt. Geht durch den Braten wie durch Butter. Mit Spezialmesser für Tiefgekühltes. Der Mercedes unter den Bratenmessern!

Sie: Wenigstens einmal ein Parfüm, Chanel Nummer 5 oder so. Oder ein wirklich schönes Schmuckstück. Nachdem ich die Verpackung aufgemacht hatte, stand ich da wie vom Donner gerührt, ich konnte es nicht glauben. Die ganzen Jahre war es okay mit den Geschenken, aber nicht dieses Mal, dieses Mal wollten wir doch Weihnachten einmal …

Er: … ganz anders feiern, ich weiß.

Sie: So ging es los und so ging es gerade weiter. Das Essen am Heiligen Abend war alles andere als ein Genuss. Er hatte angeboten, das Hauptgericht zu kochen, und so saßen wir zum ersten Mal an Weihnachten vor einer verkohlten Gans – er hatte die ganzen Jahre immer damit geprahlt, wie köstlich die Gans nach dem Rezept seiner Mutter sei und mich enorm unter Erfolgsdruck gesetzt und dann das!

Er: Die Gans meiner Mutter *war* köstlich, nicht zu vergleichen mit Annas Gans.

Sie: Und schließlich, beim Dessert, eskalierte die ganze Sache. Ich hatte eine Linzer Torte gebacken, zu Hause schon, nach dem Rezept einer Bekannten, die aus Freiburg stammt und mir erzählt hat, das gehöre für Freiburger einfach dazu an Weihnachten. Als Marmelade benutzte ich genau nach Angaben teils Himbeerkonfitüre und teils Johannisbeergelee. Und da rührte ich einen kräftigen Schuss Kirschwasser hinein.

»Mhm«, sagte er, als wir, nach der ekligen Gans jeder ein Stück der Linzer Torte zum Dessert aßen, »schmeckt wirklich gut, aber der Himbeergeist schmeckt ein bisschen zu sehr vor.«

Gott wie peinlich, der Herr Feinschmecker! »Der Himbeergeist ist Kirschwasser!«, sagte ich und konnte ein süffisantes Lächeln nicht unterdrücken.

Er: Es war Himbeergeist!

Sie: Es war nur allzu deutlich, dass er das gesagt hatte, um meine Backkunst runterzumachen und wieder einmal alles besser zu wissen. Und anstatt nun ein bisschen kleinlauter zu werden, blieb er steif und fest bei seiner Behauptung ...

Er: Es war Himbeergeist!

Sie: ... dass ich mich sicher nicht mehr genau erinnere, aus welcher Flasche ich das entnommen hatte. Als ob ich schon dement wäre. Das hat mich unglaublich geärgert!

Er: Das mit dem dement hat sie gesagt. Ich würde es eher vergesslich nennen. Ziemlich vergesslich allerdings.

Sie: Diese blöde Besserwisserei hat uns den ganzen Abend verdorben. Es hätte so schön sein können. Draußen schneite und schneite es und drinnen das gemütliche Feuer und dann nichts als Streit. Er war immer schon stur, ja, die Kinder sagen das auch!

Er: Die Kinder sagen das nicht!

Sie: Am nächsten Tag stellte sich zudem heraus, dass er den Wagenschlüssel verlegt hatte. Wir kamen nicht an die Vorräte, die noch im Kofferraum waren, und mussten auf die Konserven auf dem Speicher zurückgreifen. Die Leiter, die hinaufführte, sah recht steil aus und wacklig und ich sagte: »Da kannst du hinauf, schließlich hast ja du den Schlüssel verlegt.« Was er dann auch tat, gaaanz langsam Schritt für Schritt, so war er schon immer, so langsam, ich wäre zackzack oben gewesen, auch in meinem Alter noch, aber er brauchte ewig, bis er endlich ein paar Konserven von oben runtergeschafft hatte. All die schönen Delikatessen lagen verschlossen im Kofferraum und wir mussten so profane Dinge wie eingemachte Bauernwurst und Bohnen essen. Sie waren nicht schlecht, aber eben nichts gegen unsere Vorräte.

Er: Mir kann das mit den Konserven jetzt sowieso egal sein. Soll sie doch alleine rumjammern die nächsten Tage.

Sie: Und so ging es immer weiter, er ging mir auf die Nerven, wusste alles besser und manchmal sah ich ihn so von der Seite an mit seinem selbstgerechten Gesichtsausdruck und seinen Miesmacher-Mundwinkeln und mir wurde klar, dass aus dem hübschen kräftigen Mann von einst ein dicker, glatzköpfiger, an den falschen Stellen behaarter, unerträglich besserwisserischer Mensch geworden war und ich fragte mich echt …

Er: Ich will ja nichts sagen, aber an Anna sind die fünfzig Jahre auch nicht spurlos vorbeigegangen, alles andere als spurlos!

Sie: … wie ich es all die Jahre nur mit ihm hatte aushalten können.

Aber dann schafften wir es schließlich doch nach dem Essen, bei dem immer noch der Ärger vom Vortag über die Sache mit der Linzer Torte nachwirkte, es uns vor dem Kamin gemütlich zu machen. Er legte ein Scheit nach und sagte etwas von Tannenholz, das sei sehr hart und sehr gut und habe einen ganz eigenen Geruch. Da konnte ich es mir nicht verkneifen zu sagen: »Das ist Fichte, hat die Vermieterin gesagt«, was auch stimmte, und fügte noch hinzu: »Das sieht man doch auf den ersten Blick!«

Es war sicherlich dieses »Das sieht man doch auf den ersten Blick«, das ihn so provozierte und auch, dass ich nicht nachgab, was ich während unserer Ehe aus

Rücksicht auf die Kinder meist getan hatte, und weiter auf Fichte bestand, und so steigerte er sich richtig hinein, stand sogar auf und stellte sich, bedrohlich mit dem Schürhaken fuchtelnd, vor mich hin. Das machte mir regelrecht Angst und ich dachte, das ist eine Unverschämtheit, der erträgt Widerspruch so wenig, dass er mich sogar bedroht!

Er: Das war nicht bedrohen, das war engagiert diskutieren!

Sie: Und da brannte bei mir eine Sicherung durch. Mir wurde glühend heiß im Kopf und am Körper kalt, so kalt wie der Schnee, der sich mittlerweile vor unserem Haus türmte und als Horst sich schon wieder umgedreht und vor den Kamin gesetzt hatte, stand ich auf, packte einen Scheit und sagte: »Mal sehen, ob Tanne wirklich so hart ist« und schlug es ihm mit voller Kraft auf den Kopf.

Er: Au!

Sie: Ich glaube im Nachhinein wirklich nicht, dass ich ihn umbringen wollte, nein, ich wollte ihm einfach nur weh tun. Und so war ich natürlich geschockt, als er, ohne einen Laut von sich zu geben, zur Seite sackte und dann die Augen, so aufgerissen und ausdruckslos, das sah wirklich abstoßend aus.

Er: Abstoßend. Ich frage mich, wer wohl gut aussieht, wenn er gerade mit einem eisenharten Stück Tannenholz erschlagen wurde!

Sie: Aber ich habe mich schnell abgefunden. Sehr schnell, um es offen zu sagen. Und jetzt? Zum Glück sind wir hier eingeschneit, so bleibe ich sicher noch ein, zwei Tage ungestört. Ich werde ihn verschwinden lassen, vielleicht verbrennen? Ich war immer schon praktisch veranlagt, zuerst muss ich ihn natürlich zerlegen, gut, wenn man ein elektrisches Bratenmesser hat, 250 Watt, wirklich ein praktisches Geschenk!

Er: Jetzt plötzlich!

Sie: Ob es wohl so ist, wie wir dachten? Ob er noch hier ist für ein paar Tage? Unter der Decke schwebt und miesepetrig auf mich herabsieht? Vielleicht gibt er mir ja ein Zeichen wie damals mein Großvater?

Er: Das könnte ich tun. Ich könnte zum Beispiel die Leiter, die zu den Konserven auf dem Speicher führt, umstoßen. Wenn Anna sie dann wieder aufstellen würde, um oben weitere Konserven für die nächsten Tage zu holen, würde ihr vielleicht auffallen, dass im oberen Bereich zwei Sprossen kaputt sind. Die habe ich beim Hochsteigen gesehen, rechtzeitig, denn ich bin ja der gemächliche Typ, nicht so zackzack wie meine dynamische Frau und bin so zum Glück nicht draufgetreten und abgestürzt.

Aber nein. Ich lasse die Leiter stehen.

Vielleicht, wenn Anna auf dem Steinboden in der Garage aufkommt, hat sie ja Glück und überlebt. Na ja, aus vier Metern Höhe und im Alter von 70 Jahren ist so ein Sturz natürlich schon … aber wir werden sehen, ich lasse das ganz entspannt auf mich zukommen.

Ein Zeichen?

Von mir?

Nein.

Linzer Torte

Zutaten:
200 g Margarine oder Butter
200 g Zucker
200 g gemahlene Mandeln oder Haselnüsse oder eine Mischung aus beidem (am besten selber im Mixer mahlen und zwar so, dass sie etwas gröber sind als die, die man bereits gemahlen kaufen kann)
250 g Mehl
2 EL Kirschwasser (für den Teig)
2 EL Kirschwasser (für die Konfitüre)
½ geriebene Zitronenschale
½ TL Zimt
1 Messerspitze Nelkenpulver
1 EL Kakao
½ Glas Himbeerkonfitüre
½ Glas Johannisbeermarmelade oder -gelee
1 Eigelb (nur, falls man ein Gitter oben drauf legt)

Zubereitung:
Margarine und Zucker schaumig rühren
Kirschwasser, Zitronenschale, Zimt, Nelkenpulver und Kakao dazugeben
Mandeln, Haselnüsse und Mehl reinkneten
Teig mindestens ½ Stunde in den Kühlschrank
60 % des Teiges ½ cm dick ausrollen, Rest des Teiges für den Rand und den Belag nutzen
Springformboden (28), gefettet und mit Mehl bestäubt, mit dem Teig auslegen
Rand auslegen
Konfitüre mit Kirschwasser vermischen und auf den Boden verteilen.
Falls man das klassische Gitter oben drauflegen möchte: Da der Teig sehr mürbe ist, ist es meist schwierig, ein Git-

*ter herzustellen. Damit er geschmeidiger wird, kann man
ein Eigelb in den Teig kneten und dann lange Streifen ausschneiden und gitterförmig auf der Torte anordnen.*

*Leichter ist es, die Torte mit Herzen oder Sternen zu be-
legen, die man mit Ausstechern leicht herstellen kann.
Dazu braucht man kein Eigelb.*

*Anschließend 50 Min. in den Ofen und bei 175 Grad ba-
cken.*

Autoren:

Annette Dressel

Jahrgang 1961, geboren und aufgewachsen in Esslingen a.N., ist seit über zwanzig Jahren als Schauspielerin/Figurenspielerin/Regisseurin und Dozentin tätig. Mit ihren Solo- und Ensemblestücken bereiste sie die gesamte Bundesrepublik. Die Kraft des Erzählens liegt ihr im Blut. Ob beim Kindertheater, bei Abendvorstellungen, auf der Straße, in Weinkellern oder Brauereien, überall tritt sie mit ihren Geschichten auf. Da konnte es nicht ausbleiben, dass sie sich letztlich auch dem Schreiben zuwandte. Im Mai 2015 war sie Preisträgerin beim Literaturwettbewerb des Lions Club Hamburg-Moorweide.

Gitta Edelmann

wurde in Offenburg geboren und lebte später in Rio de Janeiro und Edinburgh, bevor sie sich in Bonn niederließ. Sie schreibt hauptsächlich Krimis und Kinderliteratur, gibt Lesungen und Workshops für Kreatives Schreiben. »Canterbury Requiem« und »Canterbury Serenade« waren die ersten Bücher ihrer England-Krimireihe um die Liebesromanautorin und Hobbydetektivin Ella Martin, derzeit arbeitet die Autorin an weiteren Bänden.
Gitta Edelmann ist Mitglied bei den »Mörderischen Schwestern«, im »Syndikat«, im Bödecker-Kreis, in der europäischen Autorenvereinigung »Die Kogge« und im Vorstand des Verbands deutscher Schriftsteller VS in NRW.
www.gitta-edelmann.de

Antje Fries

geboren in Flensburg. Lebt in Rheinhessen. Nach Sprachen- und Lehramtsstudium Arbeit an verschiedenen

Schulen und derzeit an einem außerschulischen Lernort tätig. Diverse pädagogische, literarische, journalistische Nebentätigkeiten. Schreibt Kriminalromane, Kinderbücher und Lehrerbücher und liefert Beiträge zu Lyrik-, Mundart-, und Krimi-Anthologien. Gehört den Mörderischen Schwestern und dem Mörderischen Rheinhessen an.
www.antjefries.de

Anne Grießer

aufgewachsen im Odenwald, studierte Ethnologie, Volkskunde und Germanistik, bevor sie auf die »schiefe Bahn« geriet. Nach einigen Ausflügen ins seriöse Berufsleben schwingt sie heute in Freiburg als Autorin (Kurzgeschichte, Roman, Hörspiel, Theater), Herausgeberin und Krimi-Entertainerin die Feder und so manches blutige Theaterrequisit.
Sie ist Mitglied bei den »Mörderischen Schwestern« und im »Syndikat«.
Zuletzt erschienen im Wellhöfer Verlag der Krimi »Die tote Spur« und im Sutton Verlag der historische Roman »Das Heilige Blut«.
www.anne-griesser.de

Thomas Häbe

1978 auf der Schwäbischen Alb geboren, verschlug es zum Forstwissenschaftsstudium ins beschauliche Freiburg. Dort lernte er die badische Küche kennen und verlor sein Herz schnell an Wurstsalat mit Brägele, den herrlichen Kenzinger Spargel und die Lange Rote vom Münsterplatz. Neben dem Kochen ist die Schriftstellerei seine große Leidenschaft. In den vergangenen Jahren sind bereits einige Kurzgeschichten von ihm erschienen und er ist Mitglied beim Freiburger Krimipreis e.V.. Inzwischen ist er aus beruflichen Gründen zurück in die alte Heimat *nach Tübingen gezogen, wo er sich sogar wieder an den schwäbischen Dialekt gewöhnen konnte. Den Wurstsalat gibt's bei ihm allerdings auch hier nur auf die Badische Art – mit Brägele.*

Dr. Bettina Hellwig

kam 1963 in Braunschweig zur Welt. Nach Aufenthalten in Krefeld, Düsseldorf, Siegen, Arbon in der Schweiz, Berlin und Göttingen lebt sie seit über 20 Jahren mit ihrem Mann und ihren Pferden in Stuttgart und Konstanz. Ihre ersten journalistischen Sporen verdiente sie sich während der Schulzeit bei Lokalzeitungen. Sie studierte Pharmazie, einige Semester Medizin und wurde Apothekerin und Medizinjournalistin. Sie hat zahlreiche Kurzkrimis veröffentlicht und wurde 2013 beim Freiburger Krimipreis prämiert. 2014 erschien »Julmonds Grab«, ihr erster Kriminalroman.
bhellwig@bettina-hellwig.de

Birgit Hermann

1962 im tiefsten Schwarzwald geboren und auch dort hängengeblieben. Lebt in Titisee-Neustadt, wo sie hauptberuflich in einem klinisch-chemischen Labor diverser Erkrankungen auf der Spur ist. Freiberuflich heftet sie sich gerne an die Fersen historischer Figuren der Region, bis der Wald nach und nach seine finsteren Geheimnisse preisgibt. Nachzulesen in den Romanen »Die Apfelrose«, »Der Ferman«, »Geigenholz«, oder zuletzt in dem Kurzkrimi »Kleinkunstfestival« im Rahmen des Freiburger Krimipreises 2013. Ein Freilichttheater wurde ebenfalls von ihr inszeniert, aktuell entsteht ein historischer Krimi.
www.birgit-hermann.de

Renate Klöppel

ist promovierte Ärztin für Kinderheilkunde, außerdem Diplommusiklehrerin. Nach vier Fachbüchern wechselte sie 1999 zur Belletristik und schrieb unter anderem sechs Krimis, in deren Mittelpunkt der Freiburger Professor Alexander Kilian steht. 2003 war sie Stipendiatin des Förderkreises Deutscher Schriftsteller in Baden-Württemberg. Für die bei Rowohlt erschienene Biographie »Die Schattenseite des Mondes. Ein Leben mit Schizophrenie« erhielt sie 2007 den Horst Joachim Rheindorf-Literaturpreis. Renate Klöppel lebt seit 2007 als freie Schriftstellerin in Freiburg. Im März 2015 erschien im Wellhöfer-Verlag ihr neuester Kriminalroman »Stumme Augen« und im Herbst der Roman »Namibia - Namibia«.

Regine Kölpin

hat zahlreiche Romane und Kurztexte (unter Regine Fiedler für Kinder und Jugendliche) publiziert und gibt auch Anthologien heraus. Regine Kölpin leitet Schreibwerkstätten in der Jugend- und Erwachsenenbildung und inszeniert historische Stadtführungen. Mehrfache Auszeichnungen, wie u.a. das Stipendium Tatort Töwerland 2010, Auszeichnung zur Starken Frau Frieslands 2011. Ihre Lesungen gestaltet sie, neben den Soloauftritten, auch mit einem abwechslungsreichen und auf die Texte abgestimmten Musikprogramm zusammen mit dem Gitarrenduo Rostfrei. Sie ist 1964 in Oberhausen geboren und lebt mit ihrer großen Familie in Friesland. www.regine-koelpin.de

Ralf Kurz

Den geborenen Pfälzer, Jahrgang 1961, verschlug es nach dem Abitur nach Freiburg, wo es ihm so gut gefiel, dass er die Stadt zu seiner Wahlheimat erkor. Er erlernte den Kaufmannsberuf, spielte jedoch nebenbei viele Jahre als

Gitarrist und Bassist in Rock- und Bluesbands, bevor er mit dem Schreiben begann. In unterschiedlichen Genres zuhause zieht es ihn immer wieder zum Krimi. Seine Bibliographie umfasst mittlerweile zehn Romane, darunter die Kommissar-Bussard-Reihe, deren fünfter Band im Herbst 2015 erscheint. Weitere Informationen gibt es auf der Autorenseite www.ralf-kurz.de

Hans Peter Roentgen
hat lange in der Computerbranche gearbeitet und Sachbücher geschrieben. Seit über zwanzig Jahren beteiligt er sich an Schreibseminaren und Diskussionsforen. Beim größten deutschen Autorennewsletter »The Tempest« war er von Anfang an als Redakteur dabei. Daraus entstanden zwei Schreibratgeber: »Vier Seiten für ein Halleluja« und »Drei Seiten für ein Exposé«. Ein Freiburg Krimi, »Der Plotter«, wurde im Conteverlag veröffentlicht. Er ist Mitglied im Verband deutscher Schriftsteller (VS), dem Syndikat (Verband deutschsprachiger Krimischriftsteller) und dem Autorenforum Montsegur. Mit seiner Frau wohnt er hoch über den Dächern Freiburgs. www.hproentgen.de

Christoph Rück
wurde 1960 in Gießen geboren. Nach dem Abitur war er als Globetrotter unterwegs: Fahrradtour ums Mittelmeer, Olivenpflücker in Griechenland, Deutschlehrer in Damaskus, Erntehelfer auf Sizilien. Seit Mitte der 80er-Jahre lebt er in Freiburg und arbeitet zurzeit für ein Touristikunternehmen.

Barbara Saladin
wurde an einem Freitag, den 13. im Jahr 1976 geboren und lebt im Kanton Baselland/Schweiz. Sie arbeitet als freie Journalistin, Texterin, Krimi- und Sachbuchautorin,

sie fotografiert, organisiert und moderiert. Die literari-
schen Tatorte ihrer Kriminalromane und Kurzgeschich-
ten befinden sich vor allem an der rauen Nordseeküste
und im Nordwestschweizer Jura. Mit Wilma verbindet sie
in der Zwischenzeit eine langjährige Freundschaft.
www.barbarasaladin.ch

Ursula Schmid-Spreer
Lehrerin im Gesundheitsbereich, zahlreiche Veröffent-
lichungen in Anthologien, Fernseh- und Rundfunk-
zeitschriften. Bertaluise Nürnberger ermittelt in »Die
Nürnbergerin« und »Der Tote vom Silbersee«, (Mit-)
Herausgeberin von 10 Krimi-Anthologien, Mitarbei-
terin bei »The Tempest«, Organisatorin von Semi-
naren und dem Nürnberger Autorentreffen, Mitglied
bei den Mörderischen Schwestern und im Syndikat.
www.schmid-spreer.de

Gudrun Wilhelms
geboren 1946 in Mannheim, studierte Romanistik und
Anglistik in Heidelberg und Freiburg. Seit 1977 lebt sie
in Weinheim, wo sie viele Jahre an einem Gymnasium un-
terrichtete. Heute arbeitet sie als freie Autorin und Ma-
lerin. Von ihr liegen zahlreiche Erzählbände, ein Roman
sowie Beiträge in Anthologien vor. Zum Krimischreiben
kam sie auf Anregung des Wellhöfer-Verlags.
Ihre Seelensprache ist das Kurpfälzische, das sie immer
wieder durch seinen Klang fasziniert und durch seine Di-
rektheit und Schnörkellosigkeit erdet. Gerne liest sie Ly-
rik der Kurpfälzer Klassiker und trägt sie bei Mundart-
abenden auch vor.
www.gudrunwilhelms.de

Sibylle Zimmermann
wurde in Freiburg geboren, studierte in Tübingen, arbeitete als Schäferin in Israel, als Biologin im Pharma-Management bei Salzburg und in München, als Uni-Dozentin und Multimedia-Drehbuchautorin in Australien, als Wirtschaftsinformatikerin in Berlin, und sah schließlich ein, dass sie sich eigentlich nur für Schreiben so richtig interessiert. Seither schreibt sie als Redakteurin und Autorin und lehrt als gelernte Schreibpädagogin kreatives Schreiben an der Uni Freiburg und im von ihr gegründeten Zentrum für Schreibtraining: www.kreatives-schreib-training.de

Auszeichnungen: Agatha-Christie-Preis, Nominierung zum Friedrich-Glauser-Preis und zum Deutschen E-Book-Preis.

Stumme Augen

288 Seiten, Euro 9,95

Ein schöner Lebensabschnitt soll beginnen, als Manuel Fechner mit Freundin, Tochter und Kater in Freiburgs beschaulichem Stadtteil Herdern ein altes Häuschen bezieht. Doch die Idylle trügt: Die großen dunklen Flecken im Keller stammen von menschlichem Blut, ein Mann mit schaurigen Tätowierungen wird tot aufgefunden und ein schwerstbehinderter Rollstuhlfahrer stürzt unter rätselhaften Umständen in einen Bach.

Als Manuel Zusammenhänge zwischen den erschreckenden Ereignissen erkennt, gerät er selbst in tödliche Gefahr.

www.wellhoefer-verlag.de

REGIONAL-KRIMIS

Breisgauner

Anne Grießer (Hrsg.) – 280 Seiten, Euro 11,90

Das liebliche Markgräfler Land, die geheimnisvollen Täler des Schwarzwaldes, die malerischen Städte Freiburg, Emmendingen und Waldkirch – sie alle werden Schauplätze von mörderischen Geschichten. Begleiten Sie 26 bekannte Autorinnen und Autoren auf einer kriminellen Reise durch die Regio. Lesen Sie, wie der Münsterturm über Nacht verschwinden konnte, was es mit einem schlecht riechenden Beifahrer im Höllental auf sich hat, warum ein kopfloser Schimmelreiter in Breitnau sein Unwesen treibt und wie eine harmlose Regiokarte zur tödlichen Falle werden kann.

Breisschauer

Anne Grießer & Sascha Berst (Hrsg.)
– 320 Seiten, Euro 11,90

Gibt es in Freiburg Gespenster? Spukt es im Schwarzwald? Treiben böse Geister im lieblichen Südwesten ihr Unwesen?
Ja!, sagen 24 bekannte Autoren aus der Regio. Lesen Sie, was in den Raunächten am Kaiserstuhl geschieht, wie das Krokodil in den Gewerbebach gelangte, wer am Schauinsland so schaurig stöhnt und warum man die Johannesbuche im Münstertal des Nachts besser meiden sollte.

24 Gruselgeschichten – kriminell, besinnlich, atmosphärisch – und unheimlich spannend!

www.wellhoefer-verlag.de